U0097635

編者的話

「指定科目考試」是進入大學的主要管道，自104學年度起，各大學會依照科系的需求，分發入學採計指定科目考試，各招生校系採計科目降爲3到5科作爲招生入學的標準。因此「指考」每一年度的考題，對考生而言都非常重要，都具有參考及練習的價值。

爲了提供同學珍貴的資料，我們特別蒐集了108年度指考各科試題，做成「**108年指定科目考試各科試題詳解**」，書後並附有大考中心所公佈的各科選擇題參考答案。

這本書的完成，要感謝各科老師協助解題：

英文 / 蔡琇瑩老師・謝靜芳老師・林工富老師
趙怡婷老師・戴育賢老師・吳岳峰老師
美籍老師 Laura E. Stewart・Bryan Veres

數學 / 劉　星老師　　歷史 / 李　偉老師

地理 / 劉成霖老師

公民與社會 / 吳　曄老師

物理・化學・生物 / 余　天老師團隊

國文 / 甘　熙老師

另外，也要感謝白雪嬌小姐設計封面，陳鄭全先生負責美編，黃淑貞小姐、蘇淑玲小姐負責打字及排版，吳明勳老師協助校稿。本書編校製作過程嚴謹，但仍恐有缺失之處，尚祈各界先進不吝指正。

劉毅

目錄

108年大學入學指定科目考試試題
英文考科

第壹部分：選擇題（占72分）

一、詞彙題（占10分）

說明：第1題至第10題，每題有4個選項，其中只有一個是正確或最適當的選項，請畫記在答案卡之「選擇題答案區」。各題答對者，得1分；答錯、未作答或畫記多於一個選項者，該題以零分計算。

1. The sign in front of the Johnsons' house says that no one is allowed to set foot on their ________ without permission.
(A) margin (B) shelter (C) reservation (D) property

2. Instead of giving negative criticism, our teachers usually try to give us ________ feedback so that we can improve on our papers.
(A) absolute (B) constructive (C) influential (D) peculiar

3. A study shows that the chance of an accident is much higher for drivers who are ________ in phone conversations while driving.
(A) contained (B) engaged (C) included (D) located

4. Mike trembled with ________ and admiration when he saw the magnificent view of the waterfalls.
(A) awe (B) plea (C) oath (D) merit

5. Ms. Chen has a large collection of books and most of them are quite heavy; she needs a bookshelf ________ enough to hold all of them.
(A) coarse (B) vigorous (C) portable (D) sturdy

6. The athlete rolled up his sleeves to show his ________ forearms, thick and strong from years of training in weight-lifting.
(A) barren (B) chubby (C) ragged (D) muscular

7. Suffering from a serious financial crisis, the car company is now on the edge of ________, especially with the recent sharp decrease in its new car sales.
(A) graduation (B) capacity (C) depression (D) bankruptcy

8. After the rain, the meadow ________ under the sun with the droplets of water on the grass.
(A) rippled (B) shattered (C) glistened (D) mingled

9. The Great Wall of China was originally built to ________ the northern border of the country against foreign invasion.
(A) fortify (B) rehearse (C) diminish (D) strangle

10. A mad scientist in a novel is often portrayed as a wild-eyed man with crazy hair, working ________ in a lab full of strange equipment and bubbling test tubes.
(A) contagiously (B) distinctively (C) frantically (D) tremendously

二、綜合測驗（占 10 分）

說明：第 11 題至第 20 題，每題一個空格，請依文意選出最適當的一個選項，請畫記在答案卡之「選擇題答案區」。各題答對者，得 1 分；答錯、未作答或畫記多於一個選項者，該題以零分計算。

第 11 至 15 題爲題組

The fashion industry in Africa has witnessed tremendous growth in recent years. African fashion design has caught the eyes of international celebrities including former US first lady, Michelle Obama, Rihanna, and Beyoncé, __11__. Global demand for African-inspired fashion has led to incredible sales for some African designers and brands.

Folake Folarin–Coker, founder of Tiffany Amber, is one of the best-known fashion designers in both the African and global fashion industry. Born in Lagos, Nigeria, she received her education in Europe, __12__ she got an opportunity to interact with various cultures at a young age. __13__, she has a master's degree in law from Switzerland, but as fate would have it, her passion for fashion led her into fashion design.

Folake's tasteful and colorful creations have earned her global __14__, making her the first African fashion designer to showcase her talent at the New York Mercedes Fashion Week for two consecutive years.

She has also been widely ___15___ in international media such as CNN. In 2013, she was listed as one of the Forbes Power Women in Africa.

11. (A) if any (B) among others (C) in short (D) at best
12. (A) where (B) there (C) that (D) whether
13. (A) Generally (B) Ideally (C) Relatively (D) Interestingly
14. (A) recognition (B) motivation (C) supervision (D) preparation
15. (A) believed (B) announced (C) featured (D) populated

第16至20題爲題組

When we stream the latest TV series, or download high-resolution photos, we are probably unaware that the data behind them is speeding around the world in cables under the sea.

These cable systems, faster and cheaper than satellites, carry most of the intercontinental Internet traffic. Today, there are over 420 submarine cables ___16___, stretching over 700,000 miles around the world. It is not a new phenomenon, ___17___. The first transcontinental cable—laid in 1854—ran from Ireland to Newfoundland, and made telegraph communication possible between England and Canada. Currently, the world's highest-capacity undersea Internet cable is a 5,600-mile link between the US and Japan. ___18___ named "FASTER," the cable connects Oregon in the US with Japan and Taiwan.

The submarine cables require extra ___19___ to install. They must generally be run across flat surfaces of the ocean floor, and stay clear of coral reefs, sunken ships, fish beds, and other general ___20___. The fiber-optic cables are also very fragile, so they are surrounded with layers of tubing and steel to prevent damage.

16. (A) at large (B) in service (C) by contrast (D) under control
17. (A) then (B) still (C) instead (D) though
18. (A) Suitably (B) Constantly (C) Vitally (D) Mockingly
19. (A) speed (B) light (C) care (D) link
20. (A) directions (B) obstacles (C) aquariums (D) circulations

三、文意選填（占 10 分）

說明：第 21 題至第 30 題，每題一個空格，請依文意在文章後所提供的 (A) 到 (L) 選項中分別選出最適當者，並將其英文字母代號畫記在答案卡之「選擇題答案區」。各題答對者，得 1 分；答錯、未作答或畫記多於一個選項者，該題以零分計算。

第 21 至 30 題爲題組

The Getty Center sits more than 800 feet above sea level, towering above the city of Los Angeles. A 0.75-mile-long tramway takes visitors to the top of the hill. At the top, four exhibit pavilions and a visitor center form the heart of an eleven-building complex. The museum was originally constructed to __21__ the vast art collection belonging to oil tycoon J. Paul Getty. Today, it is stocked with so many art works that the exhibit arenas can show just a part of them at a time, making the __22__ special exhibitions a highlight of any visit to the Getty.

The Center's award-winning architect, Richard Meier, did an outstanding job of creating a public space that has __23__ many visitors. Visitors go to the Getty thinking they are visiting a museum with works of art on the inside. What they discover instead is a work of art with a museum inside. The idea is interesting: The outdoor space can be a completely satisfying __24__ experience.

Meier took a few basic __25__: metal, stone and glass. Working with a billion-dollar budget, he combined them to create a work of architecture that can excite visitors as much as the art collection inside does. Around every corner and at every __26__, there is a new view to enchant guests. And then, just when they think they have seen it all, a new fountain or landscape pops up.

The building stone is travertine, __27__ from Italy, the same source as for the historic buildings in Rome. A special cutting process exposes the fossils long buried inside the stone, which reveals the delicate treasures __28__ under the rough surface. Some of them are set as "feature" stones scattered about the site, waiting to ___29___ those who find them. The most fantastic one is on the arrival plaza wall, across from the tram station.

In addition to museum tours, the Getty also provides various free on-site tours, including tours of the gardens. These ___30___ are a must for anyone interested in learning more about Meier's techniques and ideas.

(A) delight	(B) explorations	(C) turn	(D) surprised	(E) imported
(F) over-emphasized		(G) artistic	(H) hidden	(I) foundations
(J) materials		(K) house	(L) ever-changing	

四、篇章結構（占 10 分）

說明：第 31 題至第 35 題，每題一個空格。請依文意在文章後所提供的 (A) 到 (F) 選項中分別選出最適當者，填入空格中，使篇章結構清晰有條理，並將其英文字母代號畫記在答案卡之「選擇題答案區」。各題答對者，得 2 分；答錯、未作答或畫記多於一個選項者，該題以零分計算。

第 31 至 35 題爲題組

Copernicus, founder of modern astronomy, was born in 1473 to a well-to-do merchant family in Torun, Poland. He was sent off to attend university in Italy, studying mathematics and optics, and canon law. Returning from his studies abroad, Copernicus was appointed to an administrative position in the cathedral of Frauenburg. There he spent a sheltered and academic life for the rest of his days.

___31___ He made his observations from a tower situated on the protective wall around the cathedral. His observations were made with the "bare eyeball," so to speak, as a hundred years were to pass before the invention of the telescope. In 1530, Copernicus completed his famous work *De Revolutionibus*, which later played a major role in changing the philosophical view of humankind's place in the universe. ___32___

Copernicus died in 1543 and was never to know what a stir his work would cause. In his book, he asserted that the Earth rotated on its axis once daily and traveled around the Sun once yearly. ___33___ People then regarded the Earth as stationary, situated at the center of the universe, with the Sun and all the planets revolving around it. Copernicus' theory challenged the long-held belief that God created the Heavens and the Earth, and could overturn the core values of the Catholic world. ___34___ Other ministers quickly followed suit, saying of Copernicus, "This fool wants to turn the whole art of astronomy upside down."

Ironically, Copernicus had dedicated his work to Pope Paul III. ___35___ The Church ultimately banned *De Revolutionibus*, and the book remained on the list of forbidden reading material for nearly three centuries thereafter.

(A) Meanwhile, Copernicus was a lifelong member of the Catholic Church.
(B) The book, however, wasn't published until two months before his death.
(C) If this act was an attempt to seek the Catholic Church's approval, it was of no use.
(D) This went against the philosophical and religious beliefs held during medieval times.
(E) Religious leader Martin Luther voiced his opposition to the sun-centered system model.
(F) In his spare time, Copernicus studied the stars and the planets, applying his math knowledge to the mysteries of the night sky.

五、閱讀測驗（占32分）

說明：第36題至第51題，每題請分別根據各篇文章之文意選出最適當的一個選項，請畫記在答案卡之「選擇題答案區」。各題答對者，得2分；答錯、未作答或畫記多於一個選項者，該題以零分計算。

第36至39題爲題組

Tempeh (or *tempe*), a traditional soy product from Indonesia, is hailed as the country's "gift to the world," like *kimchi* from Korea or *miso* from Japan.

A stable, cheap source of protein in Indonesia for centuries, *tempeh* is a fermented food originating from the island of Java. It was discovered during tofu production when discarded soybean residue caught microbial spores from the air and grew certain whitish fungi around it. When this fermented residue was found to be edible and tasty, people began producing it at home for daily consumption across the country. This has given rise to many variations in its flavor and texture throughout different Indonesian regions.

Tempeh is high in protein and low in fat, and contains a host of vitamins. In fact, it is the only reported plant-based source of vitamin B12. Apart from being able to help reduce cholesterol, increase bone density, and promote muscle recovery, *tempeh* has a lot of polyphenols that protect skin cells and slow down the aging process. Best of all, with the same protein quality as meat and the ability to take on many flavors and textures, *tempeh* is a great meat substitute—something the vegetarian and vegan communities have been quick in adopting.

In addition to its highly nutritional makeup, *tempeh* has diverse preparation possibilities. It can be served as a main course (usually in curries) or a side dish to be eaten with rice, as a deep-fried snack, or even blended into smoothies and healthy juices. Though not yet a popular food among international diners, you may find *tempeh*-substituted BLTs (bacon, lettuce, tomato sandwiches) in San Francisco as easily as you can find vegetarian burgers with *tempeh* patties in Bali.

For the people of Indonesia, *tempeh* is not just food but also has cultural value. With the Indonesian traditional fabric *batik* being recognized by UNESCO as "Intangible Cultural Heritage of Humanity," *tempeh* has great potential for this honor as well.

36. What is the passage mainly about?
   (A) The preparation of a health food.
   (B) A traditional delicacy from Java.
   (C) A gourmet guide for vegetarians.
   (D) The cultural heritage of Indonesia.

37. According to the passage, which of the following is true about *tempeh*?
(A) It is mainly served as a side dish.
(B) It is discarded when fungi grow around it.
(C) It is formed from fermented soybeans.
(D) It has the same nutritional benefits as *kimchi*.

38. What aspects of *tempeh* are discussed in paragraphs 2 to 4?
(A) Origin→nutrition→cuisine.
(B) Origin→cuisine→marketing.
(C) Cuisine→nutrition→marketing.
(D) Distribution→cuisine→nutrition.

39. Which of the following can be inferred from this passage?
(A) Senior citizens will eat *tempeh* as vitamin supplement.
(B) *Tempeh* will soon be more popular than *kimchi* or *miso*.
(C) The nutrition of *tempeh* will be reduced with mass production.
(D) *Tempeh* is likely to be recognized as an international cultural symbol.

第40至43題爲題組

When Dr. David Spiegel emerged from a three-hour shoulder surgery in 1972, he didn't use any pain medication to recover. Instead, he hypnotized himself. It worked—to the surprise of everyone but Spiegel himself, who has studied hypnosis for 45 years.

Hypnosis is often misunderstood as a sleep-like state in which a person is put to sleep and does whatever he is asked to do. But according to Dr. Spiegel, it is a state of highly focused attention and intense concentration. Being hypnotized, you tune out most of the stimuli around you. You focus intently on the subject at hand, to the near exclusion of any other thought. This trance-like state can be an effective tool to control pain, ease anxiety, and deal with stress.

Not all people, however, are equally hypnotizable. In a recent study, Dr. Spiegel and his colleagues found that people who are easily hypnotized tend to be more trusting of others, more intuitive, and more likely to get caught up in a good movie. The research team compared people who were highly hypnotizable with those low in hypnotizability. Both groups were given fMRI scans during several different conditions: at rest, while recalling a memory, and during two sessions of hypnotism. The researchers saw some interesting changes in the brain during hypnosis—but only in the highly hypnotizable group. Specifically, there was a drop in activity in the part of the brain which usually fires up when there is something to worry about.

This helps explain how hypnosis can have powerful effects, including reducing stress, anxiety, pain, and self-consciousness. Spiegel hopes that the practice can be used to replace painkillers. His own previous research has shown that when people in pain were taught self-hypnosis, they needed half the pain medication and suffered half the pain of those who were only given access to painkillers. However, more needs to be learned about hypnosis in order to harness its potential effects.

40. How does the author begin the passage?
    (A) By giving a definition. (B) By mentioning an incident.
    (C) By providing statistics. (D) By comparing people's responses.

41. According to the passage, what is the goal of Dr. Spiegel's work?
    (A) To explain the real cause of pain.
    (B) To help people concentrate on their job.
    (C) To explore how hypnosis can be used as a medical treatment.
    (D) To strengthen the brain's functions to reduce psychological problems.

42. According to Dr. Spiegel, which of the following is true when people are hypnotized?
    (A) They recall only happy memories.
    (B) Their mind is fixed only on what they are doing.
    (C) They do whatever they are told to do.
    (D) They have greater awareness of things around them.

43. What can be inferred about highly hypnotizable people?
(A) They tend to be isolated from the society.
(B) They are more likely to fall asleep during the day.
(C) They may easily identify themselves with characters in fictions.
(D) They are more trustworthy than people who are less hypnotizable.

第44至47題爲題組

In many languages, such as English, there is no straightforward way to talk about smell. For **want** of dedicated odor terminology, English speakers are often forced to use odor-sources such as "flowery" and "vanilla" and metaphors like "sweet" and "oriental" in their descriptions of smell.

But the difficulty with talking about smell is not universal. The Maniq, a group of hunter-gatherers in southern Thailand, can describe smells using at least fifteen different terms, which express only smells and are not applicable across other sensory domains. In addition to Maniq, researchers found that there are also a dozen words for various smells in Jahai, a language spoken by a neighboring hunter-gatherer population.

Interestingly, the difficulty for English speakers to translate smell directly into words seems to have very little to do with the nose's actual capabilities. According to findings of a recent study, English speakers are capable of discriminating more than a trillion different odors. Then, why is there a gap between their ability to discriminate scent and their vocabulary? The researchers suggest that surroundings may play a significant role.

Maniq and Jahai speakers live in tropical rainforest regions with a hunting-gathering lifestyle, and these two ethnic groups evaluate their surroundings through their noses to survive in nature. In an environment that is still largely untouched by humans, they are surrounded by smells at all times. They need to use their sense of smell to identify animals that they can hunt, and to recognize objects or events, such as spoiled food, that can pose a danger. Unlike the Maniq and the Jahai, many English speakers inhabit the post-industrial west and do not rely on smells to survive in their environment. This difference may explain the interesting linguistic phenomenon discussed above.

44. What is the purpose of this passage?
    (A) To evaluate the languages used by different ethnic groups.
    (B) To prove how civilization slows down language development.
    (C) To describe how terms of smell are found in different languages.
    (D) To point out the link between language use and the environment.

45. What does the word "**want**" in the first paragraph most likely mean?
    (A) Lack. (B) Growth. (C) Loss. (D) Search.

46. Which of the following is true about the Maniq?
    (A) They live in a different climate zone from the Jahai.
    (B) Their ability to smell is stronger than that of the Jahai.
    (C) They use smell terms to describe how food looks and tastes.
    (D) Their living environment is similar to that in earlier human history.

47. Why is it difficult for English speakers to describe smells directly?
    (A) They cannot distinguish the smells around them.
    (B) The sense of smell is not critical for their survival.
    (C) They consider it uncivilized to talk about smells directly.
    (D) There are not many sources of odor in their surroundings.

第 48 至 51 題爲題組

The okapi is a mammal living above the equator in one of the most biodiverse areas in central Africa. The animal was unknown to the western world until the beginning of the 20th century, and is often described as half-zebra, half-giraffe, as if it were a mixed-breed creature from a Greek legend. Yet its image is prevalent in the Democratic Republic of Congo—the only country in the world where it is found living in the wild. The okapi is to Congo what the giant panda is to China or the kangaroo to Australia.

Although the okapi has striped markings resembling those of zebras', it is most closely related to the giraffe. It has a long neck, and large, flexible ears. The face and throat are greyish white. The coat is a chocolate to reddish brown, much in contrast with the white horizontal stripes and rings on the legs and white ankles. Overall, the okapi can be easily distinguished from its nearest relative. It is much smaller (about the size of a horse), and shares more external similarities with the deer than with the giraffe. While both sexes possess horns in the giraffe, only males bear horns in the okapi.

The West got its first **whiff** of the okapi in 1890 when Welsh journalist Henry Morton Stanley had puzzled over a strange "African donkey" in his book. Other Europeans in Africa had also heard of an animal that they came to call the "African unicorn." Explorers may have seen the fleeting view of the striped backside as the animal fled through the bushes, leading to speculation that the okapi was some sort of rainforest zebra. Some even believed that the okapi was a new species of zebra. It was only later, when okapi skeleton was analyzed, that naturalists realized they had a giraffe on their hands.

In 1987, the Okapi Wildlife Reserve was established in eastern Congo to protect this rare mammal. But decades of political turbulence has seen much of the Congo's natural resources spin out of the government's control, and okapi numbers have fallen by 50 percent since 1995. Today, only 10,000 remain.

48. Which of the following is a picture of an okapi?

49. Which of the following descriptions is true about the okapi?
(A) It is an important symbol of Congo.
(B) It is a mystical creature from a Greek legend.
(C) It has been well protected since 1987.
(D) It is more closely related to the zebra than the giraffe.

50. What does the word **"whiff"** most likely mean in the third paragraph?
(A) Firm belief. (B) Kind intention.
(C) Slight trace. (D) Strong dislike.

51. Which of the following can be inferred about Henry Morton Stanley?
(A) He was the first European to analyze okapi skeleton.
(B) He had found many new species of animals in Africa.
(C) He did not know the "African donkey" in his book was the okapi.
(D) He had seen the backside of an okapi dashing through the bushes.

第貳部份：非選擇題（占 28 分）

說明：本部分共有二題，請依各題指示作答，答案必須寫在「答案卷」上，並標明大題號（一、二），若因字跡潦草、未標示題號、標錯題號等原因，致評閱人員無法清楚辨識，其後果由考生自行承擔。作答使用筆尖較粗之黑色墨水的筆書寫，且不得使用鉛筆。

一、中譯英（占 8 分）

說明：1. 請將以下中文句子譯成正確、通順、達意的英文，並將答案寫在「答案卷」上。
2. 請依序作答，並標明子題號（1、2）。每題 4 分，共 8 分。

1. 創意布條最近在夜市成了有效的廣告工具，也刺激了買氣的成長。
2. 其中有些看似無意義，但卻相當引人注目，且常能帶給人們會心的一笑。

二、英文作文（占 20 分）

說明：1. 依提示在「答案卷」上寫一篇英文作文。
2. 文長至少 120 個單詞（words）。

提示：右表顯示美國 18 至 29 歲的青年對不同類別之新聞的關注度統計。請依據圖表內容寫一篇英文作文，文長至少 120 個單詞。文分二段，第一段描述圖表內容，並指出關注度較高及偏低的類別；第二段則描述在這六個新聞類別中，你自己較為關注及較不關注的新聞主題分別為何，並說明理由。

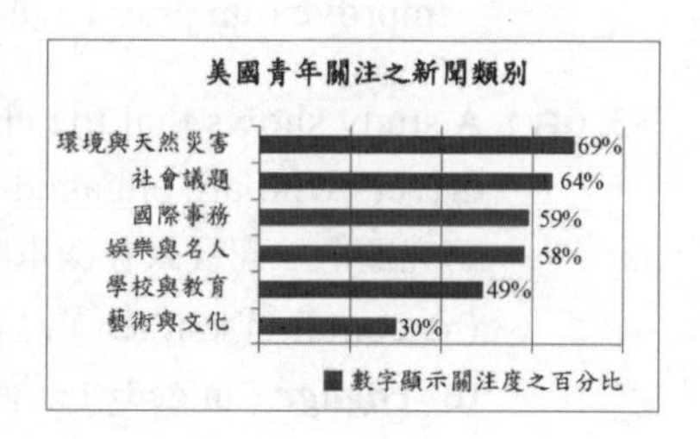

108年度指定科目考試英文科試題詳解

第壹部分：選擇題

一、詞彙：

1. (**D**) The sign in front of the Johnsons' house says that no one is allowed to set foot on their property without permission.
強森家前面的那個告示牌上寫著，未經允許，不得踏進他們的房產。
(A) margin〔ˈmɑrdʒɪn〕*n.* 邊頁的空白
(B) shelter〔ˈʃɛltɚ〕*n.* 避難所
(C) reservation〔ˌrɛzɚˈveʃən〕*n.* 預訂
(D) ***property***〔ˈprɑpɚtɪ〕*n.* 財產；地產
＊sign〔saɪn〕*n.* 告示牌　allow〔əˈlaʊ〕*v.* 允許
set foot on 腳踏入　permission〔pɚˈmɪʃən〕*n.* 允許

2. (**B**) Instead of giving negative criticism, our teachers usually try to give us constructive feedback so that we can improve on our papers.
我們的老師不會有負面的批評，通常會儘量給我們有建設性的意見，讓我們的報告能有所改進。
(A) absolute〔ˈæbsəˌlut〕*adj.* 絕對的
(B) ***constructive***〔kənˈstrʌktɪv〕*adj.* 有建設性的
(C) influential〔ˌɪnfluˈɛnʃəl〕*adj.* 有影響力的
(D) peculiar〔pɪˈkjuljɚ〕*adj.* 奇特的；特有的
＊***instead of*** 不會～　negative〔ˈnɛgətɪv〕*adj.* 負面的
criticism〔ˈkrɪtəˌsɪzəm〕*n.* 批評　feedback〔ˈfidˌbæk〕*n.* 意見
improve〔ɪmˈpruv〕*v.* 改善　papers〔ˈpepɚz〕*n. pl.* 報告

3. (**B**) A study shows that the chance of an accident is much higher for drivers who are engaged in phone conversations while driving.
研究顯示，駕駛人在開車時講電話，出車禍的機率會高很多。
(A) contain〔kənˈten〕*v.* 包含
(B) ***engage***〔ɪnˈgedʒ〕*v.* 使從事；使參與
be engaged in 從事；參與

(C) include〔ɪn'klud〕*v.* 包括
(D) locate〔lo'ket〕*v.* 使位於　be located in 位於
* study〔'stʌdɪ〕*n.* 研究　chance〔tʃæns〕*n.* 可能性
accident〔'æksədənt〕*n.* 意外；車禍
conversation〔,kɑnvə'seʃən〕*n.* 談話

4. (**A**) Mike trembled with awe and admiration when he saw the magnificent view of the waterfalls.
當麥克看到瀑布壯麗的景色時，他因爲敬畏和讚賞而發抖。
(A) ***awe***〔ɔ〕*n.* 敬畏　(B) plea〔pli〕*n.* 懇求
(C) oath〔oθ〕*n.* 誓言　(D) merit〔'mɛrɪt〕*n.* 優點
* tremble〔'trɛmbḷ〕*v.* 發抖
admiration〔,ædmə'reʃən〕*n.* 讚嘆；讚賞
magnificent〔mæg'nɪfəsṇt〕*adj.* 壯麗的
waterfall〔'wɑtə,fɔl〕*n.* 瀑布

5. (**D**) Ms. Chen has a large collection of books and most of them are quite heavy; she needs a bookshelf sturdy enough to hold all of them. 陳女士有大量的藏書，而且大部份都相當重；她需要夠堅固的書架來容納所有的書。
(A) coarse〔kors〕*adj.* 粗糙的
(B) vigorous〔'vɪgərəs〕*adj.* 精力充沛的
(C) portable〔'portəbḷ〕*adj.* 手提的
(D) ***sturdy***〔'stɝdɪ〕*adj.* 強壯的；堅固的
* collection〔kə'lɛkʃən〕*n.* 收集（品）；收藏
heavy〔'hɛvɪ〕*adj.* 重的　bookshelf〔'bʊk,ʃɛlf〕*n.* 書架
hold〔hold〕*v.* 容納

6. (**D**) The athlete rolled up his sleeves to show his muscular forearms, thick and strong from years of training in weight-lifting.
那位運動員捲起他的袖子露出他肌肉發達的前臂，它們因爲多年的舉重訓練變得又粗又壯。
(A) barren〔'bærən〕*adj.* 貧瘠的　(B) chubby〔'tʃʌbɪ〕*adj.* 圓胖的
(C) ragged〔'rægɪd〕*adj.* 破爛的；襤褸的
(D) ***muscular***〔'mʌskjələ〕*adj.* 肌肉發達的；強壯的

* athlete ['æθlit] *n.* 運動員　　***roll up*** 捲起
sleeve [sliv] *n.* 袖子　　forearm ['fɔr,ɑrm] *n.* 前臂
thick [θɪk] *adj.* 厚的；粗的　　weight-lifting ['wet'lɪftɪŋ] *n.* 舉重

7. (**D**) Suffering from a serious financial crisis, the car company is now on the edge of bankruptcy, especially with the recent sharp decrease in its new car sales. 那家汽車公司遭受嚴重的財務危機，尤其是因爲最近新車的銷售量銳減，現在瀕臨破產。

(A) graduation [,grædʒʊ'eʃən] *n.* 畢業
(B) capacity [kə'pæsətɪ] *n.* 容量
(C) depression [dɪ'prɛʃən] *n.* 沮喪；不景氣
(D) ***bankruptcy*** ['bæŋkrʌptsɪ] *n.* 破產

* ***suffer from*** 遭受　　financial [faɪ'nænʃəl] *adj.* 財務的
crisis ['kraɪsɪs] *n.* 危機　　edge [ɛdʒ] *n.* 邊緣
on the edge of 瀕臨　　especially [ə'spɛʃəlɪ] *adv.* 尤其；特別是
recent ['risn̩t] *adj.* 最近的　　sharp [ʃɑrp] *adj.* 急遽的
decrease ['dikris] *n.* 減少　　sales [selz] *n. pl.* 銷售量

8. (**C**) After the rain, the meadow glistened under the sun with the droplets of water on the grass.
下過雨後，那片草地在太陽的照射下，草上的水滴閃閃發光。

(A) ripple ['rɪpl̩] *v.* 起漣漪
(B) shatter ['ʃætɚ] *v.* 使粉碎；變成粉碎
(C) ***glisten*** ['glɪsn̩] *v.* 閃爍；閃耀；發亮
(D) mingle ['mɪŋgl̩] *v.* 混合

* meadow ['mɛdo] *n.* 草地　　droplet ['drɑplɪt] *n.* 小水滴
grass [græs] *n.* 草

9. (**A**) The Great Wall of China was originally built to fortify the northern border of the country against foreign invasion. 中國的萬里長城最初建造的目的，是要強化國家北方的邊界，以抵抗外力入侵。

(A) ***fortify*** ['fɔrtə,faɪ] *v.* 強化
(B) rehearse [rɪ'hɝs] *v.* 預演；排練
(C) diminish [də'mɪnɪʃ] *v.* 減少
(D) strangle ['stræŋgl̩] *v.* 勒死

* ***the Great Wall*** 萬里長城
originally〔əˈrɪdʒənḷɪ〕*adv.* 最初；原本
northern〔ˈnɔrðən〕*adj.* 北方的　　border〔ˈbɔrdɚ〕*n.* 邊界
foreign〔ˈfɔrɪn〕*adj.* 外國的　　invasion〔ɪnˈveʒən〕*n.* 入侵

10. (**C**) A mad scientist in a novel is often portrayed as a wild-eyed man with crazy hair, working frantically in a lab full of strange equipment and bubbling test tubes. 小說裡的瘋狂科學家，常被描繪成是個有一頭亂髮，眼神兇狠的男人，在一間充滿了奇怪設備及冒著泡泡的試管的實驗室裡瘋狂地工作。

(A) contagiously〔kənˈtedʒəslɪ〕*adv.* 傳染性地；蔓延地
(B) distinctively〔dɪˈstɪŋktɪvlɪ〕*adv.* 特殊地；有區別地
(C) ***frantically***〔ˈfræntɪkḷɪ〕*adv.* 瘋狂地
(D) tremendously〔trɪˈmɛndəslɪ〕*adv.* 極大地；非常

* mad〔mæd〕*adj.* 瘋狂的　　novel〔ˈnɑvḷ〕*n.* 小說
portray〔porˈtre〕*v.* 描繪
wild-eyed〔ˈwaɪldˈaɪd〕*adj.* 眼神兇狠的
crazy〔ˈkrezɪ〕*adj.* 發瘋的；可笑的；古怪的
lab〔læb〕*n.* 實驗室　　***be full of*** 充滿
equipment〔ɪˈkwɪpmənt〕*n.* 設備
bubble〔ˈbʌbḷ〕*v.* 冒泡；起泡　　***test tube*** 試管

二、綜合測驗：

第11至15題為題組

The fashion industry in Africa has witnessed tremendous growth in recent years. African fashion design has caught the eyes of international celebrities including former US first lady, Michelle Obama, Rihanna, and Beyoncé, among others (11). Global demand for African-inspired fashion has led to incredible sales for some African designers and brands.

非洲的時尚產業在最近幾年，經歷了巨大的成長。非洲的時裝設計已經吸引了國際名人的目光，其中包括前第一夫人蜜雪兒・歐巴馬、蕾哈娜，以及碧昂絲。全球對於非洲風時裝的需求，造成了一些非洲的設計師及品牌令人無法置信的銷售量。

fashion (ˊfæʃən) *n.* 時尚；時裝　industry (ˊɪndəstrɪ) *n.* 產業
witness (ˊwɪtnɪs) *v.* 見證；是發生…的地點或時間
tremendous (trɪˊmɛndəs) *adj.* 巨大的　growth (groθ) *n.* 成長
recent (ˊrisṇt) *adj.* 最近的　design (dɪˊzaɪn) *n.* 設計
catch (kætʃ) *v.* 吸引　celebrity (səˊlɛbrətɪ) *n.* 名人
including (ɪnˊkludɪŋ) *prep.* 包括　former (ˊfɔrmɚ) *adj.* 前任的
first lady 第一夫人　global (ˊglobḷ) *adj.* 全球的
demand (dɪˊmænd) *n.* 需求　inspire (ɪnˊspaɪr) *v.* 激勵；給予靈感
African-inspired *adj.* 非洲風的　***lead to*** 導致；造成
incredible (ɪnˊkrɛdəbḷ) *adj.* 令人難以置信的
designer (dɪˊzaɪnɚ) *n.* 設計師　brand (brænd) *n.* 品牌

11. (**B**) 依句意，選 (B) ***among others***「在衆多之中；其中」。而 (A) if any「如果有的話」，(C) in short「總之」，(D) at best「充其量只不過是」，則不合句意。

Folake Folarin–Coker, founder of Tiffany Amber, is one of the best-known fashion designers in both the African and global fashion industry. Born in Lagos, Nigeria, she received her education in Europe, where (12) she got an opportunity to interact with various cultures at a young age. Interestingly (13), she has a master's degree in law from Switzerland, but as fate would have it, her passion for fashion led her into fashion design.

Tiffany Amber 的創立者Folake Folarin–Coker，是在非洲及全球時尚產業最有名的設計師之一。她出生於奈及利亞的拉哥斯，在歐洲受教育，在那裡她有機會在年輕時，就和各種不同的文化互動。有趣的是，她在瑞士取得法學碩士的學位，但命運使然，她對時尚的熱愛，使她進入了時裝設計的領域。

founder (ˊfaʊndɚ) *n.* 創立者
best-known (ˊbɛstˊnon) *adj.* 最有名的
Lagos (ˊlɑgos) *n.* 拉哥斯　Nigeria (naɪˊdʒɪrɪə) *n.* 奈及利亞
interact (͵ɪntɚˊækt) *v.* 互動　various (ˊvɛrɪəs) *adj.* 各種不同的
culture (ˊkʌltʃɚ) *n.* 文化　***at a young age*** 在年輕的時候
master (ˊmæstɚ) *n.* 碩士　degree (dɪˊgri) *n.* 學位
Switzerland (ˊswɪtsɚlənd) *n.* 瑞士　fate (fet) *n.* 命運
as fate would have it 命運使然；命中註定
passion (ˊpæʃən) *n.* 熱愛　lead (lid) *v.* 帶領

12. (**A**) 表「地點」，關係副詞用 ***where***，選 (A)。
where 引導形容詞子句，修飾先行詞 Europe。

13. (**D**) 依句意，選 (D) ***Interestingly*** (ˈɪntrɪstɪŋlɪ) *adv.* 有趣的是。而 (A) generally「通常」，(B) ideally (aɪˈdiəlɪ) *adv.* 理想地，(C) relatively (ˈrɛlətɪvlɪ) *adv.* 相對地；相當地，則不合句意。

Folake's tasteful and colorful creations have earned her global recognition (14), making her the first African fashion designer to showcase her talent at the New York Mercedes Fashion Week for two consecutive years. She has also been widely featured (15) in international media such as CNN. In 2013, she was listed as one of the Forbes Power Women in Africa.

Folake 有品味且多彩多姿的新設計，讓她贏得全球的認可，使她成爲第一位連續兩年，在紐約梅塞德斯時裝週展現自己才華的非洲時裝設計師。她也廣泛地受到國際媒體，像是CNN的特別報導。在2013年，她名列《富比士》非洲最有權勢的女性之一。

tasteful (ˈtestfəl) *adj.* 有品味的
colorful (ˈkʌlɚfəl) *adj.* 多彩多姿的
creation (krɪˈeʃən) *n.* 創作；(服裝的) 新設計
earn (ɝn) *v.* 使贏得　showcase (ˈʃokes) *v.* 展示
talent (ˈtælənt) *n.* 才能　Mercedes (mɚˈsedɪz) *n.* 梅塞德斯
fashion week 時裝週　consecutive (kənˈsɛkjətɪv) *adj.* 連續的
media (ˈmidɪə) *n. pl.* 媒體　list (lɪst) *v.* 名列
Forbes (ˈfɔrbɪs) *n.* 富比士　power (ˈpauɚ) *n.* 掌握大權的人物

14. (**A**) (A) ***recognition*** (ˌrɛkəgˈnɪʃən) *n.* 認可
(B) motivation (ˌmotəˈveʃən) *n.* 激勵
(C) supervision (ˌsupɚˈvɪʒən) *n.* 監督
(D) preparation (ˌprɛpəˈreʃən) *n.* 準備

15. (**C**) 依句意，「被特別報導」，選 (C) ***featured***。
feature (ˈfitʃɚ) *v.* 特載；以…作爲號召物
而 (A) believe「相信」，(B) announce (əˈnauns) *v.* 宣布，(D) populate (ˈpɑpjəˌlet) *v.* 使居住於，則不合句意。

第 16 至 20 題爲題組

When we stream the latest TV series, or download high-resolution photos, we are probably unaware that the data behind them is speeding around the world in cables under the sea.

當我們串流最新的電視連續劇，或下載高解析度的照片時，我們可能不知道，它們背後的資料，正在海底的電纜中，快速地穿梭全世界。

stream (strim) *v.* 串流【將即時影音資料壓縮後，以穩定快速地傳輸，送到用戶端，透過播放程式解壓縮開始播放】
latest (ˈletɪst) *adj.* 最新的
series (ˈsiriz) *n.* 連續劇　download (ˈdaʊnˌlod) *v.* 下載
resolution (ˌrɛzəˈluʃən) *n.* 解析度
unaware (ˌʌnəˈwɛr) *adj.* 不知道的　data (ˈdetə) *n. pl.* 資料
speed (spid) *v.* 迅速前進　cable (ˈkebḷ) *n.* 電纜

These cable systems, faster and cheaper than satellites, carry most of the intercontinental Internet traffic. Today, there are over 420 submarine cables in service (16), stretching over 700,000 miles around the world. It is not a new phenomenon, though (17). The first transcontinental cable—laid in 1854—ran from Ireland to Newfoundland, and made telegraph communication possible between England and Canada.

這些電纜系統，比衛星迅速而且便宜，承載了大部份的國際網路流量。現在，有超過 420 條海底電纜在運作中，在全世界綿延超過七十萬英哩。不過，這並不是個新的現象。最早的橫貫大陸的電纜——在 1854 年舖設——從愛爾蘭延伸到紐芬蘭，使得英國和加拿大之間，能夠用電報通訊。

satellite (ˈsætḷˌaɪt) *n.* 衛星　carry (ˈkærɪ) *v.* 載運
Internet (ˈɪntɚˌnɛt) *n.* 網際網路　traffic (ˈtræfɪk) *n.* 流量
submarine (ˌsʌbməˈrin) *adj.* 海底的　stretch (strɛtʃ) *v.* 延伸
phenomenon (fəˈnɑməˌnɑn) *n.* 現象
transcontinental (ˌtrænskɑntəˈnɛntḷ) *adj.* 橫貫大陸的
lay (le) *v.* 放置；舖設　run (rʌn) *v.* 延伸
Newfoundland (ˈnjufənlənd, ˌnjufəndˈlænd) *n.* 紐芬蘭島【加拿大東海岸的島嶼】　telegraph (ˈtɛləˌgræf) *n.* 電報
communication (kəˌmjunəˈkeʃən) *n.* 通訊

16. (**B**) 依句意，選 (B) ***in service***「在運轉中」。
而 (A) at large「逍遙法外的」, (C) by contrast「對比之下」,
(D) under control「在控制中」，則不合句意。

17. (**D**) 依句意，選 (D) ***though***「不過」。而 (A) then「然後」,
(B) still「仍然」, (C) instead「取而代之」，則不合句意。

Currently, the world's highest-capacity undersea Internet cable is a 5,600-mile link between the US and Japan. Suitably (18) named "FASTER," the cable connects Oregon in the US with Japan and Taiwan.

目前，全世界最高容量的海底網路電纜，是美國與日本之間 5,600 英哩長的連結。這個電纜有個很恰當的名字，叫作 "FASTER"，它連接了美國的奧勒岡州和日本與臺灣。

currently〔ˈkɝəntlɪ〕*adv.* 目前　capacity〔kəˈpæsətɪ〕*n.* 容量
undersea〔ˈʌndɚˈsi〕*adj.* 海底的　link〔lɪŋk〕*n.* 連結
name〔nem〕*v.* 命名　Oregon〔ˈɔrɪˌgɑn〕*n.* 奧勒岡州

18. (**A**) 依句意，選 (A) ***Suitably***〔ˈsutəblɪ〕*adv.* 適當地。而
(B) constantly〔ˈkɑnstəntlɪ〕*adv.* 不斷地，
(C) vitally〔ˈvaɪtl̩ɪ〕*adv.* 生命攸關地，
(D) mockingly〔ˈmɑkɪŋlɪ〕*adv.* 嘲笑地，則不合句意。

The submarine cables require extra care (19) to install. They must generally be run across flat surfaces of the ocean floor, and stay clear of coral reefs, sunken ships, fish beds, and other general obstacles (20). The fiber-optic cables are also very fragile, so they are surrounded with layers of tubing and steel to prevent damage.

這些海底電纜安裝時需要特別小心。它們通常必須被鋪設在平坦的海底表面，並遠離珊瑚礁、沈船、魚床，以及其他一般的障礙物。光纖電纜也是非常脆弱的，所以它們被層層的管子與鋼鐵環繞，以免受到損害。

require〔rɪˈkwaɪr〕*v.* 需要　extra〔ˈɛkstrə〕*adj.* 額外的；特別的
install〔ɪnˈstɔl〕*v.* 安裝　generally〔ˈdʒɛnərəlɪ〕*adv.* 通常
run〔rʌn〕*v.* 使伸展；使延伸　flat〔flæt〕*adj.* 平坦的

surface〔ˈsɝfɪs〕*n.* 表面 ***ocean floor*** 海底 ***stay clear of*** 避開
coral reef〔ˈkɔrəl ˈrif〕*n.* 珊瑚礁 sunken〔ˈsʌŋkən〕*adj.* 沈沒的
fish bed 魚床 general〔ˈdʒɛnərəl〕*adj.* 一般的
fiber-optic〔ˈfaɪbɚˌɑptɪk〕*adj.* 光纖的
fragile〔ˈfrædʒəl〕*adj.* 脆弱的 surround〔səˈraʊnd〕*v.* 包圍；環繞
layer〔ˈleɚ〕*n.* 層 tubing〔ˈtjubɪŋ〕*n.* 管子
steel〔stil〕*n.* 鋼鐵 prevent〔prɪˈvɛnt〕*v.* 防止

19.(**C**) 依句意，安裝時需要特別「小心」，選 (C) ***care***〔kɛr〕*n.* 小心。而 (A) speed「速度」，(B) light「光線」，(D) link「連結」，則不合句意。

20.(**B**) (A) directions〔dəˈrɛkʃənz〕*n.pl.* 指示；說明
(B) ***obstacle***〔ˈɑbstəkḷ〕*n.* 障礙物
(C) aquarium〔əˈkɛrɪəm〕*n.* 水族箱；水族館
(D) circulation〔ˌsɝkjəˈleʃən〕*n.* 循環

三、文意選填：

第 21 至 30 題爲題組

The Getty Center sits more than 800 feet above sea level, towering above the city of Los Angeles. A 0.75-mile-long tramway takes visitors to the top of the hill. At the top, four exhibit pavilions and a visitor center form the heart of an eleven-building complex. The museum was originally constructed to [21]<u>(K) house</u> the vast art collection belonging to oil tycoon J. Paul Getty. Today, it is stocked with so many art works that the exhibit arenas can show just a part of them at a time, making the [22]<u>(L) ever-changing</u> special exhibitions a highlight of any visit to the Getty.

蓋蒂中心位在海拔800公尺的高處，鳥瞰著整個洛杉磯市。一條0.75英哩長的纜車將遊客帶到山頂上。在山頂上，有四座展覽館及一間遊客中心，構成了全部11棟建築群落中的核心部份。原本這座博物館的建立，是爲了存放石油大亨 J. 保羅‧蓋蒂的龐大藝術收藏。如今，它的藏品已多到必須分部份輪流在展場裡展出，使得不斷變化的特展成爲吸引遊客來蓋提的一大亮點。

sit〔sɪt〕*v.* 位於；座落於 ***sea level*** 海平面
tower〔ˈtaʊɚ〕*v.* 矗立 tramway〔ˈtræmˌwe〕*n.* 電車軌道；纜車軌道
exhibit〔ɪgˈzɪbɪt〕*n.* 展示品；展示會
pavilion〔pəˈvɪljən〕*n.* 展示館 complex〔ˈkɑmplɛks〕*n.* 綜合設施

construct〔kənˈstrʌkt〕*v.* 建造　house〔haʊz〕*v.* 儲藏；收藏
vast〔væst〕*adj.* 巨大的　tycoon〔taɪˈkun〕*n.* 大亨
stock〔stɑk〕*v.* 庫存；貯存
arena〔əˈrinə〕*n.* 場地；活動場所　***at a time*** 一次
ever-changing〔ˈɛvɚˈtʃendʒɪŋ〕*adj.* 不斷改變的；千變萬化的
exhibition〔ˌɛksəˈbɪʃən〕*n.* 展覽；展覽會
highlight〔ˈhaɪˌlaɪt〕*n.* 最吸引人的部份

The Center's award-winning architect, Richard Meier, did an outstanding job of creating a public space that has [23]**(D)** surprised many visitors. Visitors go to the Getty thinking they are visiting a museum with works of art on the inside. What they discover instead is a work of art with a museum inside. The idea is interesting: The outdoor space can be a completely satisfying [24]**(G)** artistic experience.

打造這個中心的是一位曾獲大獎的建築師理查梅耶，他在公共空間的創造上成就非凡，讓很多遊客為之驚訝。遊客以為他們來到蓋提中心，是來造訪一座裡頭有很多藝術品的博物館。結果他們反而發現，一件包含博物館在內的藝術品。這個點子很有趣：戶外空間本身可以是一次完全讓人滿意的藝術體驗。

award〔əˈwɔrd〕*n.* 獎　***award-winning*** *adj.* 得獎的
architect〔ˈɑrkəˌtɛkt〕*n.* 建築師
outstanding〔ˈaʊtˈstændɪŋ〕*adj.* 傑出的
do an outstanding job 表現得很好
space〔spes〕*n.* 空間　surprise〔səˈpraɪz〕*v.* 使驚訝
instead〔ɪnˈstɛd〕*adv.* 反而；作為代替
satisfying〔ˈsætɪsˌfaɪɪŋ〕*adj.* 令人滿意的
artistic〔ɑrˈtɪstɪk〕*adj.* 藝術的

Meier took a few basic [25]**(J)** materials: metal, stone and glass. Working with a billion-dollar budget, he combined them to create a work of architecture that can excite visitors as much as the art collection inside does. Around every corner and at every [26]**(C)** turn, there is a new view to enchant guests. And then, just when they think they have seen it all, a new fountain or landscape pops up.

梅耶選了幾種基本的材料：金屬、石頭及玻璃。有十億元的預算可以用，他把這些材料結合起來，創造一個建築作品，它本身就足以和它裡面的藝術品一樣讓訪客驚豔不已。在每一個角落和每一處轉彎，都會有一個新的視線讓客人著迷。接著，就在他們以爲全部都看到時，又有一個新的噴泉或風景冒出來。

material〔 mə'tɪrɪəl 〕*n.* 材料　　metal〔 'mɛtl̩ 〕*n.* 金屬
billion〔 'bɪljən 〕*n.* 十億　　budget〔 'bʌdʒɪt 〕*n.* 預算
combine〔 kəm'baɪn 〕*v.* 結合
architecture〔 'ɑrkə,tɛktʃɚ 〕*n.* 建築　　excite〔 ɪk'saɪt 〕*v.* 使興奮
turn〔 tɝn 〕*n.* 轉彎處；轉角　　view〔 vju 〕*n.* 景色
enchant〔 ɪn'tʃænt 〕*v.* 使著迷　　fountain〔 'faʊntn̩ 〕*n.* 噴水池
landscape〔 'lændskep 〕*n.* 景色；風景　　***pop up*** 突然出現

The building stone is travertine, [27]<u>(E) imported</u> from Italy, the same source as for the historic buildings in Rome. A special cutting process exposes the fossils long buried inside the stone, which reveals the delicate treasures [28]<u>(H) hidden</u> under the rough surface. Some of them are set as "feature" stones scattered about the site, waiting to [29]<u>(A) delight</u> those who find them. The most fantastic one is on the arrival plaza wall, across from the tram station.

建造用的石頭是石灰華岩，進口自義大利，和羅馬那些歷史古蹟用的石頭來源是一樣的。特別的切割程序將這些石頭裡面的化石暴露出來，顯現出粗糙表面下深藏著的精緻寶藏。它們有一些被用做「特色」石，散佈在整個場址，等著去讓發現它們的人開心。其中最美妙的一個，就放在纜車到站處對面的迎客廣場的牆上。

travertine〔 'trævɚ,tin 〕*n.* 石灰華（一種多孔碳酸鈣）
import〔 ɪm'port 〕*v.* 進口　　source〔 sors 〕*n.* 來源
historic〔 hɪs'tɔrɪk 〕*adj.* 有歷史性的
process〔 'prɑsɛs 〕*n.* 過程
expose〔 ɪk'spoz 〕*v.* 暴露　　fossil〔 'fɑsl̩ 〕*n.* 化石
bury〔 'bɛrɪ 〕*v.* 埋葬　　reveal〔 rɪ'vil 〕*v.* 顯示
delicate〔 'dɛləkɪt 〕*adj.* 精緻的　　treasure〔 'trɛʒɚ 〕*n.* 寶藏
rough〔 rʌf 〕*adj.* 粗糙的　　set〔 sɛt 〕*v.* 設定
feature〔 'fitʃɚ 〕*n.* 特徵；特色　　scatter〔 'skætɚ 〕*v.* 散佈
about〔 ə'baʊt 〕*prep.* 在…各處　　site〔 saɪt 〕*n.* 地點
delight〔 dɪ'laɪt 〕*v.* 使高興　　fantastic〔 fæn'tæstɪk 〕*adj.* 很棒的
plaza〔 'plæzə 〕*n.* 廣場　　***across from*** 在…的對面
tram〔 træm 〕*n.* 纜車

In addition to museum tours, the Getty also provides various free on-site tours, including tours of the gardens. These [30]<u>(B) explorations</u> are a must for anyone interested in learning more about Meier's techniques and ideas.

除了博物館之旅，蓋蒂中心還提供了各種免費的現場走訪路線，包括多個花園的探訪。對任何想要了解梅耶的技巧和創意的人，這些探訪之旅是必備的。

in addition to 除了…之外（還有） tour〔tʊr〕*n.* 參觀
free〔fri〕*adj.* 免費的 on-site〔'ɑn'saɪt〕*adj.* 現場的
garden〔'gɑrdn̩〕*n.* 花園；庭院
exploration〔ˌɛksplə'reʃən〕*n.* 探險；探索
must〔mʌst〕*n.* 絕對需要之物；必備之物 learn〔lɝn〕*v.* 得知
technique〔tɛk'nik〕*n.* 技術；技巧

四、篇章結構：

<u>第 31 至 35 題爲題組</u>

Copernicus, founder of modern astronomy, was born in 1473 to a well-to-do merchant family in Torun, Poland. He was sent off to attend university in Italy, studying mathematics and optics, and canon law. Returning from his studies abroad, Copernicus was appointed to an administrative position in the cathedral of Frauenburg. There he spent a sheltered and academic life for the rest of his days.

現代天文學創始者哥白尼，於 1473 年在波蘭托倫的一個殷實的商人家庭中出生。他被送去義大利讀大學，學的是數學以及光學，還有教會法規。學成歸國後，哥白尼被指派去做佛倫堡大教堂的管理人員。在那裡他過著受到保護的學術生活，終此一生。

Copernicus〔ko'pɝnɪkəs〕*n.* 哥白尼
founder〔'faʊndɚ〕*n.* 創立者 astronomy〔ə'strɑnəmɪ〕*n.* 天文學
well-to-do〔'wɛltə'du〕*adj.* 富有的 merchant〔'mɝtʃənt〕*n.* 商人
Torun〔'tɔrun〕*n.* 托倫 Poland〔'polənd〕*n.* 波蘭
send off 送往某地 attend〔ə'tɛnd〕*v.* 上（學）
mathematics〔ˌmæθə'mætɪks〕*n.* 數學（= *math*）
optics〔'ɑptɪks〕*n.* 光學 ***canon law*** 教會法；寺院法
studies〔'stʌdɪz〕*n. pl.* 學業 abroad〔ə'brɔd〕*adv.* 在國外
appoint〔ə'pɔɪnt〕*v.* 指派

administrative〔ədˈmɪnəˌstretɪv〕*adj.* 管理的；行政的
position〔pəˈzɪʃən〕*n.* 職位　cathedral〔kəˈθidrəl〕*n.* 大教堂
Frauenburg〔ˈfraʊənˌbɝg〕*n.* 佛倫堡
sheltered〔ˈʃɛltəd〕*adj.* 掩蔽的；被保護的
academic〔ˌækəˈdɛmɪk〕*adj.* 學術的

[31](F) In his spare time, Copernicus studied the stars and the planets, applying his math knowledge to the mysteries of the night sky. He made his observations from a tower situated on the protective wall around the cathedral. His observations were made with the "bare eyeball," so to speak, as a hundred years were to pass before the invention of the telescope. In 1530, Copernicus completed his famous work *De Revolutionibus*, which later played a major role in changing the philosophical view of humankind's place in the universe. [32](B) The book, however, wasn't published until two months before his death.

在閒暇時間，哥白尼研究天上的恆星與行星，將他的數學知識用在夜晚星空的奧秘上。他從大教堂周圍的防護牆上的一座塔裡進行觀察。這麼說吧，他是用赤裸的眼球進行觀察，因為還要再過一百年望遠鏡才會發明出來。1530 年，哥白尼完成了他的大作「天體運行論」，後來大大改變了哲學對人類在宇宙中的地位的觀點。但這本書一直到他死前兩個月才得以出版。

spare time 空閒時間　study〔ˈstʌdɪ〕*v.* 研究
star〔stɑr〕*n.* 恆星　planet〔ˈplænɪt〕*n.* 行星
apply A to B 將 A 應用於 B　mystery〔ˈmɪstrɪ〕*n.* 奧祕；謎
observation〔ˌɑbzəˈveʃən〕*n.* 觀察
tower〔ˈtaʊə〕*n.* 塔　***be situated on*** 位於
protective wall 防護牆　bare〔bɛr〕*adj.* 赤裸的
eyeball〔ˈaɪˌbɔl〕*n.* 眼球　***bare eyeball*** 肉眼（= *naked eye*）
so to speak 也就是說　***be to V.*** 預計…
pass〔pæs〕*v.* 經過　invention〔ɪnˈvɛnʃən〕*n.* 發明
telescope〔ˈtɛləˌskop〕*n.* 望遠鏡
complete〔kəmˈplit〕*v.* 完成　work〔wɝk〕*n.* 作品
De Revolutionibus 天體運行論【全名為：De Revolutionibus Orbium Coelestium】　***play a～role*** 扮演一個～角色
major〔ˈmedʒə〕*adj.* 主要的；重要的
philosophical〔ˌfɪləˈsɑfɪkḷ〕*adj.* 哲學上的　view〔vju〕*n.* 看法

humankind〔'hjumən,kaɪnd〕n. 人類（= *mankind*）
place〔ples〕n. 地位　universe〔'junə,vɝs〕n. 宇宙
not…until~ 直到～才…　publish〔'pʌblɪʃ〕v. 出版

Copernicus died in 1543 and was never to know what a stir his work would cause. In his book, he asserted that the Earth rotated on its axis once daily and traveled around the Sun once yearly. [33]**(D)** This went against the philosophical and religious beliefs held during medieval times. People then regarded the Earth as stationary, situated at the center of the universe, with the Sun and all the planets revolving around it. Copernicus' theory challenged the long-held belief that God created the Heavens and the Earth, and could overturn the core values of the Catholic world. [34]**(E)** Religious leader Martin Luther voiced his opposition to the sun-centered system model. Other ministers quickly followed suit, saying of Copernicus, "This fool wants to turn the whole art of astronomy upside down."

哥白尼死於 1543 年，而且自始至終都不知道，自己的這本書會帶來多麼大的波瀾。在書中，他認定地球在自己的地軸上每天轉一次，然後每年繞太陽轉一次。這跟中世紀時期廣被接受的宗教及哲學觀點大相逕庭。當時的人們認爲地球是靜止不動的，位在宇宙的中心，太陽及其他行星繞著它轉。哥白尼的理論挑戰了上帝創造了天與地這個長久以來深植人心的觀念，可能推翻天主教世界的核心價值。宗教領袖馬丁路德提出了他對太陽中心說的反對。其他神職官員紛紛跟進，說哥白尼是「企圖將天文學的整個學說顛倒過來的笨蛋」。

stir〔stɝ〕n. 騷動；轟動　cause〔kɔz〕v. 引起；造成
assert〔ə'sɝt〕v. 聲稱
rotate〔'rotet〕v.（以軸爲中心的）旋轉；自轉
axis〔'æksɪs〕n. 軸；地軸　once〔wʌns〕adv. 一次
daily〔'delɪ〕adv. 每天　travel〔'trævḷ〕v. 行進
travel around 繞著…運行　yearly〔'jɪrlɪ〕adv. 每年
go against 違反　religious〔rɪ'lɪdʒəs〕adj. 宗教的
belief〔bɪ'lif〕n. 信念；信仰　hold〔hold〕v. 持有（見解）
medieval〔,midɪ'ivḷ〕adj. 中世紀的　times〔taɪmz〕n. pl. 時代
regard A as B 認爲 A 是 B　stationary〔'steʃən,ɛrɪ〕adj. 不動的
situated〔'sɪtʃʊ,etɪd〕adj. 位於～的　center〔'sɛntɚ〕n. 中心
revolve〔rɪ'vɑlv〕v. 旋轉；沿軌道轉　theory〔'θiərɪ〕n. 理論
challenge〔'tʃælɪndʒ〕v. 挑戰；懷疑

long-held〔ˈlɔŋˌhɛld〕*adj.* 長期持有的　create〔krɪˈet〕*v.* 創造
heaven〔ˈhɛvən〕*n.* 天空　overturn〔ˌovɚˈtɝn〕*v.* 推翻
core〔kor〕*n.* 核心　***core values*** 核心價值；核心信念
Catholic〔ˈkæθəlɪk〕*adj.* 天主教的
Martin Luthur〔ˈmɑrtɪnˈluθɚ〕*n.* 馬丁路德（1483-1546，德國宗教改革領袖）　voice〔vɔɪs〕*v.* 表達
opposition〔ˌɑpəˈzɪʃən〕*n.* 反對
sun-centered〔ˈsʌnˌsɛntɚd〕*adj.* 以太陽爲中心的
system〔ˈsɪstəm〕*n.* 系統　model〔ˈmɑdḷ〕*n.* 模式
minister〔ˈmɪnɪstɚ〕*n.* 牧師；神職人員　***follow suit*** 跟著做
fool〔ful〕*n.* 笨蛋　***say of*** 說到
turn…upside down 把…搞得亂七八糟　art〔ɑrt〕*n.* 學問；知識

Ironically, Copernicus had dedicated his work to Pope Paul III. [35]<u>(C) If this act was an attempt to seek the Catholic Church's approval, it was of no use.</u> The Church ultimately banned *De Revolutionibus*, and the book remained on the list of forbidden reading material for nearly three centuries thereafter.

諷刺的是，哥白尼將此書獻給敎宗保祿三世。如果他這舉動是要尋求天主敎會的贊同，那顯然沒有用。敎會最後禁了「天體運行論」一書，從此這本書名列禁書黑名單幾乎長達三世紀之久。

ironically〔aɪˈrɑnɪklɪ〕*adv.* 諷刺的是　dedicate〔ˈdɛdəˌket〕*v.* 奉獻
dedicate A to B 把A獻給B　pope〔pop〕*n.* 敎宗
act〔ækt〕*n.* 行爲　attempt〔əˈtɛmpt〕*n.* 企圖；嘗試
seek〔sik〕*v.* 尋求　church〔tʃɝtʃ〕*n.* 敎堂；敎會
approval〔əˈpruvḷ〕*n.* 贊同　***of no use*** 沒有用的（= *useless*）
ultimately〔ˈʌltəmɪtlɪ〕*adv.* 最後
ban〔bæn〕*v.* 禁止　remain〔rɪˈmen〕*v.* 仍然是
forbidden〔fɔrˈbɪdn̩〕*adj.* 被禁止的　century〔ˈsɛntʃərɪ〕*n.* 世紀
thereafter〔ˌðɛrˈæftɚ〕*adv.* 其後；從那時以後

五、閱讀測驗：

<u>第36至39題爲題組</u>

Tempeh (or *tempe*), a traditional soy product from Indonesia, is hailed as the country's "gift to the world," like *kimchi* from Korea or *miso* from Japan.

天貝，來自印尼的一種傳統大豆製品，被譽爲是這個國家「帶給全世界的禮物」，就像來自韓國的泡菜或日本的味噌一樣。

traditional〔trəˈdɪʃənl̩〕*adj.* 傳統的　soy〔sɔɪ〕*n.* 大豆；黃豆
product〔ˈprɑdəkt〕*n.* 產品　Indonesia〔ˌɪndəˈniʃə〕*n.* 印尼
hail〔hel〕*v.* 歡呼；認定　***be hailed as*** 被譽爲
kimchi〔ˈkɪmtʃɪ〕*n.* 韓國泡菜　miso〔ˈmɪso〕*n.* 味噌

A stable, cheap source of protein in Indonesia for centuries, *tempeh* is a fermented food originating from the island of Java. It was discovered during tofu production when discarded soybean residue caught microbial spores from the air and grew certain whitish fungi around it. When this fermented residue was found to be edible and tasty, people began producing it at home for daily consumption across the country. This has given rise to many variations in its flavor and texture throughout different Indonesian regions.

天貝在印尼好幾個世紀以來，是穩定、便宜的蛋白質來源，它是一種發酵食品，源自爪哇島。它是在製造豆腐的過程中被發現的，被丟棄的大豆殘渣沾染到空氣中微生物的孢子，周圍長出某種白白的菌絲。當這些發酵的殘渣被人發現可以吃，而且很好吃時，全國的人們便開始在家裡生產，作爲日常食用，這導致了在印尼的不同區域，天貝的風味及質地有多種變化。

stable〔ˈstebl̩〕*adj.* 穩定的　source〔sors〕*n.* 來源
protein〔ˈprotiɪn〕*n.* 蛋白質　century〔ˈsɛntʃərɪ〕*n.* 世紀
ferment〔fɚˈmɛnt〕*v.* 發酵　originate〔əˈrɪdʒəˌnet〕*v.* 起源於
Java〔ˈdʒɑvə〕*n.* 爪哇　discover〔dɪˈskʌvɚ〕*v.* 發現
tofu〔ˈtofu〕*n.* 豆腐　production〔prəˈdʌkʃən〕*n.* 生產
discard〔dɪsˈkɑrd〕*v.* 丟棄　soybean〔ˈsɔɪˌbin〕*n.* 大豆；黃豆
residue〔ˈrɛzəˌdu〕*n.* 殘餘物；殘渣
microbial〔maɪˈkrobɪəl〕*adj.* 微生物的；細菌的
spore〔spor〕*n.* 孢子　certain〔ˈsɝtn̩〕*adj.* 某種
whitish〔ˈhwaɪtɪʃ〕*adj.* 略帶白色的
fungi〔ˈfʌndʒaɪ〕*n. pl.* 眞菌類【單數形爲 fungus〔ˈfʌŋgəs〕】
edible〔ˈɛdəbl̩〕*adj.* 可以食用的　tasty〔ˈtestɪ〕*adj.* 好吃的
produce〔prəˈdjus〕*v.* 生產；製造　daily〔ˈdelɪ〕*adj.* 日常的
consumption〔kənˈsʌmpʃən〕*n.* 消耗；吃喝；攝取
across the country 全國　***give rise to*** 導致；帶來

variation〔ˌvɛrɪ'eʃən〕*n.* 變化　flavor〔'flevɚ〕*n.* 口味；風味
texture〔'tɛkstʃɚ〕*n.* 質地　throughout〔θru'aʊt〕*prep.* 遍及
region〔'ridʒən〕*n.* 區域

Tempeh is high in protein and low in fat, and contains a host of vitamins. In fact, it is the only reported plant-based source of vitamin B12. Apart from being able to help reduce cholesterol, increase bone density, and promote muscle recovery, *tempeh* has a lot of polyphenols that protect skin cells and slow down the aging process. Best of all, with the same protein quality as meat and the ability to take on many flavors and textures, *tempeh* is a great meat substitute—something the vegetarian and vegan communities have been quick in adopting.

天貝蛋白質含量高，脂肪含量低，且含有多種維他命。事實上，根據報導，它是唯一一個植物性食物維他命 B12 的來源。除了能夠幫助降低膽固醇、增加骨骼密度、促進肌肉復原之外，天貝還有多種多酚成份，能保護皮膚細胞並減緩老化過程。最棒的是，因爲天貝的蛋白質品質和肉類一樣，又能夠具備多種風味及質地，它是很棒的肉類替代品，很快就被素食和純素食社群所採納。

fat〔fæt〕*n.* 脂肪　contain〔kən'ten〕*v.* 包含
a host of 許多　vitamin〔'vaɪtəmɪn〕*n.* 維他命
based〔best〕*adj.* 以～爲基礎的　***apart from*** 除了～之外
be able to V. 能夠…　reduce〔rɪ'djus〕*v.* 減少
cholesterol〔kə'lɛstəˌrol〕*n.* 膽固醇　increase〔ɪn'kris〕*v.* 增加
bone〔bon〕*n.* 骨頭　density〔'dɛnsətɪ〕*n.* 密度
promote〔prə'mot〕*v.* 促進　muscle〔'mʌsl̩〕*n.* 肌肉
recovery〔rɪ'kʌvərɪ〕*n.* 恢復；復原
polyphenol〔ˌpɑlɪ'finol〕*n.* 多酚　protect〔prə'tɛkt〕*v.* 保護
skin〔skɪn〕*n.* 皮膚　cell〔sɛl〕*n.* 細胞　***slow down*** 減緩
aging〔'edʒɪŋ〕*n.* 老化　process〔'prɑsɛs〕*n.* 過程
quality〔'kwɑlətɪ〕*n.* 品質；特性　meat〔mit〕*n.* 肉類
ability〔ə'bɪlətɪ〕*n.* 能力　***take on*** 含有
substitute〔'sʌbstəˌtjut〕*n.* 代替品
vegetarian〔ˌvɛdʒə'tɛrɪən〕*n.* 素食者　*adj.* 素食的
vegan〔'vɛdʒən〕*adj.* 純素食主義的【連蛋奶類都不吃】
community〔kə'mjunətɪ〕*n.* 社區；群體
adopt〔ə'dɑpt〕*v.* 採用

In addition to its highly nutritional makeup, *tempeh* has diverse preparation possibilities. It can be served as a main course (usually in curries) or a side dish to be eaten with rice, as a deep-fried snack, or even blended into smoothies and healthy juices. Though not yet a popular food among international diners, you may find *tempeh*-substituted BLTs (bacon, lettuce, tomato sandwiches) in San Francisco as easily as you can find vegetarian burgers with *tempeh* patties in Bali.

除了高度營養成分外，天貝還有多樣的烹煮可能性。它可以當成主餐（通常用咖哩煮），或是配菜，和飯一起吃，還可以油炸成點心，甚至混在冰沙或健康果汁裡。雖然還沒有成為國際饕客的愛好之一，但你可以在舊金山找到用天貝替代的 BLT 三明治，和在峇里島找到用天貝餡餅做的素食漢堡一樣容易。

in addition to 除了～之外　highly〔ˈhaɪlɪ〕*adv.* 高度地；非常地
nutritional〔nuˈtrɪʃənl̩〕*adj.* 營養的
makeup〔ˈmekˌʌp〕*n.* 組成；特質；成分
diverse〔dəˈvɝs, daɪˈvɝs〕*adj.* 多種的
preparation〔ˌprɛpəˈreʃən〕*n.* 準備
possibility〔ˌpɑsəˈbɪlətɪ〕*n.* 可能性
serve〔sɝv〕*v.* 上（菜）；供應　course〔kors〕*n.*（菜的）一道
main course 主菜　curry〔ˈkɝɪ〕*n.* 咖哩
side dish 配菜；小菜　deep-fried〔ˈdipˈfraɪd〕*adj.* 油炸的
snack〔snæk〕*n.* 點心；小吃　blend〔blɛnd〕*v.* 混合
smoothie〔ˈsmuðɪ〕*n.* 冰沙　***not yet*** 尚未
international〔ˌɪntəˈnæʃənl̩〕*adj.* 國際的　diner〔ˈdaɪnɚ〕*n.* 用餐者
BLT 培根萵苣蕃茄三明治【源自 bacon, lettuce, and tomato sandwich】
bacon〔ˈbekən〕*n.* 培根　lettuce〔ˈlɛtɪs〕*n.* 萵苣
burger〔ˈbɝgɚ〕*n.* 漢堡　patty〔ˈpætɪ〕*n.* 肉餅；小餡餅
Bali〔ˈbɑlɪ〕*n.* 峇里島

For the people of Indonesia, *tempeh* is not just food but also has cultural value. With the Indonesian traditional fabric *batik* being recognized by UNESCO as "Intangible Cultural Heritage of Humanity," *tempeh* has great potential for this honor as well.

對印尼人來說，天貝不只是食物，而且具有文化價值。隨著印尼的傳統織物巴提克，被「聯合國教科文組織」認定為「人類無形的文化遺產」，天貝也有贏得這項榮耀的高度潛力。

not just/only/merely A but also B 不只A，而且B
cultural〔ˈkʌltʃərəl〕*adj.* 文化的 value〔ˈvælju〕*n.* 價值
fabric〔ˈfæbrɪk〕*n.* 織物 recognize〔ˈrɛkəg,naɪz〕*v.* 認可；承認
UNESCO〔juˈnɛsko〕*n.* 聯合國教科文組織【全名爲：United Nations Educational, Scientific, and Cultural Organization】
intangible〔ɪnˈtændʒəbḷ〕*adj.* 不可觸摸的；無形的
heritage〔ˈhɛrətɪdʒ〕*n.* 遺產 humanity〔hjuˈmænətɪ〕*n.* 人類
potential〔pəˈtɛnʃəl〕*n.* 潛力；可能性 honor〔ˈɑnɚ〕*n.* 榮耀
as well 也（= *too*）

36.（**B**）這篇文章主要在講什麼？
(A) 一種健康食品的烹煮。 (B) 來自爪哇的一種傳統美食。
(C) 素食者的美食指南。 (D) 印尼的文化遺產。
delicacy〔ˈdɛləkəsɪ〕*n.* 美食 gourmet〔ˈgurme〕*n.* 美食家
guide〔gaɪd〕*n.* 指南

37.（**C**）根據本文，以下有關天貝的哪一項正確？
(A) 它主要是當做配菜。
(B) 當它周圍長出菌絲時就會被丟棄。
(C) 它是從發酵的大豆形成的。
(D) 它有和泡菜一樣的營養好處。
form〔fɔrm〕*v.* 形成 benefit〔ˈbɛnəfɪt〕*n.* 益處；好處

38.（**A**）第二段到第四段討論了天貝的哪些方面？
(A) 起源→營養→烹調法。 (B) 起源→烹調法→行銷。
(C) 烹調法→營養→行銷。 (D) 分佈→烹調法→營養。
aspect〔ˈæspɛkt〕*n.* 方面 discuss〔dɪˈskʌs〕*v.* 討論
origin〔ˈɔrədʒɪn〕*n.* 起源 nutrition〔nuˈtrɪʃən〕*n.* 營養
cuisine〔kwɪˈzin〕*n.* 烹調法 marketing〔ˈmɑrkɪtɪŋ〕*n.* 行銷
distribution〔,dɪstrəˈbjuʃən〕*n.* 分佈

39.（**D**）以下何者可以從本文中推論得知？
(A) 老年人會把吃天貝，當做維他命補充品。
(B) 天貝很快會比韓國泡菜或味噌更受歡迎。
(C) 天貝的營養會因爲大量生產而降低。
(D) 天貝可能會被認可爲一個國際的文化象徵。

infer〔ɪn'fɝ〕*v.* 推論　senior〔'sinjɚ〕*adj.* 資深的
citizen〔'sɪtəzn̩〕*n.* 國民；公民　***senior citizen*** 老年人
supplement〔'sʌpləmənt〕*n.* 營養補充品
mass production 大量生產　***be likely to V.*** 可能…
symbol〔'sɪmbl̩〕*n.* 象徵

第 40 至 43 題爲題組

When Dr. David Spiegel emerged from a three-hour shoulder surgery in 1972, he didn't use any pain medication to recover. Instead, he hypnotized himself. It worked—to the surprise of everyone but Spiegel himself, who has studied hypnosis for 45 years.

在 1972 年，當大衛・史匹格博士接受三小時的肩膀手術後，他沒有使用任何的止痛藥來幫助他復原。反之，他把自己催眠了。這個方法奏效了，令每個人都大感驚訝，除了史匹格博士自己，因爲他研究催眠術長達 45 年之久。

emerge〔ɪ'mɝdʒ〕*v.* 出現　surgery〔'sɝdʒərɪ〕*n.* 外科手術
medication〔,mɛdɪ'keʃən〕*n.* 藥物　recover〔rɪ'kʌvɚ〕*v.* 復原
instead〔ɪn'stɛd〕*adv.* 反之　hypnotize〔'hɪpnə,taɪz〕*v.* 催眠
work〔wɝk〕*v.* 有效　***to the surprise of sb.*** 令某人驚訝的是
but〔bʌt〕*prep.* 除了　hypnosis〔hɪp'nosɪs〕*n.* 催眠

Hypnosis is often misunderstood as a sleep-like state in which a person is put to sleep and does whatever he is asked to do. But according to Dr. Spiegel, it is a state of highly focused attention and intense concentration. Being hypnotized, you tune out most of the stimuli around you. You focus intently on the subject at hand, to the near exclusion of any other thought. This trance-like state can be an effective tool to control pain, ease anxiety, and deal with stress.

催眠常被誤解成爲是一種類似睡眠的狀態，在這個狀態中，受到催眠的人會去做任何他被要求去做的事。但根據史匹格博士所說，催眠是一種高度精神集中的狀態。被催眠時，你會無視周遭大部分的刺激。你會全心專注於你手邊的事物，幾乎排除任何其他的想法。這樣一種近似忘我的狀態是一種有效的工具，可以控制疼痛、減輕焦慮、應付壓力。

misunderstand〔,mɪsʌndɚ'stænd〕*v.* 誤解
state〔stet〕*n.* 狀態　highly〔'haɪlɪ〕*adv.* 高度地
focused〔'fokəst〕*adj.* 集中的　attention〔ə'tɛnʃən〕*n.* 專心
intense〔ɪn'tɛns〕*adj.* 強烈的；專心的

concentration (ˌkɑnsn̩ˈtreʃən) *n.* 集中；注意力
tune (tjun) *v.* 調整　***tune out*** 不關心；無視
stimuli (ˈstɪmjəˌlaɪ) *n. pl.* 刺激（物）【單數形為 stimulus (ˈstɪmjələs)】
focus on 專注於　intently (ɪnˈtɛntlɪ) *adv.* 專心地
subject (ˈsʌbdʒɪkt) *n.* 主題　***at hand*** 在手邊
exclusion (ɪkˈskluʃən) *n.* 除外；排除
to the exclusion of 到排除～的程度　thought (θɔt) *n.* 想法
trance (træns) *n.* 恍惚；忘我　effective (əˈfɛktɪv) *adj.* 有效的
tool (tul) *n.* 工具　ease (iz) *v.* 減輕
anxiety (æŋˈzaɪətɪ) *n.* 焦慮　***deal with*** 應付；處理
stress (strɛs) *n.* 壓力

Not all people, however, are equally hypnotizable. In a recent study, Dr. Spiegel and his colleagues found that people who are easily hypnotized tend to be more trusting of others, more intuitive, and more likely to get caught up in a good movie. The research team compared people who were highly hypnotizable with those low in hypnotizability. Both groups were given fMRI scans during several different conditions: at rest, while recalling a memory, and during two sessions of hypnotism. The researchers saw some interesting changes in the brain during hypnosis—but only in the highly hypnotizable group. Specifically, there was a drop in activity in the part of the brain which usually fires up when there is something to worry about.

然而，不是所有人都同樣容易受到催眠。在最近一項研究中，史匹格博士與他的研究同仁發現，容易受到催眠的人通常比較信任他人、比較倚靠直覺、比較可能對好電影入迷。研究小組比較了高度易受催眠者，以及受催眠程度很低者。這兩組人在幾個不同的情況之下，接受功能性磁振造影（fMRI）掃描：休息時、回想過去的記憶時，以及兩段催眠活動之間。研究人員看出，在催眠過程當中腦部產生有趣的改變——但只有在高度易受催眠這一組。很明確地，有事情要擔心時會激動起來的這個部位，腦波活動明顯降低。

equally (ˈikwəlɪ) *adv.* 相同地；同樣地
hypnotizable (ˈhɪpnəˌtaɪzəbl̩) *adj.* 容易被催眠的
recent (ˈrisn̩t) *adj.* 最近的　colleague (ˈkɑlig) *n.* 同事
tend to V. 傾向於；通常　trusting (ˈtrʌstɪŋ) *adj.* 信任的
intuitive (ɪnˈtuɪtɪv) *adj.* 直覺的　***get caught up in*** 受感染；入迷

research〔rɪˈsɜtʃ, ˈrisɜtʃ〕*n.* 研究　compare〔kəmˈpɛr〕*v.* 比較
hypnotizability〔ˌhɪpnəˌtaɪzəˈbɪlətɪ〕*n.* 可受催眠的程度
fMRI 功能性磁振造影【全名為：functional Magnetic Resonance Imaging，是一種神經影像學技術，主要運用在人和動物的腦脊髓的研究】
scan〔skæn〕*n.* 掃瞄　condition〔kənˈdɪʃən〕*n.* 情況
recall〔rɪˈkɔl〕*v.* 回想　memory〔ˈmɛmərɪ〕*n.* 記憶；回憶
session〔ˈsɛʃən〕*n.* 會期　hypnotism〔ˈhɪpnəˌtɪzəm〕*n.* 催眠術
specifically〔spɪˈsɪfɪklɪ〕*adv.* 明確地　drop〔drɑp〕*n.* 下降
activity〔ækˈtɪvətɪ〕*n.* 活動　brain〔bren〕*n.* 大腦
fire up 燃燒起來；激動；動怒　***worry about*** 擔心

This helps explain how hypnosis can have powerful effects, including reducing stress, anxiety, pain, and self-consciousness. Spiegel hopes that the practice can be used to replace painkillers. His own previous research has shown that when people in pain were taught self-hypnosis, they needed half the pain medication and suffered half the pain of those who were only given access to painkillers. However, more needs to be learned about hypnosis in order to harness its potential effects.

這個結果結果有助於說明，為什麼催眠有強大的影響力，包括減少壓力、焦慮、疼痛及自我意識。史匹格博士希望，這種作法可以取代止痛藥。他先前自己的研究顯示，如果患者被教導自我催眠時，他們只需要一半的止痛藥，而且他們遭受的痛苦，比起只吃止痛藥的人也只有一半。然而，關於利用催眠潛在的影響力這方面，還有更多事情需要學習。

explain〔ɪkˈsplen〕*v.* 說明；解釋
powerful〔ˈpauəfəl〕*adj.* 強大的
effect〔ɪˈfɛkt〕*n.* 影響　including〔ɪnˈkludɪŋ〕*prep.* 包括
self-consciousness〔ˌsɛlfˈkɑnʃəsnɪs〕*n.* 自我意識；自覺
practice〔ˈpræktɪs〕*n.* 實行；作法　replace〔rɪˈples〕*v.* 取代
painkiller〔ˈpenˌkɪlə〕*n.* 止痛藥　previous〔ˈpriviəs〕*adj.* 之前的
in pain 疼痛；痛苦　suffer〔ˈsʌfə〕*v.* 遭受；受苦
access〔ˈæksɛs〕*n.* 取得　harness〔ˈhɑrnɪs〕*v.* 支配；利用
potential〔pəˈtɛnʃəl〕*adj.* 潛在的；可能的

40.（**B**）作者如何開展這篇文章？
(A) 藉由給予一個定義。　(B) 藉由提及某一事件。
(C) 藉由提供統計數據。　(D) 藉由比較人們的反應。

passage〔ˈpæsɪdʒ〕n. 段落；文章
definition〔ˌdɛfəˈnɪʃən〕n. 定義
mention〔ˈmɛnʃən〕v. 提及　incident〔ˈɪnsədənt〕n. 事件
provide〔prəˈvaɪd〕v. 提供
statistics〔stəˈtɪstɪks〕n., pl. 統計數字
response〔rɪˈspɑns〕n. 反應

41.（ **C** ）根據此一篇章，史匹格博士的研究目標爲何？
(A) 解釋疼痛的眞正原由。
(B) 幫助人們專注於工作上。
(C) 探討催眠如何被作爲醫療方法。
(D) 增強腦功能以減少心理問題。

goal〔gol〕n. 目標　cause〔kɔz〕n. 原因
concentrate〔ˈkɑnsn̩ˌtret〕v. 專心 < *on* >
explore〔ɪkˈsplor〕v. 探索　medical〔ˈmɛdɪkl̩〕adj. 醫療的
treatment〔ˈtritmənt〕n. 治療　strenghthen〔ˈstrɛŋθən〕v. 加強
function〔ˈfʌŋkʃən〕n. 功能　reduce〔rɪˈdjus〕v. 減少
psychological〔ˌsaɪkəˈlɑdʒɪkl̩〕adj. 心理的

42.（ **B** ）根據史匹格博士的說法，如果人們受到催眠，下列哪者爲眞？
(A) 他們只會回想起歡樂的回憶。
(B) 他們的心智只集中於他們正在做的事情。
(C) 他們會做任何他們被要求做的事情。
(D) 他們對周遭的事物意識更加強烈。

fixed〔fɪkst〕adj. 固定的　awareness〔əˈwɛrnɪs〕n. 意識

43.（ **C** ）關於易受催眠的人，可以推論出什麼？
(A) 他們容易被社會疏離。
(B) 他們比較可能在白天睡著。
(C) 他們可能較容易認同虛構的角色。
(D) 他們比不易受催眠的人更加值得信任。

isolated〔ˈaɪsl̩ˌetɪd〕adj. 疏離的　society〔səˈsaɪətɪ〕n. 社會
fall asleep 睡著　identify〔aɪˈdɛntəˌfaɪ〕v. 認同；視爲同一
character〔ˈkærɪktɚ〕n. 角色　fiction〔ˈfɪkʃən〕n.（虛構的）小說
trustworthy〔ˈtrʌstˌwɝðɪ〕adj. 值得信任的

第44至47題爲題組

In many languages, such as English, there is no straightforward way to talk about smell. For **want** of dedicated odor terminology, English speakers are often forced to use odor-sources such as "flowery" and "vanilla" and metaphors like "sweet" and "oriental" in their descriptions of smell.

很多語言之中，例如英語，沒有直接表示氣味的方法。因爲缺少專門的氣味術語，說英語的人通常被迫使用氣味的來源，來描述味道，比如「如花一般的」、「香草的」，還有用隱喻的方法，比如「甜甜的」、「東方的」。

straightforward (ˌstretˈfɔrwɚd) *adj.* 直接的　smell (smɛl) *n.* 氣味
want (wɑnt) *n.* 缺少　***for want of*** 因爲缺少
dedicated (ˈdɛdəˌketɪd) *adj.* 專門的　odor (ˈodɚ) *n.* 氣味
terminology (ˌtɝməˈnɑlədʒɪ) *n.* 術語；用語　force (fors) *v.* 強迫
source (sors) *n.* 來源　flowery (ˈflaʊərɪ) *adj.* 像花的
vanilla (vəˈnɪlə) *n.* 香草　metaphor (ˈmɛtəfɚ) *n.* 隱喻；暗喻
oriental (ˌorɪˈɛntl̩) *adj.* 東方的；亞洲的
description (dɪˈskrɪpʃən) *n.* 描述

But the difficulty with talking about smell is not universal. The Maniq, a group of hunter-gatherers in southern Thailand, can describe smells using at least fifteen different terms, which express only smells and are not applicable across other sensory domains. In addition to Maniq, researchers found that there are also a dozen words for various smells in Jahai, a language spoken by a neighboring hunter-gatherer population.

但是，在形容氣味方面有困難，並不是全世界都這樣。曼尼人，一群在泰國南邊的採獵者，可以用至少15個不同的措辭，來形容氣味，僅僅表達氣味，還不適用於其他感知領域。除了曼尼人，研究人員發現，嘉海語也有十幾個不同的單字來描述氣味，這是和曼尼人鄰近的採獵族群所說的語言。

universal (ˌjunəˈvɝsl̩) *adj.* 全世界的；普遍的
Maniq *n.* 曼尼人【住在泰國南邊的原住民】
hunter-gatherer *n.* (尤指原始社會) 採獵者【特指靠採集、捕魚和打獵爲生的人】　southern (ˈsʌðɚn) *adj.* 南方的
Thailand (ˈtaɪlənd) *n.* 泰國　describe (dɪˈskraɪb) *v.* 描述
term (tɝm) *n.* 措辭　express (ɪkˈsprɛs) *v.* 表達；陳述
applicable (ˈæplɪkəbl̩) *adj.* 適用的
sensory (ˈsɛnsərɪ) *adj.* 感覺的；知覺的

domain〔doʹmen〕*n.* 領土；領域　　*in addition to* 除了～之外
various〔ʹvɛrɪəs〕*adj.* 不同的；各種的
Jahai *n.* 嘉海語；嘉海人【分布在泰國南邊，馬來西亞的原住民】
neighboring〔ʹnebərɪŋ〕*adj.* 鄰近的
population〔ˌpɑpjəʹleʃən〕*n.* 人口；族群

Interestingly, the difficulty for English speakers to translate smell directly into words seems to have very little to do with the nose's actual capabilities. According to findings of a recent study, English speakers are capable of discriminating more than a trillion different odors. Then, why is there a gap between their ability to discriminate scent and their vocabulary? The researchers suggest that surroundings may play a significant role.

有趣的是，說英語的人要直接把氣味付諸文字有困難這件事，和鼻子實際聞到氣味的能力沒什麼關係。根據最近一項研究的結果，說英語的人有能力辨別超過一兆種不同的氣味。那麼，爲何在分辨氣味的能力，和他們的字彙之間會有落差呢？研究人員表示，環境可能扮演著極其重要的角色。

interestingly〔ʹɪntrɪstɪŋlɪ〕*adv.* 有趣的是
translate〔trænsʹlet〕*v.* 翻譯　　directly〔dəʹrɛktlɪ〕*adv.* 直接地
have little to do with 與～沒什麼關係
actual〔ʹæktʃuəl〕*adj.* 實際的　　capability〔ˌkepəʹbɪlətɪ〕*n.* 能力
findings〔ʹfaɪndɪŋz〕*n. pl.* 調查結果；研究結果
recent〔ʹrisn̩t〕*adj.* 最近的　　study〔ʹstʌdɪ〕*n.* 研究
capable〔ʹkepəbl̩〕*adj.* 能夠～的＜*of*＞
discriminate〔dɪʹskrɪməˌnet〕*v.* 區別；辨別
trillion〔ʹtrɪljən〕*n.* 一兆；大量　　gap〔gæp〕*n.* 差距
ability〔əʹbɪlətɪ〕*n.* 能力　　scent〔sɛnt〕*n.* 氣味
vocabulary〔vəʹkæbjəˌlɛrɪ〕*n.* 字彙
suggest〔səgʹdʒɛst〕*v.* 建議；表示
surroundings〔səʹraʊndɪŋz〕*n. pl.* 環境；周遭事物
significant〔sɪgʹnɪfɪkənt〕*adj.* 有意義的；重要的
play a significant role 扮演重要的角色

Maniq and Jahai speakers live in tropical rainforest regions with a hunting-gathering lifestyle, and these two ethnic groups evaluate their surroundings through their noses to survive in nature. In an environment that is still largely untouched by humans, they are surrounded by smells at all times. They need to use their sense of smell to identify animals that they can hunt, and to recognize objects or events, such as spoiled food, that can pose a danger. Unlike the Maniq and the Jahai, many English speakers inhabit the post-industrial west and do not rely on smells to survive in their environment. This difference may explain the interesting linguistic phenomenon discussed above.

說曼尼語和嘉海語的人住在熱帶雨林區域，以採獵爲生活方式，這兩種種族族群用他們的鼻子評估環境，在自然中求生存。在一個大半都還未受到人類影響的環境，他們隨時都被氣味圍繞著。他們需要利用嗅覺，來辨識可以狩獵的動物，並且認出會引起危險的目標物或事件，比如壞掉的食物。不像曼尼人和嘉海人，很多說英語的人住在後工業時代的西方，並不依賴嗅覺在環境中存活。這個差別可能解釋了上述討論的有趣語言現象。

tropical〔ˈtrɑpɪkḷ〕*adj.* 熱帶的　rainforest〔ˈrenˌfɔrɪst〕*n.* 雨林
region〔ˈridʒən〕*n.* 地區　lifestyle〔ˈlaɪfˌstaɪl〕*n.* 生活方式
ethnic〔ˈɛθnɪk〕*adj.* 種族的　evaluate〔ɪˈvæljuˌet〕*v.* 評估
survive〔sɚˈvaɪv〕*v.* 存活
environment〔ɪnˈvaɪrənmənt〕*n.* 環境
largely〔ˈlɑrdʒlɪ〕*adv.* 主要地；大多
untouched〔ʌnˈtʌtʃt〕*adj.* 未受影響的；未碰觸過的
human〔ˈhjumən〕*n.* 人類　surround〔səˈraʊnd〕*v.* 圍繞
at all times 隨時；一直　***sense of smell*** 嗅覺
identify〔aɪˈdɛntəˌfaɪ〕*v.* 辨識　recognize〔ˈrɛkəgˌnaɪz〕*v.* 認出
object〔ˈɑbdʒɪkt〕*n.* 目標；物體
event〔ɪˈvɛnt〕*n.* 事件　spoiled〔spɔɪld〕*adj.*（食物）腐壞的
pose〔poz〕*v.* 引起　inhabit〔ɪnˈhæbɪt〕*v.* 居住於
post-〔post〕爲表示「在後」的字首
industrial〔ɪnˈdʌstrɪəl〕*adj.* 工業的　***rely on*** 依賴
linguistic〔lɪŋˈgwɪstɪk〕*adj.* 語言的
phenomenon〔fəˈnɑməˌnɑn〕*n.* 現象

44.（**D**）本篇文章的目的爲何？
(A) 爲了評估不同種族說的語言。
(B) 爲了證明文明如何減緩語言的發展。
(C) 爲了描述氣味用語在不同語言裡如何被發現。
(D) 爲了指出語言使用和環境的關係。

civilization〔ˌsɪvl̩əˈzeʃən〕*n.* 文明　***slow down*** 使減速；使變慢
development〔dɪˈvɛləpmənt〕*n.* 發展
point out 指出　link〔lɪŋk〕*n.* 關連

45.（**A**）第一段的 “want” 最有可能的意思是什麼？
(A) 缺少。　(B) 成長。
(C) 失去。　(D) 尋找。
lack〔læk〕*n.* 缺少　growth〔groθ〕*n.* 成長；生長
loss〔lɔs〕*n.* 失去　search〔sɜtʃ〕*n.* 搜尋

46.（**D**）以下關於曼尼人的敘述何者爲眞？
(A) 他們和嘉海人住在不同的氣候區。
(B) 他們的嗅覺能力比嘉海人好。
(C) 他們用氣味用語來描述食物的外表和味道。
(D) 他們的居住環境和早期人類歷史的環境類似。
climate〔ˈklaɪmɪt〕*n.* 氣候　zone〔zon〕*n.* 地區
living environment 生活環境　similar〔ˈsɪmələ˞〕*adj.* 類似的

47.（**B**）爲何對說英語的人而言，直接描述味道很困難？
(A) 他們無法辨別周遭的氣味。
(B) 嗅覺對於他們的生存並不重要。
(C) 他們認爲直接談論氣味是不文明的。
(D) 他們周遭環境沒有很多氣味來源。
distinguish〔dɪˈstɪŋgwɪʃ〕*v.* 辨別
critical〔ˈkrɪtɪkl̩〕*adj.* 決定性的；重要的
consider〔kənˈsɪdə˞〕*v.* 認爲
uncivilized〔ʌnˈsɪvl̩ˌaɪzd〕*adj.* 野蠻的；不文明的

第 48 至 51 題爲題組

The okapi is a mammal living above the equator in one of the most biodiverse areas in central Africa. The animal was unknown to the western world until the beginning of the 20th century, and is often described as half-zebra, half-giraffe, as if it were a mixed-breed creature from a Greek legend. Yet its image is prevalent in the Democratic Republic of Congo—the only country in the world where it is found living in the wild. The okapi is to Congo what the giant panda is to China or the kangaroo to Australia.

霍加狓是一種哺乳類動物，生活於赤道上，在中非生物多樣性最廣的其中一個地區。這種動物一直到二十世紀初期，才爲西方世界所知。牠們經常被描述成半斑馬，半長頸鹿，彷彿是來自希臘傳說中的混種生物。不過，牠的意象在剛果共和國非常普遍──全世界只有在這個國家，才能發現生活在野外的霍加狓。霍加狓之於剛果，猶如熊貓之於中國，或是袋鼠之於澳洲。

okapi〔oˈkɑpɪ〕*n.* 霍加狓【類似於長頸鹿的非洲動物，身體爲棕色，腿部及背部有黑白相間的條紋】
mammal〔ˈmæml̩〕*n.* 哺乳類動物　equator〔ɪˈkwetɚ〕*n.* 赤道
biodiverse〔ˌbaɪədaɪˈvɝs〕*adj.* 生物多樣的
central〔ˈsɛntrəl〕*adj.* 中央的　unknown〔ʌnˈnon〕*adj.* 未知的
zebra〔ˈzibrə〕*n.* 斑馬　giraffe〔dʒəˈræf〕*n.* 長頸鹿
as if 彷彿　breed〔brid〕*n.* 品種　creature〔ˈkritʃɚ〕*n.* 生物
legend〔ˈlɛdʒənd〕*n.* 傳說　image〔ˈɪmɪdʒ〕*n.* 形象
prevalent〔ˈprɛvələnt〕*adj.* 盛行的
democratic〔ˌdɛməˈkrætɪk〕*adj.* 民主的
republic〔rɪˈpʌblɪk〕*n.* 共和國　Congo〔ˈkɑŋgo〕*n.* 剛果
giant〔ˈdʒaɪənt〕*adj.* 巨大的　panda〔ˈpændə〕*n.* 熊貓；貓熊
giant panda 大熊貓　kangaroo〔ˌkæŋgəˈru〕*n.* 袋鼠
A is to B what C is to D A之於B，猶如C之於D

Although the okapi has striped markings resembling those of zebras', it is most closely related to the giraffe. It has a long neck, and large, flexible ears. The face and throat are greyish white. The coat is a chocolate to reddish brown, much in contrast with the white horizontal stripes and rings on the legs and white ankles. Overall, the okapi can be easily distinguished from its nearest relative. It is much smaller (about the size of a horse), and shares more external similarities with the deer than with the giraffe. While both sexes possess horns in the giraffe, only males bear horns in the okapi.

雖然霍加狓有像斑馬一樣的條紋，但牠跟長頸鹿親屬關係最接近。牠有長長的脖子，又大又柔順的耳朵。臉部和喉嚨部分爲淡灰白色。身上毛皮則是巧克力到淡紅咖啡色，跟腳上白色水平條紋和圓圈，以及白色的腳踝成爲強烈的對比。整體而言，霍加狓和牠最近親（即長頸鹿）很容易分辨。牠的體型小很多（大概只有一匹馬大）。在外觀上，牠和鹿的相似之處比和長頸鹿的更多。雖然長頸鹿雄雌都有角，但霍加狓只有雄的才有角。

striped〔straɪpt〕adj. 有條紋的　marking〔ˈmarkɪŋ〕n. 花紋
resemble〔rɪˈzɛmbḷ〕v. 像　closely〔ˈkloslɪ〕adv. 接近地
related〔rɪˈletɪd〕adj. 有（親屬）關係的
flexible〔ˈflɛksəbḷ〕adj. 有彈性的；柔順的
throat〔θrot〕n. 喉嚨　greyish〔ˈgreɪʃ〕adj. 略帶灰色的
coat〔kot〕n.（動物的）毛皮　reddish〔ˈrɛdɪʃ〕adj. 略帶紅色的
contrast〔ˈkantræst〕n. 對比　***in contrast with*** 和…成對比
horizontal〔ˌhɔrəˈzantḷ〕adj. 水平的　stripe〔straɪp〕n. 條紋
ring〔rɪŋ〕n. 圓圈；環形　ankle〔ˈæŋkḷ〕n. 腳踝
overall〔ˌovəˈɔl〕adv. 整體而言　distinguish〔dɪˈstɪŋgwɪʃ〕v. 分辨
relative〔ˈrɛlətɪv〕n. 親屬　***near relative*** 近親
external〔ɪkˈstɝnḷ〕adj. 外在的　similarity〔ˌsɪməˈlærətɪ〕n. 相似
sex〔sɛks〕n. 性別　possess〔pəˈzɛs〕v. 擁有
horn〔hɔrn〕n. 角　bear〔bɛr〕v. 具有

The West got its first **whiff** of the okapi in 1890 when Welsh journalist Henry Morton Stanley had puzzled over a strange "African donkey" in his book. Other Europeans in Africa had also heard of an animal that they came to call the "African unicorn." Explorers may have seen the fleeting view of the striped backside as the animal fled through the bushes, leading to speculation that the okapi was some sort of rainforest zebra. Some even believed that the okapi was a new species of zebra. It was only later, when okapi skeleton was analyzed, that naturalists realized they had a giraffe on their hands.

西方世界第一次在 1890 年得知霍加狓這種動物，要拜一位威爾斯的記者，亨利摩頓史丹利所賜，他在他的書中對一頭怪異的「非洲驢」感到困惑。其他在非洲的歐洲人也有聽過這種動物，他們稱牠爲「非洲獨角獸」。探險家可能以前有看過霍加狓從樹叢之間逃離時，稍縱即逝的條紋背影，導致了他們猜測霍加狓是某種雨林斑馬。有些人甚至認爲，霍加狓是一種新品種的斑馬。一直到後來，分析牠的骨骼之後，博物學家才得知他們手上是一隻長頸鹿。

whiff〔wɪf〕n. 一陣（風、煙等）　journalist〔ˈdʒɝnḷɪst〕n. 記者
puzzle〔ˈpʌzḷ〕v. 困惑；傷腦筋　donkey〔ˈdaŋkɪ〕n. 驢子
European〔ˌjʊrəˈpiən〕n. 歐洲人　***hear of*** 聽說
unicorn〔ˈjunɪˌkɔrn〕n. 獨角獸　explorer〔ɪkˈsplorə〕n. 探險家
fleeting〔ˈflitɪŋ〕adj. 短暫的；稍縱即逝的　view〔vju〕n. 看見

backside〔ˈbæk,saɪd〕*n.* 背部　flee〔fli〕*v.* 逃走；消逝
bush〔bʊʃ〕*n.* 灌木；矮樹叢　***lead to*** 導致；造成
speculation〔,spɛkjəˈleʃən〕*n.* 推測　some〔sʌm〕*adj.* 某一
sort〔sɔrt〕*n.* 種類　species〔ˈspiʃɪz〕*n.* 物種
skeleton〔ˈskɛlətn̩〕*n.* 骨骼　analyze〔ˈænl̩,aɪz〕*v.* 分析
naturalist〔ˈnætʃərəlɪst〕*n.* 博物學家　realize〔ˈriə,laɪz〕*v.* 了解

In 1987, the Okapi Wildlife Reserve was established in eastern Congo to protect this rare mammal. But decades of political turbulence has seen much of the Congo's natural resources spin out of the government's control, and okapi numbers have fallen by 50 percent since 1995. Today, only 10,000 remain.

在 1987 年，霍加狓野生動物保護區於剛果東部設立，以保護這種稀有的動物。但幾十年來政治的動盪不安，導致剛果大量的天然資源，迅速在政府的手中失控。而霍加狓的數量自 1995 年開始，已經消失一半了。時至今日，只剩下一萬隻而已。

wildlife〔ˈwaɪld,laɪf〕*n.* 野生動物　reserve〔rɪˈzɝv〕*n.* 保護區
establish〔əˈstæblɪʃ〕*v.* 建立　rare〔rɛr〕*adj.* 稀有的
decade〔ˈdɛked〕*n.* 十年　political〔pəˈlɪtɪkl̩〕*adj.* 政治的
turbulence〔ˈtɝbjələns〕*n.* 動盪　***natural resources*** 天然資源
spin〔spɪn〕*v.* 旋轉；疾馳　***out of control*** 失控
remain〔rɪˈmen〕*v.* 剩下；剩餘

48. (**B**) 下列何者爲霍加狓的圖片？

(A)　(B)　(C)　(D)

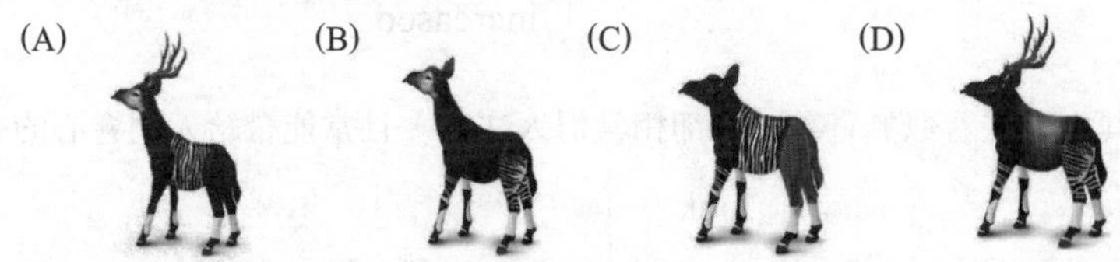

49. (**A**) 以下關於霍加狓的敘述何者正確？
(A) 牠是剛果重要的象徵。
(B) 牠是來自希臘傳說中的神秘動物。
(C) 牠從 1987 年開始被保護得很好。
(D) 跟長頸鹿相比，牠跟斑馬的親屬關係更接近。

symbol〔ˈsɪmbl̩〕*n.* 象徵　mystical〔ˈmɪstɪkl̩〕*adj.* 神秘的

50. (**C**) 第三段中的 **“whiff”** 和下列何者最爲接近？

(A) 堅定的信念。 (B) 良善的意圖。
(C) 些微的痕跡。 (D) 強烈的厭惡。

firm〔 fɝm 〕*adj.* 堅定的 intention〔 ɪnˈtɛnʃən 〕*n.* 意圖
slight〔 slaɪt 〕*adj.* 些微的 trace〔 tres 〕*n.* 痕跡
dislike〔 dɪsˈlaɪk 〕*n.* 不喜歡；厭惡

51. (**C**) 以下關於亨利摩頓史丹利的推論何者正確？

(A) 他是第一個分析霍加狓骨骼的歐洲人。
(B) 他在非洲發現很多新的物種。
(C) 他不知道他書中的非洲驢就是霍加狓。
(D) 他有看過霍加狓衝入樹叢中的背影。

infer〔 ɪnˈfɝ 〕*v.* 推論 sufficient〔 səˈfɪʃənt 〕*adj.* 足夠的
dash〔 dæʃ 〕*v.* 猛衝

第貳部分：非選擇題

一、中譯英

1. 創意布條最近在夜市成了有效的廣告工具，也刺激了買氣的成長。

Creative banners at night markets have recently become effective advertising tools and have also { stimulated { spending. / consumption. } / { boosted / increased } sales. }

2. 其中有些看似無意義，但卻相當引人注目，且常能帶給人們會心的一笑。

Some of them may { look / seem / appear } meaningless but are rather eye-catching, often bringing { { an understanding smile / a knowing smile } to { a person's / someone's } face. / { understanding smiles / knowing smiles } to people's faces. }

二、英文作文：

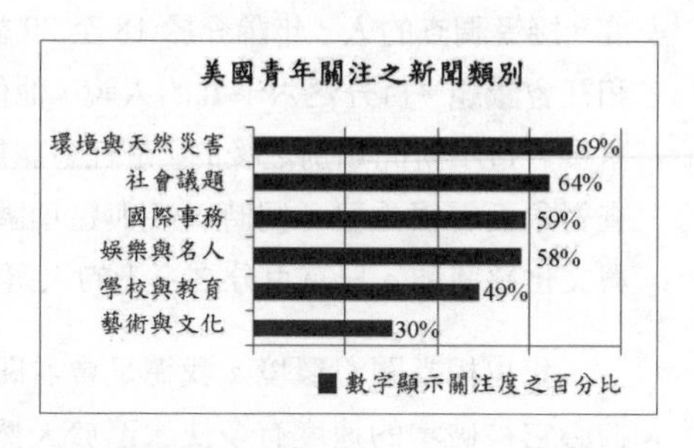

提示： 右表顯示美國 18 至 29 歲的青少年對不同類別之新聞的關注度統計。請依據圖表內容寫一篇英文作文，文長至少 120 個單詞。文分二段，第一段描述圖表內容，並指出關注度較高及偏低的類別；第二段則描述在這六個新聞類別中，你自己較為關注及較不關注的新聞主題分別為何，並說明理由。

【作文範例】

The graph illustrates how much young Americans care about different types of news stories. The people surveyed were between the ages of 18 and 29. They clearly care the most about environmental and social issues. 69 percent said that the environment and natural disasters were of great concern to them. This news category was followed closely by social issues, which were important to 64 percent of the respondents. Meanwhile, few of the survey participants seemed to be interested in art and culture. It was chosen by only 30 percent.

I am also quite concerned about the environment. I always read news stories about it because I am worried about how quickly it is being damaged. As for natural disasters, they are always big news, and I want to know if people need help or if we can prevent another disaster in the future. The type of news I care the least about is school and education. Because I am a student, I already spend most of my day thinking about that. When I have free time to catch up on other news, there are many other things I would rather read about.

這張圖表說明美國的年輕人，對不同類型的新聞報導的關心程度。接受調查的人，年齡介於 18 至 29 歲之間。他們顯然最關心環境和社會議題。百分之六十九的人說，他們非常關心環境和天然災害。緊接著這項新聞類別之後的，是社會議題，它們對百分之六十四的調查對象而言很重要。同時，參與這項調查的人，似乎很少人對藝術與文化感興趣。只有百分之三十的人選擇這個新聞類別。

我也相當關心環境。我總是會看關於環境的新聞報導，因為我擔心它被破壞的速度有多快。至於天然災害，它們一定是重大的新聞，而且我想知道是否人們需要幫助，或是否我們將來可以避免另一場災難。我最不關心的新聞類別，就是學校與教育。因為我是學生，我已經把一天大部份的時間都用來思考這個。當我有空閒時間去了解其他新聞時，我寧願閱讀關於許多其他事物的消息。

graph〔 græf 〕*n.* 圖表
illustrate〔ˈɪləstret 〕*v.* 圖解說明
care about 關心；在乎　　type〔 taɪp 〕*n.* 類型
news story 新聞報導　　survey〔 sɚˈve 〕*v.* 調查
environmental〔 ɪnˌvaɪrənˈmɛntḷ 〕*adj.* 環境的
social〔ˈsoʃəl 〕*adj.* 社會的　　issue〔ˈɪʃju 〕*n.* 議題
disaster〔 dɪzˈæstɚ 〕*n.* 災難　　***natural disaster*** 天災
concern〔 kənˈsɝn 〕*n.* 關心；擔心
category〔ˈkætəˌgorɪ 〕*n.* 類別　　follow〔ˈfɑlo 〕*v.* 跟隨
closely〔ˈkloslɪ 〕*adv.* 緊緊地
respondent〔 rɪˈspɑndənt 〕*n.* 回答者
meanwhile〔ˈminˌhwaɪl 〕*adv.* 同時
participant〔 pɑrˈtɪsəpənt 〕*n.* 參與者　　***as for*** 至於
prevent〔 prɪˈvɛnt 〕*v.* 預防　　***free time*** 空閒時間
catch up on 得到…消息　　***would rather*** 寧願

108 年指定科目考試英文科出題來源

題　號	出　　處
一、詞彙 第 1～10 題	今年所有的詞彙題，所有選項均出自「新版高中常用 7000 字」。
二、綜合測驗 第 11～20 題	11～15 題改寫自 The Diversity of African Culture and Creativity（非洲文化與創意的多樣性），敘述非洲的時尚產業，以及全球知名的設計師。 16～20 題改寫自 Map: The World's Network of Submarine Cables（地圖：全球海底電纜網路），描述海底電纜架設的歷史、分佈的區域，以及具備的功能。
三、文意選填 第 21～30 題	改寫自 J. Paul Getty Museum（蓋蒂博物館）一文，敘述位於洛杉磯的蓋蒂博物館的特色。
四、篇章結構 第 31～35 題	改寫自 Biographical Sketches: The Thinkers（思想家略傳）一文，敘述天文學家哥白尼大略的生平事蹟，及其著作「天體運行論」。
五、閱讀測驗 第 36～39 題	改寫自維基百科的Tempeh（天貝），說明印尼特色食物天貝的歷史、營養價值，以及烹調方式。
第 40～43 題	改寫自 The Secret of How Hypnosis Really Works（催眠如何運作的秘密）一文，敘述針對催眠所做的實驗，以及催眠的功效。
第 44～47 題	改寫自Nijmegen researchers chart odor lexicon（荷蘭奈美根研究人員追蹤記錄氣味的詞彙）一文，說明先進國家和原始部落的居民，在用語言形容氣味時，有何差異。
第 48～51 題	改寫自 Can the Congo save itself, and its mythical okapi, from destruction?（剛果能拯救自己以及其神話般的霍加狓免於毀滅嗎？）一文，描述一種非洲特有的鹿。

108年指定科目考試英文科試題修正意見

題號	修正意見
第31～35題	(F) …, applying his *math* knowledge to the mysteries of…. → …, applying his ***mathematical*** knowledge to the mysteries of…. *表「數學的」知識，應用形容詞 mathematical。
第36～39題 第四段 倒數第2行	… BLTs (bacon, lettuce, *tomato sandwiches*)…. → … BLTs (bacon, lettuce, ***and tomato sandwiches***)… * 三個以上的連接，在每個後面加逗點，最後一個前面須加 and。
第39題	(A) Senior citizens …. as *vitamin supplement*. → Senior citizens …. as ***a vitamin supplement***. * supplement（營養補充品）爲可數名詞，故前面須加冠詞 a。
第40～43題 第二段第3行	*Being* hypnotized, ... → ***When*** hypnotized, ... * 依句意，「當被催眠時」，應用 ***When hypnotized***，在此等於 When you are hypnotized。副詞子句中，句意很明顯時，主詞和 be 動詞可同時省略。
第43題	(A) They tend to be isolated from *the society*. → They tend to be isolated from ***society***. * be isolated from society（被社會隔離），不須加定冠詞 the。 (C) They may easily *identify themselves with* characters in *fictions*. → They may easily ***identify with*** characters in ***fiction***. * 依句意，「把…與自己視爲同一」，應用 ***identify with***。而 identify *oneself* with 的意思是「支持；贊同；與…起共鳴」，在此不合句意。句尾的 fiction（小說）爲不可數名詞，故須將 s 去掉。
第44～47題 第三段第1行	... the difficulty for English speakers *to translate* smell.... →... the difficulty for English speakers ***in translating*** smell.... * 表「在…方面的困難」，應用介系詞 in + V-ing，故須將 *to translate* 改爲 ***in translating***。

第3行	*Then,* why is there a gap between their ability to …. → ***Then*** why is there a gap between their ability to …. * then 作「那麼」解時，置於句首，其後不須加逗點。
第48～51題 第二段第1行 第三段 第1、2行 第5行	… okapi has striped markings resembling those of *zebras'*, …. → … okapi has striped markings resembling those of ***zebras***, …. * 依句意，和「斑馬」的條紋很像，在此不須用雙重所有格，故須將 *zebras'* 改爲 ***zebras***。 … when Welsh journalist Henry Morton Stanley *had puzzled* over a strange "African donkey" *in his book*. → … when Welsh journalist Henry Morton Stanley ***puzzled*** over a strange "African donkey" ***in one of his books***. * 依句意，應用過去簡單式，故 *had puzzled* 須改爲 ***puzzled***。由於 Henry Morton Stanley 所寫的書不只一本，且本文並未提及是哪一本書，故應將 *in his book* 改爲 ***in one of his books***。 … when *okapi skeleton* was analyzed, that naturalists …. → … when ***an okapi skeleton*** was analyzed, that naturalists …. * skeleton（骨骼；骸骨）爲可數名詞，故前面須加冠詞 an。
第49題	Which of the following descriptions *is true about the okapi*? → Which of the following descriptions ***of the okapi is true***? * be true 後面不接 about，故在此用法不合。依句意，「對於…的描述」，介系詞用 of。
第51題	(A) He was the first European to analyze *okapi skeleton*. → He was the first European to analyze ***an okapi skeleton***. * skeleton 爲可數名詞，前面須加冠詞 an。 (B) He *had found* many new species of animals in Africa. → He ***found*** many new species of animals in Africa. * 依句意，應用過去簡單式，故須將 *had found* 改爲 ***found***。

【108年指考】綜合測驗：11-15 出題來源：

The Diversity of African Culture and Creativity

— By Maurice Oniang'o-1 November 2017

⋮

The fashion industry in Africa has witnessed tremendous growth in recent years. The global demand for and discussion of African-inspired fashion has led to incredible sales for some African designers and brands. The boom in African fashion has caught the eyes of international celebrities including former US first lady, Michelle Obama, Rihanna, and Beyoncé, among others. The growth has been spurred by various young fashion designers and entrepreneurs who are now partakers in the billion-dollar industry.

One of the most vibrant fashion industries on the continent is Nigeria's industry. With a population of over 180 million, Nigeria is diverse and its fashion has always reflected its many ethnic groups, religions, and cultures.

Individuals who are exhibiting the African diversity in this industry include Folake Folarin–Coker, who is the creative director of Tiffany Amber. Thanks to her impeccable taste and gaudy colors, Folarin-Coker is the first African designer to showcase her designs at Mercedes-Benz Fashion Week in New York for two consecutive years. Her work has earned her recognition and awards, which include an Enterprise Award at the Women, Inspiration & Enterprise (WIE) Symposium in 2013. She has also been listed on the Forbes Power Women in Africa list. The name Zizi Cardow is also widely known in fashion circles across the globe thanks to her talented creations which reflect the style and spirit of her country, Nigeria. She founded Zizi Industrial Clothing Company in 2000, with the desire to globalize the African fabric and designs so as to give rise to a proud Nigerian globally. Her works have been featured in various local and international media outlets including CNN, SABC and Channel O. Cardow's designs have graced numerous fashion shows in

Africa and beyond, and she has also received various awards and nominations for her creations.

⋮

【108 年指考】綜合測驗：16-20 出題來源：

Map: The World's Network of Submarine Cables

— By Nick Routley for Visual Capitalist

Submarine cables are decidedly uncool. But while they lack the flashiness of satellites, it's actually the world's vast network of fiber optic cables that does most of the heavy lifting in keeping our information flowing from place to place.

THE HISTORY OF SUBMARINE CABLES

The first transcontinental cable—laid in 1858—ran from Ireland to Newfoundland, and made telegraph communication possible between England and Canada.

Though communication was expensive and limited to only a few words per hour at best, the speed of communication was unparalleled at the time.

"Instant" communication was a huge commercial hit, and it prompted a cable laying boom. By the year 1900, there were already over 130,000 miles (200,000 km) of cable running along the ocean floor!

BEYOND THE TELEGRAM

The first transatlantic telephone cables went into service in 1956, and 32 years later, the first fiber optic cable connected Europe and America.

Fiber optic technology made transmitting massive quantities of information fast and cost-effective. The level of speed has only increased with time—and now cables can transmit 160 terabits per second.

(*One common misconception is that most of our information is transmitted through satellites, but fiber optic cables actually form the backbone of the internet, transmitting about 99% of all data.*)

Today, there are over 420 submarine cables in service, stretching over 700,000 miles (1.1 million km) around the world. The network is clustered around information economy hotspots like Singapore and New York, but cables connect to just about anywhere. Remote Pacific islands, and even obscure ocean towns in the Arctic Circle have such connections.

WHO'S FOOTING THE BILL?

Traditionally, private companies or consortiums formed by telecom carriers owned cables, but that model is changing. Content providers such as Google and Microsoft are increasingly major investors in new cable. Cloud computing is the big demand driver of this new private cable boom.

As millions more more people around the world adopt cloud computing, we'll be certain to see even more cables criss-crossing the world's oceans in the near future.

【108年指考】文意選填：21-30 出題來源：

J. Paul Getty Museum

— BY BETSY MALLOY

How to See the Getty Museum

The J. Paul Getty Museum started from the oil millionaire's private collection and was housed for many years in a Roman-style villa in Malibu, which is now the Getty Villa.

Today's Getty Museum occupies 750 acres of land in the Santa Monica Mountain foothills. The Getty Center includes an art collection so large it takes four exhibit pavilions to show just part of it.

⋮

The Getty Center site sits more than 800 feet above sea level, towering above the city of Los Angeles. A 0.75-mile-long tramway whisks visitors to the top of the hill, elevating them from everyday experience. The museum includes the four exhibit pavilions and a visitor center, which form the hub of an eleven-building complex.

The entire complex is based on a 30-inch-square whose horizontal lines span every structure and unify them. On some buildings, those shapes bend around curves, and an occasional rectangle or other geometric element mixes in. It all forms a public space that's one of Southern California's most inviting.

The building stone is travertine, imported from Bagni di Tivoli, Italy, the same source as the Coliseum, Trevi Fountain, and St. Peter's Basilica colonnade. A guillotine-like cutting process exposed fossils long buried inside the stone, their delicacy a stark contrast to the violence of the process that revealed them. The best 24 of these are set as "feature" stones scattered about the site, waiting to delight those who find them. One of the most fantastic ones is on the arrival plaza wall, across from the tram station.

You can learn more about the Getty Center's design on their website. You may also enjoy reading more about it on Richard Meier & Partners website, where you can see architectural drawings and photographs.

Learning More About the Getty Center Architecture

Docents lead daily architecture tours which make it easy to learn more about Meier's architecture. They also offer tours of the gardens, which are an integral part of the outdoor experience. These tours are a must for anyone who is even remotely interested in architecture, to learn more about the architect's techniques and ideas.

If you miss the tour or want to explore on your own, you can pick up the Architecture and Gardens map and brochure at the information desk.

You may also enjoy the book *The Getty Center* (*Architecture in Detail*) written by Michale Brawne and published by Phaidon Press.

⋮

【108年指考】篇章結構31-35出題來源：

Biographical Sketches: The Thinkers

— BY BLUPETE (1473-1543)

NICOLAS COPERNICUS

Copernicus is said to be the founder of modern astronomy. He was born in Poland, and eventually was sent off to Cracow University, there to study mathematics and optics; at Bologna, canon law. Returning from his studies in Italy, Copernicus, through the influence of his uncle, was appointed as a canon in the cathedral of Frauenburg where he spent a sheltered and academic life for the rest of his days. Because of his clerical position, Copernicus moved in the highest circles of power; but a student he remained. For relaxation Copernicus painted and translated Greek poetry into Latin. His interest in astronomy gradually grew to be one in which he had a primary interest. His investigations were carried on quietly and alone, without help or consultation. He made his celestial observations from a turret situated on the protective wall around the cathedral, observations were made "bare eyeball," so to speak, as a hundred more years were to pass before the invention of the telescope. In 1530, Copernicus completed and gave to the world his great work *De Revolutionibus*, which asserted that the earth rotated on its axis once daily and traveled around the sun once yearly: a fantastic concept for the times. Up to the time of Copernicus the thinkers of the western world believed in the Ptolemiac theory that the universe was a closed space bounded by a spherical envelope beyond which there was nothing. Claudius Ptolemy, an Egyptian living in Alexandria, at about 150 A.D., gathered and organized the thoughts of the earlier thinkers. (It is to be noted that one of the ancient Greek astronomers, Aristarchus, did have ideas similar to those more fully developed by Copernicus but they were rejected in favour of the geocentric or earth-centered scheme as was espoused by Aristotle.) Ptolemy's findings were that the earth was a fixed, inert, immovable mass, located at the center of the universe, and all celestial bodies, including the sun and the fixed stars, revolved around it. It was a theory that appealed to human nature. It fit with the casual observations that a person might want to make in the field; and second, it fed man's ego.

⋮

Copernicus died in 1543 and was never to know what a stir his work had caused. It went against the philosophical and religious beliefs that had been held during the medieval times. Man, it was believed (and still believed by some) was made by God in His image; man was the next thing to God, and, as such, superior, especially in his best part, his soul, to all creatures. Indeed this part was not even part of the natural world (a philosophy which has proved disastrous to the earth's environment as any casual observer of the 20th century might confirm by simply looking about). Copernicus' theories might well lead men to think that they are simply part of nature and not superior to it, and that ran counter to the theories of the politically powerful churchmen of the time.

⋮

The most important aspect of Copernicus' work is that it forever changed the place of man in the cosmos; no longer could man legitimately think his significance greater than that of his fellow creatures; with Copernicus' work, man could now take his place among that which exists all about him, and not of necessity take that premier position which had been assigned immodestly to him by the theologians.

"Of all discoveries and opinions, none may have exerted a greater effect on the human spirit than the doctrine of Copernicus. The world had scarcely become known as round and complete in itself when it was asked to waive the tremendous privilege of being the center of the universe. Never, perhaps, was a greater demand made on mankind—for by this admission so many things vanished in mist and smoke! What became of our Eden, our world of innocence, piety and poetry; the testimony of the senses; the conviction of a poetic-religious faith? No wonder his contemporaries did not wish to let all this go and offered every possible resistance to a doctrine which in its converts authorized and demanded a freedom of view and greatness of thought so far unknown, indeed not even dreamed of." [Goethe.]

【108年指考】閱讀測驗 36-39 出題來源：

Tempeh

— From Wikipedia, the free encyclopedia

Tempe or **tempeh** (/ˈtɛmpeɪ/; Javanese: témpé, avanese pronunciation: [tempe]) is a traditional Indonesian soy product, originating from Indonesia.[1] It is made by a natural culturing and controlled fermentation process that binds soybeans into a cake form.[2] Here a special fungus is used, which has the Latin name *Rhizopus oligosporus*, usually marketed under the name *Tempeh starter*.

It is especially popular on the island of Java, where it is a staple source of protein. Like tofu, tempe is made from soybeans, but it is a whole soybean product with different nutritional characteristics and textural qualities. Tempe's fermentation process and its retention of the whole bean give it a higher content of protein, dietary fiber, and vitamins. It has a firm texture and an earthy flavor, which becomes more pronounced as it ages.[3][4

⋮

【108年指考】閱讀測驗 40-43 出題來源：

The Secret of How Hypnosis Really Works

— By Mandy Oaklander

When Dr. David Spiegel emerged from a three-hour shoulder surgery in 1972, he didn't use any pain meds to recover. Instead, he hypnotized himself. It worked—to the surprise of everyone but Dr. Spiegel, who has studied hypnosis, a state of highly focused attention and intense concentration, for 45 years.

⋮

Being hypnotized feels like what happens when you become so absorbed in a movie that you forget you're watching one at all, like you have entered an imagined world, Spiegel says. This trance-like state, in which you're more open and suggestible than usual, can be an effective tool to control pain, ease anxiety, quit smoking and deal with stress, trauma and even hot flashes, research shows. How it does that is what Spiegel, professor and associate chair of psychiatry and behavioral sciences at the Stanford University School of Medicine, and his colleagues wanted to find out in their new study published in the journal *Cerebral Cortex*.

⋮

Not everyone can be hypnotized, but two thirds of adults can, and people who are easily hypnotized tend to be more trusting of others, more intuitive and more likely to get so caught up in a good movie or play that they forget they're watching one, Spiegel explains. "They tend to be less insistent on logic and order and more experiential—they like using their imaginations. They find it fun."

The team chose 36 people who were highly hypnotizable, and 21 people with low hypnotizability served as the controls. Everyone was then given a series of fMRI scans during several different conditions: at rest, while recalling a memory and during two bouts of hypnotism. Three interesting things happened in the brain—but only in the highly hypnotizable group, while they were being hypnotized. The researchers saw a drop in activity in the dorsal anterior cingulate, part of the salience network of the brain. "It's a context decoder: a part that alerts you to what you should attend to and what you can ignore," Spiegel says. This part of the brain, which fires up when there's something to worry about, actually simmers down during hypnosis.

⋮

Taken together, these changes help explain how hypnosis can have powerful effects, including tamping down stress, anxiety, pain and self-consciousness. Spiegel believes that the practice can—and should—be used instead of painkillers in many cases. His own previous research has shown that when people in pain are taught self-hypnosis, they use half the pain medication and had half the pain than those who were just given access to opioids. "Now that we realize the addiction potential of opiates is very high, it's potentially a very valuable alternative, and it's a shame that we're not making better use of it," he says.

More needs to be learned about hypnosis in order to harness its potential effects—and for that, researchers need to take it seriously, Spiegel says. "If opiates affect certain regions of the brain like the dorsal anterior cingulate and some other brain regions, there's no reason why we can't use a different approach to produce similar effects in the brain that are real effects that reduce pain and anxiety and help people stop smoking," he says.

⋮

【108年指考】閱讀測驗 44-47 出題來源：

Nijmegen researchers chart odor lexicon

— Dutch News

"In many languages, such as English, there is no straightforward way to talk about smell. For want of dedicated odor terminology similar to that available for color, English speakers are often forced to use odor-sources and metaphors in their descriptions of olfactory sensations. This has long been considered a universal feature of all languages, but there is accumulating evidence that languages with odor lexicons actually do exist. Maniq (pronounced as mani?), spoken by a group of nomadic hunter-gatherers in southern Thailand, is one such language. The study by Wnuk and Majid is an in-depth investigation of the semantics of an odor lexicon using multiple methods."

⋮

【108年指考】閱讀測驗 48-51 出題來源：

Can the Congo save itself, and its mythical okapi, from destruction?

— By Jenni Marsh, CNN

A nudge above the equator in one of the most biodiverse places in Africa lives an almost-mythical mammal that few people have ever seen.

The striped okapi is often described as half-zebra, half-giraffe, as if it were a hybrid creature from a Greek legend. So rare is the okapi, that it was unknown to the western world until the turn of the 20th century.

While the okapi is virtually unheard of in the West, its image pervades life in the Democratic Republic of Congo—the only country in the world where it is found living in the wild—gracing cigarette packets, plastic water bottles, and even the back of rumpled Congolese Francs. The okapi is to the Congo what the giant panda is to China or the kangaroo to Australia.

⋮

A Florida-based zoology graduate, John Lukas had been leading Big Game safaris in eastern and southern Africa for years, but there was one strange animal he had seen in American zoos and longed to admire in the wild. About the size of a horse, the okapi is a close relative of the lanky and long-necked yellow giraffes we know today. "It is amazing biology," says Lukas. The okapi can lick the back of its own neck with its 18-inch tongue, and its glossy coat feels like velvet. Most newborns of any species defecate within 12 hours of birth, says Lukas, but okapis hold their first stool for 60 days, to avoid giving leopards a scent to hunt. An okapi can twitch each ear independently.
Lukas was smitten.

⋮

An African donkey, I presume

The West got its first whiff of the okapi in 1890 when Welsh journalist Henry Morton Stanley puzzled over a strange "African donkey" in his book.

After the British government declined to fund his exploration of the Congo, Stanley was approached by King Leopold II of Belgium, who was eager to exploit Africa's wealth.

Using forced labor, Stanley oversaw the backbreaking construction of roads across the Congo, helping Leopold claim the territory as a private fiefdom.

Congo was 76 times the size of Belgium, and Leopold got rich off its ivory and vast rubber reserves without ever stepping foot there. Scant investment was made in the Congo or its people, and by the time the Belgian government took control from Leopold in 1908, millions of Congolese had died or been mutilated: One particularly barbaric act saw locals who failed to meet their rubber quotas punished by having their hands chopped off.

In the early 20th century, the roads that rapacious colonization had built now ferried a trickle of adventurous visitors from the West across the territory. One such tropical tourist was Harvard-educated Patrick Putman, who in 1933 alighted in the eastern Congo and opened a small hotel and a roadside zoo in Epulu, where he lived with a succession of American and African wives. It was the first time okapis had been domesticated in Epulu.

"They were a novelty to Western people," says Lukas.

Previously, it was believed the okapi was a new species of zebra. It was only later, when an okapi skeleton was analyzed that naturalists realized they had a giraffe on their hands.

Putman died in 1953 and seven years later the Congo gained independence, sparking a civil war that overran the area. All 26 okapis at the base wandered back into the Ituri rainforest.

⋮

108 年大學入學指定科目考試試題
數學甲

第壹部分：選擇題（單選題、多選題及選填題共占 76 分）

一、單選題（占 18 分）

說明：第 1 題至第 3 題，每題有 5 個選項，其中只有一個是正確或最適當的選項，請畫記在答案卡之「選擇（填）題答案區」。各題答對者，得 6 分；答錯、未作答或畫記多於一個選項者，該題以零分計算。

1. 某公司尾牙舉辦「紅包大放送」活動。每位員工擲兩枚均勻銅板一次，若出現兩個反面可得獎金 400 元；若出現一正一反可得獎金 800 元；若出現兩個正面可得獎金 800 元並且獲得再擲一次的機會，其獲得獎金規則與前述相同，但不再有繼續投擲銅板的機會（也就是說每位員工最多有兩次擲銅板的機會）。試問每位參加活動的員工可獲得獎金的期望值爲何？

(1) 850 元　(2) 875 元　(3) 900 元　(4) 925 元　(5) 950 元

2. 設 n 爲正整數。第 n 個費馬數（Fermat Number）定義爲 $F_n = 2^{(2^n)} + 1$，例如 $F_1 = 2^{(2^1)} + 1 = 2^2 + 1 = 5$，$F_2 = 2^{(2^2)} + 1 = 2^4 + 1 = 17$。試問 $\dfrac{F_{13}}{F_{12}}$ 的整數部分以十進位表示時，其位數最接近下列哪一個選項？（$\log 2 \approx 0.3010$）

(1) 120　(2) 240　(3) 600　(4) 900　(5) 1200

3. 在一座尖塔的正南方地面某點 A，測得塔頂的仰角為 14°；又在此尖塔正東方地面某點 B，測得塔頂的仰角為 18°30'，且 A、B 兩點距離為 65 公尺。已知當在線段 $\overline{AB}$ 上移動時，在 C 點測得塔頂的仰角為最大，則 C 點到塔底的距離最接近下列哪一個選項？
（$\cot 14° \approx 4.01$，$\cot 18°30' \approx 2.99$）
(1) 27 公尺　(2) 29 公尺　(3) 31 公尺　(4) 33 公尺　(5) 35 公尺

二、多選題（占 40 分）

說明：第 4 題至第 8 題，每題有 5 個選項，其中至少有一個是正確的選項，請將正確選項畫記在答案卡之「選擇（填）題答案區」。各題之選項獨立判定，所有選項均答對者，得 8 分；答錯 1 個選項者，得 4.8 分；答錯 2 個選項者，得 1.6 分；答錯多於 2 個選項或所有選項均未作答者，該題以零分計算。

4. 設 Γ 為坐標平面上通過 $(7,0)$ 與 $(0,\frac{7}{2})$ 兩點的圓。試選出正確的選項。
(1) Γ 的半徑大於或等於 5
(2) 當 Γ 的半徑達到最小可能值時，Γ 通過原點
(3) Γ 與直線 $x+2y=6$ 有交點
(4) Γ 的圓心不可能在第四象限
(5) 若 Γ 的圓心在第三象限，則 Γ 的半徑大於 8

5. 袋中有 2 顆紅球、3 顆白球與 1 顆藍球，其大小皆相同。今將袋中的球逐次取出，每次隨機取出一顆，取後不放回，直到所有球被取出為止。試選出正確的選項。

(1)「取出的第一顆爲紅球」的機率等於「取出的第二顆爲紅球」的機率

(2)「取出的第一顆爲紅球」與「取出的第二顆爲紅球」兩者爲獨立事件

(3)「取出的第一顆爲紅球」與「取出的第二顆爲白球或藍球」兩者爲互斥事件

(4)「取出的第一、二顆皆爲紅球」的機率等於「取出的第一、二顆皆爲白球」的機率

(5)「取出的前三顆皆爲白球」的機率小於「取出的前三顆球顏色皆相異」的機率

6. 設 $\langle a_n \rangle$、$\langle b_n \rangle$ 爲兩實數數列，且對所有的正整數 n，$a_n < b_n^2 < a_{n+1}$ 均成立。若已知 $\lim_{n\to\infty} a_n = 4$，試選出正確的選項。

(1) 對所有的正整數 n，$a_n > 3$ 均成立

(2) 存在正整數 n，使得 $a_{n+1} > 4$

(3) 對所有的正整數 n，$b_n^2 < b_{n+1}^2$ 均成立

(4) $\lim_{n\to\infty} b_n^2 = 4$

(5) $\lim_{n\to\infty} b_n = 2$ 或 $\lim_{n\to\infty} b_n = -2$

7. 已知三次實係數多項式函數 $f(x) = ax^3 + bx^2 + cx + 2$，在 $-2 \le x \le 1$ 範圍內的圖形如示意圖：

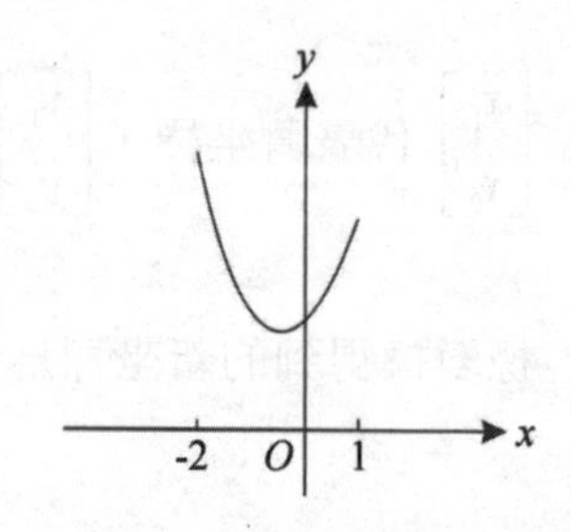

試選出正確的選項。

(1) $a>0$　　(2) $b>0$　　(3) $c>0$

(4) 方程式 $f(x)=0$ 恰有三實根

(5) $y=f(x)$ 圖形的反曲點的 y 坐標爲正

8. 坐標平面上以原點 O 爲圓心的單位圓上三相異點 A、B、C 滿足 $2\overrightarrow{OA}+3\overrightarrow{OB}+4\overrightarrow{OC}=\vec{0}$，其中 A 點的坐標爲 $(1,0)$。試選出正確的選項。

(1) 向量 $2\overrightarrow{OA}+3\overrightarrow{OB}$ 的長度爲 4

(2) 內積 $\overrightarrow{OA}\cdot\overrightarrow{OB}<0$

(3) $\angle BOC$、$\angle AOC$、$\angle AOB$ 中，以 $\angle BOC$ 的度數爲最小

(4) $\overline{AB}>\frac{3}{2}$

(5) $3\sin\angle AOB=4\sin\angle AOC$

三、選填題（占 18 分）

說明：1. 第 A 至 C 題，將答案畫記在答案卡之「選擇（填）題答案區」所標示的列號（9–18）。

2. 每題完全答對給 6 分，答錯不倒扣，未完全答對不給分。

A. 在坐標平面上，定義一個坐標變換 $\begin{bmatrix}y_1\\y_2\end{bmatrix}=\begin{bmatrix}1&0\\-1&2\end{bmatrix}\begin{bmatrix}x_1\\x_2\end{bmatrix}+\begin{bmatrix}-2\\3\end{bmatrix}$，其中 $\begin{bmatrix}x_1\\x_2\end{bmatrix}$ 代表舊坐標，$\begin{bmatrix}y_1\\y_2\end{bmatrix}$ 代表新坐標。若舊坐標爲 $\begin{bmatrix}r\\s\end{bmatrix}$ 的點 P 經此坐標變換得到的新坐標爲 $\begin{bmatrix}1\\-2\end{bmatrix}$，則 $(r,s)=($ ⑨ , ⑩⑪ $)$。

B. 在坐標平面上，$A(a,r)$、$B(b,s)$ 為函數圖形 $y=\log_2 x$ 上之兩點，其中 $a<b$。已知 A、B 連線的斜率等於 2，且線段 $\overline{AB}$ 的長度為 $\sqrt{5}$，則 $(a,b)=(\frac{⑫}{⑬}, \frac{⑭}{⑮})$。(化成最簡分數)

C. 設 z 為複數。在複數平面上，一個正六邊形依順時針方向的連續三個頂點為 z、0、$z+5-2\sqrt{3}\,i$（其中 $i=\sqrt{-1}$），則 z 的實部為 $\frac{⑯⑰}{⑱}$。(化成最簡分數)

-------- 以下第貳部分的非選擇題，必須在答案卷面作答 --------

第貳部分：非選擇題（占 24 分）

說明：本部分共有二大題，答案必須寫在「答案卷」上，並於題號欄標明大題號（一、二）與子題號（(1)、(2)、……），同時必須寫出演算過程或理由，否則將予扣分甚至零分。作答使用筆尖較粗之黑色墨水的筆書寫，且不得使用鉛筆。若因字跡潦草、未標示題號、標錯題號等原因，致評閱人員無法清楚辨識，其後果由考生自行承擔。每一子題配分標於題末。

一、坐標空間中以 O 表示原點，給定兩向量 $\overrightarrow{OA}=(1,\sqrt{2},1)$、$\overrightarrow{OB}=(2,0,0)$。試回答下列問題。

(1) 若 $\overrightarrow{OP}$ 是長度爲 2 的向量，且與 $\overrightarrow{OA}$ 之夾角爲 $60°$，試求向量 $\overrightarrow{OA}$ 與 $\overrightarrow{OP}$ 的內積。(2 分)

(2) 承 (1)，已知滿足此條件的所有點 P 均落在一平面 E 上，試求平面 E 的方程式。(2 分)

(3) 若 $\overrightarrow{OQ}$ 是長度爲 2 的向量，分別與 $\overrightarrow{OA}$、$\overrightarrow{OB}$ 之夾角皆爲 $60°$，已知滿足此條件的所有點 Q 均落在一直線 L 上，試求直線 L 的方向向量。(4 分)

(4) 承 (3)，試求出滿足條件的所有 Q 點之坐標。(4 分)

二、設 $f(x)$ 爲實係數多項式函數，且 $xf(x)=3x^4-2x^3+x^2+\int_1^x f(t)\,dt$ 對 $x\geq 1$ 恆成立。試回答下列問題。

(1) 試求 $f(1)$。(2 分)

(2) 試求 $f'(x)$。(4 分)

(3) 試求 $f(x)$。(2 分)

(4) 試證明恰有一個大於 1 的正實數 a 滿足 $\int_0^a f(x)\,dx=1$。(4 分)

108年度指定科目考試數學(甲)試題詳解

第壹部分：選擇題

一、單選題

1. 【答案】 (2)

【解析】

$$\underset{\text{反反}}{\frac{1}{4}\times 400}+\underset{\text{正反}}{\frac{2}{4}\times 800}+\underset{\text{正正}}{\frac{1}{4}}\times[800+\underbrace{(\frac{1}{4}\times 400+\frac{2}{4}\times 800+\frac{1}{4}\times 800)}_{\text{第二次}}]$$

$$=100+400+\frac{1}{4}\times(800+700)=875$$

2. 【答案】 (5)

【解析】 $\frac{F_{13}}{F_{12}}=\frac{2^{2^{13}}}{2^{2^{12}}}=2^{2^{13}-2^{12}}=2^{2^{12}(2^1-1)}=2^{2^{12}}\Rightarrow \log 2^{2^{12}}=2^{12}\cdot\log 2$

$=4096\times 0.301=1231.993\ \rightarrow 1232$ 位數

3. 【答案】 (3)

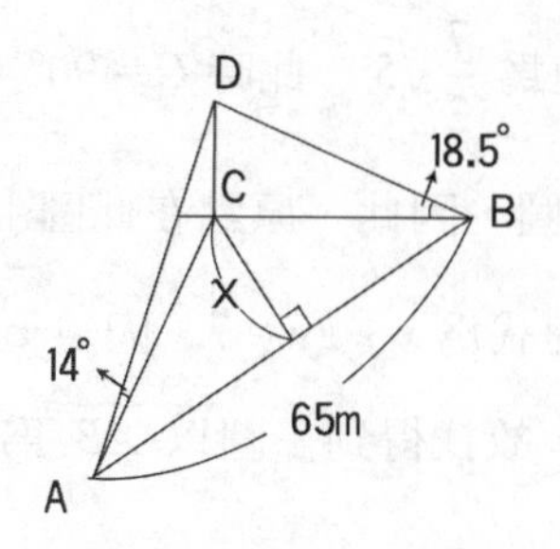

【解析】 $\cot 14^\circ = 4.01 \doteqdot \dfrac{4}{1} = \dfrac{\text{鄰}}{\text{對}} = \dfrac{\overline{AC}}{\overline{CD}}$

$\cot 18.5^\circ = 2.99 \doteqdot \dfrac{3}{1} = \dfrac{\text{鄰}}{\text{對}} = \dfrac{\overline{BC}}{\overline{CD}}$

$\Rightarrow \overline{AC} : \overline{BC} : \overline{CD} = 4 : 3 : 1$

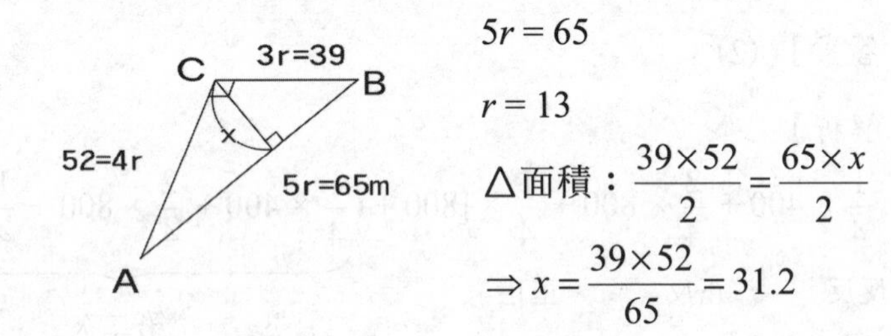

$5r = 65$

$r = 13$

$\triangle$面積：$\dfrac{39 \times 52}{2} = \dfrac{65 \times x}{2}$

$\Rightarrow x = \dfrac{39 \times 52}{65} = 31.2$

二、多選題

4. 【答案】 (2) (5)

【解析】 設 $A(7,0)$、$B(0,\dfrac{7}{2})$

(1) 以 $\overline{AB}$ 為直徑的圓，此時半徑為 $\dfrac{\overline{AB}}{2} = \dfrac{7}{4}\sqrt{5} < 5$

(2) C 為圓上另一點，$\dfrac{\overline{AB}}{\sin C} = 2R$，當 $\sin C = 1$ 時，

$2R$ 最小值為 $\dfrac{7}{2}\sqrt{5}$，此時 $C = 90^\circ$，此圓為以 $\overline{AB}$

為直徑的圓，因此，原點在此圓上。

(3) $\overleftrightarrow{AB}$ 的方程式為 $x + 2y = 7$，因為 $x + 2y = 7$ 與 $x + 2y = 6$ 平行，故找得到一圓以 $\overline{AB}$ 為弦又跟 $x + 2y = 6$ 沒有交點。

(4) $\overline{AB}$ 的中垂線爲 $2x-y=\frac{21}{4}$，圓心必在上面。因爲 $2x-y=\frac{21}{4}$ 通過第四象限，所以圓心可能在第四象限。

(5) 設 D 爲 $2x-y=\frac{21}{4}$ 與 y 軸的交點，若圓心 O 在第三象限，$r=\overline{OB}>\overline{DB}=\frac{35}{4}>8$。

5. 【答案】 (1) (5)

【解析】 (1) 因爲摸彩原理，此選項正確。

(2) A = 取出第一顆爲紅，B = 取出第二顆爲紅

$P(A\cap B)=\frac{2}{6}\times\frac{1}{5}\neq P(A)\,P(B)=\frac{2}{6}\times\frac{2}{6}$

$\Rightarrow$ A、B 不獨立

(3) P（取出第一顆爲紅且第二顆白或藍）$=\frac{2}{6}\times\frac{4}{5}\neq 0$

$\Rightarrow$ 兩者不互斥

(4) P（取出一、二顆皆紅）$=\frac{2}{6}\times\frac{1}{5}\neq$ P（取出一、二顆皆白）$=\frac{3}{6}\times\frac{2}{5}$

(5) P（取出三顆皆相異）= P（第 1 紅，第 2 白，第 3 藍）$\times 3!=(\frac{2}{6}\times\frac{3}{5}\times\frac{1}{4})\times 3!>$ P（三顆皆白）$=\frac{3}{6}\times\frac{2}{5}\times\frac{1}{4}$

6. 【答案】(3) (4)

【解析】(1) 反例 $\langle a_n \rangle$ $1, 2, 3, 4-\frac{1}{4}, 4-\frac{1}{5}, 4-\frac{1}{6}, \ldots$

(2) 若存在 $n=k$ 使得 $a_{k+1}>4$，因爲 $a_{n+1}>a_n$，

$\lim\limits_{n\to\infty} a_n > a_{k+1} > 4$，與 $\lim\limits_{n\to\infty} a_n = 4$ 矛盾，故不存在。

(3) 因爲 $a_n < {b_n}^2 < a_{n+1}$，$a_{n+1} < {b_{n+1}}^2 < a_{n+2}$，

所以 ${b_n}^2 < {b_{n+1}}^2$

(4) 因爲夾擠原理，$\lim\limits_{n\to\infty} a_n \le \lim\limits_{n\to\infty} {b_n}^2 \le \lim\limits_{n\to\infty} a_{n+1}$

$4 \le \lim\limits_{n\to\infty} {b_n}^2 \le 4$，所以 $\lim\limits_{n\to\infty} {b_n}^2 = 4$

(5) $\langle b_n \rangle$ 可爲 $1.9, -1.99, 1.999, -1.9999, \ldots$

此時 $\lim\limits_{n\to\infty} b_n$ 不存在

7. 【答案】(2) (3) (5)

【解析】(1) 有可能爲 ∩∪ 或是 ∪∩，故 a 有可能小於 0

(2) $f'(x) = 3ax^2 + 2bx + c$

$f'(0) = c = x$ 爲 0 的切線斜率 > 0

(3) $f''(x) = 6ax + 2b$

$f''(c) = 2b > 0$（因爲 $x=0$ 的點凹口向上）

(4) 三次函數有三實根的充要條件爲極大值與極小值一正一負，但根據此圖形，極大值與極小值皆爲正，故只有一實根。

(5) 反曲點的 y 座標為 $\dfrac{極大值+極小值}{2}$，故大於 0。

8. 【答案】 (1) (5)

【解析】 (1) $2\overrightarrow{OA}+3\overrightarrow{OB}=-4\overrightarrow{OC}$

$|2\overrightarrow{OA}+3\overrightarrow{OB}|^2=|-4\overrightarrow{OC}|^2=16 \Rightarrow |2\overrightarrow{OA}+3\overrightarrow{OB}|=4$

(2) $4|\overrightarrow{OA}|^2+12\overrightarrow{OA}\cdot\overrightarrow{OB}+9|\overrightarrow{OB}|^2=16$

$12\overrightarrow{OA}\cdot\overrightarrow{OB}=3$

$\overrightarrow{OA}\cdot\overrightarrow{OB}=\dfrac{1}{4}>0 \Rightarrow |\overrightarrow{OA}||\overrightarrow{OB}|\cos\angle AOB=\dfrac{1}{4}$

$\Rightarrow \cos\angle AOB=\dfrac{1}{4}$

(3) $|2\overrightarrow{OA}+4\overrightarrow{OC}|^2=|-3\overrightarrow{OB}|^2$

$4|\overrightarrow{OA}|^2+16\overrightarrow{OA}\cdot\overrightarrow{OC}+16|\overrightarrow{OC}|^2=9|\overrightarrow{OB}|^2$

$16\overrightarrow{OA}\cdot\overrightarrow{OC}=-11$

$16|\overrightarrow{OA}||\overrightarrow{OC}|\cos\angle AOC=-11$

$\cos\angle AOC=\dfrac{-11}{16}$，同理可算出 $\cos\angle BOC=-\dfrac{7}{8}$

所以 $\angle BOC>\angle AOC$

(4) $\cos\angle AOB=\dfrac{|\overrightarrow{OA}|^2+|\overrightarrow{OB}|^2-|\overrightarrow{AB}|^2}{2|\overrightarrow{OA}||\overrightarrow{OB}|}=\dfrac{1+1-\overline{AB}^2}{2}=\dfrac{1}{4}$

$\Rightarrow \overline{AB}=\dfrac{\sqrt{6}}{2}<\dfrac{3}{2}$

(5) $\cos\angle AOB=\dfrac{1}{4} \Rightarrow \sin\angle AOB=\dfrac{\sqrt{15}}{4}$

$$\cos\angle AOC=\frac{-11}{16}\Rightarrow \sin\angle AOC=\frac{3\sqrt{15}}{16}\text{，}$$

所以 $3\sin\angle AOB=4\sin\angle AOC$

三、選填題

A. 【答案】 3，−1

【解析】 $\begin{bmatrix}1\\-2\end{bmatrix}=\begin{bmatrix}1&0\\-1&2\end{bmatrix}\begin{bmatrix}r\\s\end{bmatrix}+\begin{bmatrix}-2\\3\end{bmatrix}$

$\begin{bmatrix}3\\-5\end{bmatrix}=\begin{bmatrix}1&0\\-1&2\end{bmatrix}\begin{bmatrix}r\\s\end{bmatrix}$

$\begin{bmatrix}3\\-5\end{bmatrix}=\begin{bmatrix}r\\-r+2s\end{bmatrix}$

$\begin{cases}3=r\\-5=-r+2s\end{cases}$

$\Rightarrow r=3$，$s=-1$

B. 【答案】 $\frac{1}{3}$，$\frac{4}{3}$

【解析】 $\begin{cases}\text{斜率}=2=\dfrac{\log_2 b-\log_2 a}{b-a} & \text{——①}\\ \overline{AB}=\sqrt{(b-a)^2+(\log_2 b-\log_2 a)^2}=\sqrt{5} & \text{——②}\end{cases}$

令 $b-a=k$，則 $\log_2 b-\log_2 a=2k$

代入②，$\sqrt{k^2+(2k)^2}=\sqrt{5}$

$$\sqrt{5k^2} = \sqrt{5} \Rightarrow k^2 = 1 \Rightarrow k = \pm 1\text{（負不合）}$$

$$\Rightarrow \log_2 b - \log_2 a = \log_2 \frac{b}{a} = 2 \Rightarrow \frac{b}{a} = 4$$

$$\begin{cases} b - a = 1 \\ \dfrac{b}{a} = 4 \end{cases} \Rightarrow a = \frac{1}{3}\text{，}b = \frac{4}{3}$$

C. 【答案】 $\dfrac{-7}{2}$

【解析】 $\dfrac{z + 5 - 2\sqrt{3}i}{z} = \cos 120° + i \sin 120°$

$$z + 5 - 2\sqrt{3}\,i = (\cos 120° + i \sin 120°)\, z$$

$$z + 5 - 2\sqrt{3}\,i = (-\frac{1}{2} + \frac{\sqrt{3}}{2} i)\, z$$

$$5 - 2\sqrt{3}\,i = (-\frac{3}{2} + \frac{\sqrt{3}}{2} i)\, z$$

$$\frac{5 - 2\sqrt{3}i}{-\frac{3}{2} + \frac{\sqrt{3}}{2} i} = z$$

$$z = \frac{10 - 4\sqrt{3}i}{-3 + \sqrt{3}i} = \frac{(10 - 4\sqrt{3}i)(-3 - \sqrt{3}i))}{(-3 + \sqrt{3}i)(-3 - \sqrt{3}i} = \frac{-42 + 2\sqrt{3}i}{12}$$

$$\Rightarrow z\ \text{實部} = \frac{-42}{12} = \frac{-7}{2}$$

第貳部分：非選擇題

一、【答案】(1) 2

(2) $E = x + \sqrt{2}\,y + z = 2$

(3) $(0,1,-\sqrt{2}\,)$

(4) $Q\,(1,t,1-\sqrt{2}\,t)$

【解析】(1) $\overrightarrow{OA} = (1,\sqrt{2}\,,1)$，$|\overrightarrow{OP}| = 2$，$\theta = 60°$，$|\overrightarrow{OA}| = 2$

$\overrightarrow{OA}\cdot\overrightarrow{OP} = |\overrightarrow{OA}|\cdot|\overrightarrow{OP}|\cdot\cos\theta = 2\times 2\times\cos 60° = 2$

(2) 令 $P\,(x,y,z)$　則 $\overrightarrow{OP} = (x,y,z)$

已知 $\overrightarrow{OA}\cdot\overrightarrow{OP} = 2$

得 $E = \underline{x+\sqrt{2}y+z=0}$ ①

(3) 已知 $\overrightarrow{OQ}\cdot\overrightarrow{OA} = \underline{2 = \overrightarrow{OQ}\cdot\overrightarrow{OB}}$ ②，$\overrightarrow{OB} = (2,0,0)$

令 $Q(x,y,z)$，

得 L: $\begin{cases} ① \\ ② \end{cases} = \begin{cases} x+\sqrt{2}y+z=2 \\ 2x+0\cdot y+0\cdot z=2 \end{cases}$

$\Rightarrow \begin{cases} x+\sqrt{2}y+z=2 \\ x=1 \end{cases}$

故 Q 落在 L: $\begin{cases} x+\sqrt{2}y+z=2 \\ x=1 \end{cases}$ 上

$\overrightarrow{n_1} = (1,\sqrt{2}\,,1)$，$\overrightarrow{n_2} = (1,0,0)$，$\overrightarrow{n_1}\times\overrightarrow{n_2} = (0,1,-\sqrt{2}\,)$

$\overrightarrow{\ell}\,//\,\overrightarrow{n_1}\times\overrightarrow{n_2}$，$\overrightarrow{\ell}$ 取 $(0,1,-\sqrt{2}\,)$

(4) $x=1$，$y=0$ 代入

$x+\sqrt{2}\,y+z=2$，得 $z=1$

故 L 過 (1,0,1)

參數式 L: $\begin{cases} x = 1 + 0 \cdot t \\ y = 0 + 1 \cdot t \\ z = 1 + (-\sqrt{2})t \end{cases}$　$t \in R$

故 $Q\,(1,t,1-\sqrt{2}\,t)$

二、【答案】(1) 2

(2) $12x^2 - 6x + 2$

(3) $4x^3 - 3x^2 + 2x - 1$

(4) 得證

【解析】$xf(x) = 3x^4 - 2x^3 + x^2 + \int_1^x f(t)\,dt$ — ①

(1) 求 $f(1)$，$x = 1$ 代入①

得 $1 \cdot f(1) = 3 - 2 + 1 + \int_1^1 f(t)\,dt$，

$\because \int_1^1 f(t)\,dt = 0 \quad \therefore f(1) = 2$

(2) 將①式左右同時微分

得 $f(x) + xf'(x) = 12x^3 - 6x^2 + 2x + \dfrac{d}{dx}\int_1^x f(t)\,dt$，

$\because \dfrac{d}{dx}\int_1^x f(t)\,dt = f(x)$

$\Rightarrow xf'(x) = 12x^3 - 6x^2 + 2x \Rightarrow f'(x) = 12x^2 - 6x + 2$

(3) $f(x) = \int f'(x)\,dx = 4x^3 - 3x^2 + 2x + C$

又 $f(1) = 2$，得 $f(1) = 4 - 3 + 2 + C = 2 \Rightarrow C = -1$

故 $f(x) = 4x^3 - 3x^2 + 2x - 1$

(4) $a > 1$，${}_0^{a} f(x)\,dx = 1 = x^4 - x^3 + x^2 - x \Big|_0^a = 1$

$\Rightarrow a^4 - a^3 + a^2 - a = 1$

$\Rightarrow a^3(a-1) + a(a-1) = 1$

$\Rightarrow a(a^2+1)(a-1) = 1$

可視爲 $\begin{cases} y = x(x^2+1)(x-1) \\ y = 1 \end{cases}$ 聯立

$y = x(x^2+1)(x-1)$

＋　　－　　＋

$\longrightarrow x$（分點 0, 1）

可知 $x > 1$ 時爲遞增，故必和 $y = 1$ 有交點

$\Rightarrow a \in R$ 有解

108 年大學入學指定科目考試試題
數學乙

第壹部分：選擇題（單選題、多選題及選填題共占 74 分）

一、單選題（占 18 分）

說明：第 1 題至第 3 題，每題有 5 個選項，其中只有一個是正確或最適當的選項，請畫記在答案卡之「選擇（填）題答案區」。各題答對者，得 6 分；答錯、未作答或畫記多於一個選項者，該題以零分計算。

1. 設 a、b 爲循環小數，$a=0.\overline{12}$、$b=0.\overline{01}$。則 $a-b$ 的值是下列哪一個選項？

(1) 0.11　(2) 0.1111　(3) $\frac{1}{9}$　(4) $\frac{10}{99}$　(5) $\frac{100}{999}$

2. 坐標平面上，直線 $y=2x$ 與直線 $y=-3x+5$ 將坐標平面分割成四個區域。試問下列哪一個選項中的點會和點 $(1,1)$ 在同一個區域？

(1) $(20,-56)$　(2) $(13,-33)$　(3) $(-1,1)$

(4) $(-15,-29)$　(5) $(-20,-29)$

3. 若向量 $\overrightarrow{A}=(a_1,a_2)$，向量 $\overrightarrow{B}=(b_1,b_2)$，且內積 $\overrightarrow{A}\cdot\overrightarrow{B}=1$，則矩陣乘積 $\begin{bmatrix} a_1 & a_2 \\ a_1 & a_2 \end{bmatrix}\begin{bmatrix} b_1 \\ b_2 \end{bmatrix}$ 等於下列哪一個選項？

(1) $\begin{bmatrix} 1 & 1 \end{bmatrix}$　(2) $\begin{bmatrix} 2 & 2 \end{bmatrix}$　(3) $\begin{bmatrix} 1 \\ 1 \end{bmatrix}$　(4) $\begin{bmatrix} 2 \\ 2 \end{bmatrix}$　(5) $\begin{bmatrix} 1 & 1 \\ 1 & 1 \end{bmatrix}$

二、多選題（占32分）

說明：第4題至第7題，每題有5個選項，其中至少有一個是正確的選項，請將正確選項畫記在答案卡之「選擇（填）題答案區」。各題之選項獨立判定，所有選項均答對者，得8分；答錯1個選項者，得4.8分；答錯2個選項者，得1.6分；答錯多於2個選項或所有選項均未作答者，該題以零分計算。

4. 已知正整數 a 與正整數 b 的乘積是11位數，而 a 除以 b 的商之整數部分是2位數，則 a **可能**爲幾位數？

(1) 5位數　(2) 6位數　(3) 7位數　(4) 8位數　(5) 9位數

5. 考慮如下的九宮格：

1	2	3
4	5	6
7	8	9

編號1、3、7、9的四格稱爲「角」，編號2、4、6、8的四格稱爲「邊」，而編號5的格子稱爲「中心」。在此九格中放入5個○及4個×的記號，每一格只能放入一個○或一個×，且任一行（例如位置1、4、7）、任一列（例如位置4、5、6）、以及任一對角線（對角線是指位置1、5、9或位置3、5、7）的三個記號不能完全相同（例如位置1、5、9不能全爲○或全爲×）。試選出正確的選項。

(1) 若在中心放○，則可能有三個○放在邊上

(2) 若在中心放○，則一定恰有兩個○放在角上

(3) 若在中心放×，則一定恰有兩個×放在角上

(4) 中心放○的方法共有8種

(5) 中心放×的方法共有4種

6. 某商店出售10種不同款式的公仔。今甲、乙、丙三人都各自收集公仔。試選出正確的選項。

(1) 若甲、乙兩人各自收集6款公仔，則他們兩人合起來一定會收集到這10款不同的公仔

(2) 若甲、乙兩人各自收集7款公仔，則至少有4款公仔是兩人都擁有

(3) 若甲、乙、丙三人各自收集6款公仔，則至少有1款公仔是三人都擁有

(4) 若甲、乙、丙三人各自收集7款公仔，則至少有2款公仔是三人都擁有

(5) 若甲、乙、丙三人各自收集8款公仔，則至少有4款公仔是三人都擁有

7. 某甲上班可採全程步行或全程騎腳踏車兩種方式通勤，其中步行的通勤時間爲60分鐘，騎腳踏車的通勤時間以整數計時爲T分鐘。其中$30 \le T \le 40$，且T分爲五個區間，其出現在各區間的機率如下表：

通勤時間	$30 \le T < 32$	$32 \le T < 34$	$34 \le T < 36$	$36 \le T < 38$	$38 \le T \le 40$
機率	0.1	0.2	0.4	0.2	0.1

例如：騎腳踏車通勤時間T滿足區間$32 \leq T < 34$的機率為0.2。假設甲每天通勤時間互相獨立。根據上述資料，試選出正確選項。

(1) 若甲某一天騎腳踏車上班，則其通勤時間少於35分鐘的機率是0.5

(2) 若甲某五天皆騎腳踏車上班，則這五天上班的通勤總時間一定會少於四天騎腳踏車另一天步行的通勤總時間

(3) 若甲某五天上班的通勤總時間為250分鐘，則這五天中甲一定是三天步行，兩天騎腳踏車

(4) 若甲每天投擲一公正銅板來決定步行或騎腳踏車上班，正面則步行，反面則騎腳踏車，則甲兩天的通勤總時間至少90分鐘的機率是0.75

(5) 若甲有兩天皆騎腳踏車上班，則甲這兩天的通勤總時間至少為76分鐘的機率是0.01

三、選填題（占24分）

說明：1. 第A至C題，將答案畫記在答案卡之「選擇（塡）題答案區」所標示的列號（8−15）。

2. 每題完全答對給8分，答錯不倒扣，未完全答對不給分。

A. 從三位數中任選一數，寫成$a \times 10^2 + b \times 10 + c$，其中$a$是1到9的整數，$b$和$c$都是0到9的整數，則$a+b+c=9$的機率為

$\dfrac{⑧}{⑨⑩}$。（請化為最簡分數）

B. 已知實係數多項式 $f(x)$ 除以 x^2+2 的餘式為 $x+1$。若 $xf(x)$ 除以 x^2+2 的餘式為 $ax+b$，則數對 $(a,b)=($ ⑪ , ⑫⑬ $)$

C. 某遊戲的規則為同時擲兩顆公正骰子一次，若兩顆點數和為 6 或者至少有一顆點數為 6，即可獲得獎金 36 元，否則沒有獎金，則這個遊戲獎金的期望值為 ⑭⑮ 元。

-------以下第貳部分的非選擇題，必須在答案卷面作答-------

第貳部分：非選擇題（占 26 分）

說明：本部分共有二大題，答案必須寫在「答案卷」上，並於題號欄標明大題號（一、二）與子題號（(1)、(2)、……），同時必須寫出演算過程或理由，否則將予扣分甚至零分。作答使用筆尖較粗之黑色墨水的筆書寫，且不得使用鉛筆。若因字跡潦草、未標示題號、標錯題號等原因，致評閱人員無法清楚辨識，其後果由考生自行承擔。每一子題配分標於題末。

一、 考慮坐標平面上相異五點 O、A、B、C、D。已知向量 $\overrightarrow{OC}=3\overrightarrow{OA}$，$\overrightarrow{OD}=3\overrightarrow{OB}$，且向量 $\overrightarrow{AB}$ 的坐標表示為 $\overrightarrow{AB}=(3,-4)$，試回答下列問題。

(1) 試以坐標表示向量 $\overrightarrow{DC}$。(5 分)

(2) 若 $\overrightarrow{OA}=(1,2)$，試利用二階行列式與面積的關係，求 ΔOCD 的面積。(8 分)

二、 某運輸公司欲向一汽機車製造商訂購一批重型機車（簡稱重機）和汽車。其訂購費用為重機一部 25 萬元及汽車一部 60 萬元，訂購經費上限是 5400 萬元。另此運輸公司共有 100 格停車位，每格停車位恰可停放兩部重機或是停放一部汽車。而此運輸公司每銷售 1 部重機可得淨利潤 2.3 萬元（即 2 萬 3 千元），銷售 1 部汽車則可得淨利潤 5 萬元，並假設此運輸公司可將其所訂購之重機及汽車全數銷售完畢。此運輸公司希望能在訂購經費的上限和停車位之限制下獲得最大的淨利潤。試回答下列問題。

(1) 試寫出此問題之線性規劃不等式及目標函數。(4 分)

(2) 在坐標平面上畫出可行解區域，並以斜線標示該區域。(3 分)

(3) 此運輸公司應訂購重機、汽車各多少部才能獲得最大的淨利潤？此最大淨利潤為何？(6 分)

108年度指定科目考試數學(乙)試題詳解

第壹部分：選擇題

一、單選擇

1. 【答案】(3)

【解析】公式：$0.\overline{ab}=\dfrac{10a+b}{99}$

$a=0.\overline{12}=\dfrac{12}{99}\quad b=0.\overline{01}=\dfrac{1}{99}$

$\Rightarrow a-b=\dfrac{12}{99}-\dfrac{1}{99}=\dfrac{11}{99}=\dfrac{1}{9}$

2. 【答案】(1)

【解析】

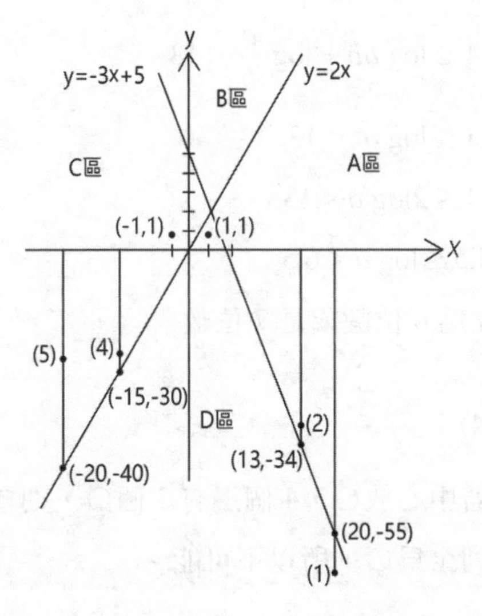

(1) $(20,-56)\in$ D 區　　(2) $(13,-33)\in$ A 區

(3) $(-1,1)\in$ C 區　　(4) $(-15,-29)\in$ C 區

(5) $(-20,-29)\in$ C 區　　$\Rightarrow$ (1)

3. 【答案】(3)

【解析】$\overrightarrow{A}=(a_1,a_2)$

$\overrightarrow{B}=(b_1,b_2)$

$\overrightarrow{A}\cdot\overrightarrow{B}=a_1b_1+a_2b_2=1$

$$\Rightarrow \begin{bmatrix} a_1 & a_2 \\ a_1 & a_2 \end{bmatrix}\begin{bmatrix} b_1 \\ b_2 \end{bmatrix}=\begin{bmatrix} a_1b_1+a_2b_2 \\ a_1b_1+a_2b_2 \end{bmatrix}=\begin{bmatrix} 1 \\ 1 \end{bmatrix}$$

二、多選題

4. 【答案】(2) (3)

【解析】$\log(ab)=10.$多

$\log(\frac{a}{b})=1.$多

$\Rightarrow 11\le \log ab+\log\frac{a}{b}<13$

$\Rightarrow 11\le \log a^2<13$

$\Rightarrow 11\le 2\log a<13$

$\Rightarrow 5.5\le \log a<6.5$

$\Rightarrow$ a 為 6 位數或是 7 位數

5. 【答案】(2) (4)

【解析】(1) 若中心放○，4 個邊有 3 個○，則會產生一行或一列全為○，所以不可能。

(2) 若中心放○，4 個角有 3 個○，則會有一對角線皆為○，再加上 4 個邊不能放 3 個○，全部必須 5 個○，故推論 4 個角必恰好放 2 個○。

(3) 反例：

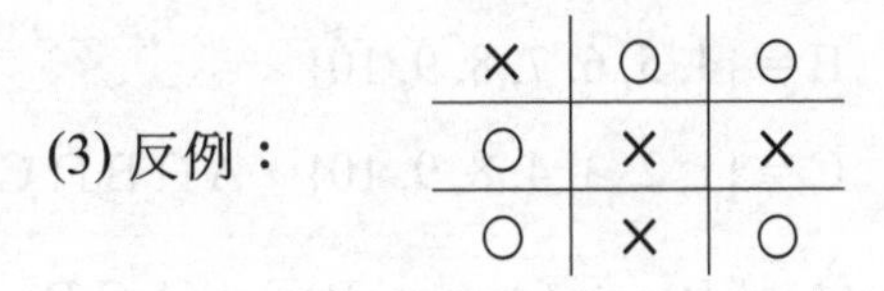

(4) $(C_2^4 - 2) \times 2 = 8$

選角爲○　選邊爲○

(5) 共 8 種

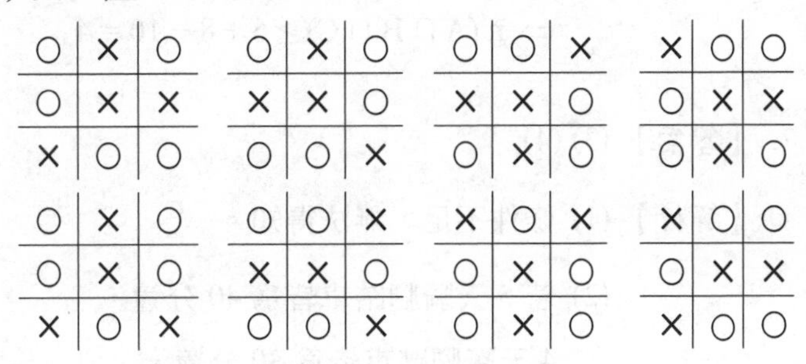

6. 【答案】 (2) (5)

【解析】 (1) 有可能都收集相同公仔

(2) 設 A 爲甲所收集的款式，B 爲乙所收集的款式。

$n(A \cup B) = n(A) + n(B) - n(A \cap B) \leq 10$

$\Rightarrow 7 + 7 - n(A \cap B) \leq 10$

$\Rightarrow 4 \leq n(A \cap B)$

(3) 設 C 爲丙所收集的款式

反例：$A = \{1, 2, 3, 4, 5, 6\}$

$B = \{5, 6, 7, 8, 9, 10\}$

$C = \{1, 2, 3, 7, 8, 9\}$，$A \cap B \cap C = \phi$

(4) 反例：$A = \{1, 2, 3, 4, 5, 6, 7\}$

$B = \{4, 5, 6, 7, 8, 9, 10\}$

$C = \{1, 2, 3, 4, 8, 9, 10\}$，$A \cap B \cap C = \{4\}$

(5) $10 \geq n(A \cup B) = n(A) + n(B) - n(A \cap B)$

$\Rightarrow 10 \geq 8 + 8 - n(A \cap B) \Rightarrow n(A \cap B) \geq 6$

$10 \geq n((A \cap B) \cup C) = n(A \cap B) + n(C) - n(A \cap B \cap C)$

$\Rightarrow n(A \cap B \cap C) \geq n(A \cap B) + n(C) - 10$

$\Rightarrow n(A \cap B \cap C) \geq 6 + 8 - 10 = 4$

7. 【答案】(3) (4)

【解析】(1) 條件不足，無法得知。

(2) 若 5 天騎腳踏車皆為 40 分鐘，

4 天騎腳踏車皆為 30 分鐘，

則 $5 \times 40 \geq 4 \times 30 + 60$

(3) 甲若 0 天步行，通勤總時間 $\leq 40 \times 5 = 200$

甲若 1 天步行，通勤總時間 $\leq 60 + 40 \times 4 = 220$

甲若 2 天步行，通勤總時間 $\leq 60 \times 2 + 40 \times 3 = 240$

甲若 4 天步行，通勤總時間 $\geq 60 \times 4 + 30 = 270$，

以此類推，故甲一定是三天步行，

才有可能 250 分鐘。

(4) P(總時間 ≥ 90)

$= P(2\text{正}) + P(1\text{正}1\text{反}) = \frac{1}{4} + \frac{1}{2} = \frac{3}{4}$

(5) 條件不足，無法得知。

三、選填題

A. 【答案】 $\frac{1}{20}$

【解析】 三位數共 900 個

$a+b+c=9$，$a\geq 1$，$b\geq 0$，$c\geq 0$

$\Rightarrow a'+b+c=8$，$H_8^3=C_8^{10}=45$，

機率爲 $\frac{45}{900}=\frac{1}{20}$

B. 【答案】 $a=1$，$b=-2$

【解析】 $f(x)=(x^2+2)\,Q(x)+(x+1)$

$\Rightarrow xf(x)=x(x^2+2)\,Q(x)+x^2+x$

$$\begin{array}{r}
x\,Q(x)\quad +1 \\
x^2+2\;\overline{\big)\;x(x^2+2)\,Q(x)+x^2+x} \\
x^2+2 \\
\hline
x-2
\end{array}$$

C. 【答案】 16

【解析】 得 36 元的機率爲 $\frac{5+11}{36}=\frac{16}{36}$

x	36
p	$\frac{16}{36}$

$E(x)=36\times\frac{16}{36}=16$

第貳部分：非選擇題

一、【解析】 $\overrightarrow{OC}=3\overrightarrow{OA}$，$\overrightarrow{OD}=3\overrightarrow{OB}$，$\overrightarrow{AB}=(3,-4)$

(1) 求 $\overrightarrow{DC}=\overrightarrow{OC}-\overrightarrow{OD}=3\overrightarrow{OA}-3\overrightarrow{OB}$

$=3(\overrightarrow{OA}-\overrightarrow{OB})=3\cdot\overrightarrow{BA}=-3\cdot\overrightarrow{AB}$

$=-3(3,-4)=(-9,12)$

(2) $\overrightarrow{OA}=(1,2)$

得 $\overrightarrow{OC}=3\cdot\overrightarrow{OA}=3(1,2)=(3,6)$

$\overrightarrow{AB}=\overrightarrow{OB}-\overrightarrow{OA}=(3,-4)$；故 $\overrightarrow{OB}=(4,-2)$

得 $\overrightarrow{OD}=3\cdot\overrightarrow{OB}=3(4,-2)=(12,-6)$

$$\Delta OCD=\frac{1}{2}\left|\begin{vmatrix}\overrightarrow{OC}\\ \overrightarrow{OD}\end{vmatrix}\right|=\frac{1}{2}\left|\begin{vmatrix}3 & 6\\ 12 & -6\end{vmatrix}\right|$$

$$=\frac{1}{2}\left|(-18)-(72)\right|=\frac{1}{2}\times 90=45$$

二、【解析】 (1) 令訂購 x 輛重機，y 輛汽車

不等式為

$$\begin{cases}25x+60y\le 5400 & \cdots① \text{（經費）}\\ \dfrac{x}{2}+y\le 100 & \cdots② \text{（車位）}\\ x\ge 0，y\ge 0 & \\ x,y \text{ 為格子點，} & \end{cases}$$

目標函數：$f(x,y)=2.3x+5y$（萬元）

求最大值

(2)

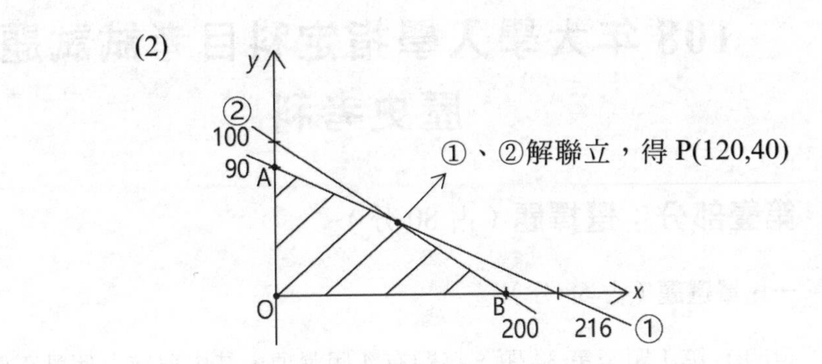

(3) 頂點法：

代入目標函數

$O(0,0) \rightarrow 0$（萬元）

$A(0,90) \rightarrow 450$（萬元）

$B(200,0) \rightarrow 460$（萬元）

$P(120,40) \rightarrow 476$（萬元）

故最大利潤爲 476 萬元

108年大學入學指定科目考試試題
歷史考科

第壹部分：選擇題（占80分）

一、單選題（占68分）

說明：第1題至第34題，每題有4個選項，其中只有一個是正確或最適當的選項，請畫記在答案卡之「選擇題答案區」。各題答對者，得2分；答錯、未作答或畫記多於一個選項者，該題以零分計算。

1. 某一時期，航海家航行時，不僅依靠天文觀測，還可使用簡陋的海圖，並以羅盤定方位。他們通常是獲得王室的資助，踏上尋找新航路之旅。這類航海活動最可能是：
(A) 十世紀末諾曼人海上貿易活動
(B) 十四世紀的阿拉伯印度洋船隊
(C) 十六世紀初西班牙大西洋船隊
(D) 十九世紀後期英國的遠東船隊

2. 歌曲往往會反映時代的氛圍或訴求，以下是三首曾經在臺灣出現的歌曲：
甲：「反攻！反攻！反攻大陸去！大陸是我們的國土，……不能讓共匪盡著盤據。」
乙：「老法統唉呀無天理，霸佔國會在變把戲。……我要抗議！我要抗議！」
丙：「臺灣全島快自治，公事阮掌是應該。……百般義務咱都盡，自治權利應當享。」

這三首歌創作的時間，順序是：

(A) 甲丙乙　(B) 乙丙甲　(C) 乙甲丙　(D) 丙甲乙

3. 一位歐洲軍官寫信回家，描述在北京的見聞：公園裡還躺著許多屍體，軍隊則駐紮在皇宮中。他可以看到許多稀世珍寶，其中有一尊身著金袍的玉佛，可惜玉佛無法保障中華帝國的安危。他明天即將隨軍隊撤離北京，帶回各種戰利品。這封信描述的最可能是何時的情況？

(A) 清軍入關時　(B) 太平天國時

(C) 八國聯軍時　(D) 辛亥革命時

4. 歷史解釋往往會受到時代氛圍的影響。1950 年代，美國歷史家主張：北美殖民地在獨立之前已經是一個具有強烈共識的團結社會，而這個共識就是自由與平等。這種史觀的提出與當時美國哪種社會氣氛有關？

(A) 東西冷戰方盛，防範共產主義

(B) 民權運動興起，要求族群平權

(C) 恐怖主義威脅，訴求社會團結

(D) 多元文化流行，強調個性自主

5. 一位作家這樣諷刺：「在這個國家，對每件事情──不管其性質爲何──都只能有一個意見，那就是『正確的意見』。每天早上，國家的報紙和廣播告訴人民他們需要知道什麼、相信什麼、思考什麼。所以，當你跟這個國家的一位國民談過話之後，你就已經跟所有的國民都談過話了」。作家諷刺的國家最可能是：

(A) 俾斯麥主導下的德國　(B) 蔣中正統治下的中國

(C) 麥克阿瑟治下的日本　(D) 史達林統治下的蘇聯

6. 1880 年代，臺灣北部米糧不足，須從大陸進口稻米，輸入統計如下：

年	1882	1883	1884	1885	1886	1887	1888	1889
擔	66028	198	／	／	1525	67731	46164	16371

上表顯示，1884 和 1885 年臺灣北部沒有稻米輸入的紀錄，最可能的原因是：

(A) 這兩年臺灣稻米產量豐富，不需要從大陸輸入
(B) 適逢中法戰爭，海面被封鎖，故無輸入的紀錄
(C) 臺灣北部發生戰亂，人口減少，米糧需求量少
(D) 臺灣官員爲阻絕人民偷渡來臺，實施封鎖政策

7. 學者蕭公權指出東漢王充《論衡》思想的一面：「治亂不關人事，是現在之努力爲徒勞也；盛世必爲衰亂，是未來之希冀爲虛妄也。於是茫茫宇宙之中更無足以企慕追求之境界，而人類歷史不過一無目的、無意義、無歸宿之治亂循環而已。」根據上文推論，蕭氏認爲王充這種思想，最可能是東漢士人對當時政治的怎樣表現？

(A) 最無感之嘲諷態度　(B) 最肯定之現實觀點
(C) 最興奮之理想追求　(D) 最嚴重之失望呼聲

8. 北京街頭有學生隊伍在遊行，揮舞著小紅書，大聲呼著「革命無罪，造反有理」的口號，擎著「破四舊，立四新」、「清理階級隊伍」、「橫掃一切牛鬼蛇神」等標語。隊伍後面跟著一批頭戴紙糊高帽，胸前掛著牌子的人士，目光呆滯地任人批鬥叫罵。這種場景最可能發生在：

(A) 1919 年五四運動之時　(B) 1949 年中共政權成立時
(C) 1966 年文化大革命時　(D) 1989 年六四民主運動時

9. 2017年3月，27個歐洲國家領袖聚會，慶祝60年前法、西德、義、荷、比、盧6國爲歐洲統合奠定重要里程碑，也奠下現今歐盟的基礎。此一重要里程碑是指：
(A) 建立共同市場，促成各國經濟合作
(B) 成立歐洲議會，規劃共同發展方向
(C) 發行歐洲貨幣，提升商業貿易便利
(D) 開放各國邊界，便於人員貨物流通

10. 某個時期，日本瓷器工匠曾迎合歐洲貴族喜好的圖案，製造精美的瓷器銷往歐洲，銷量甚至超越中國瓷器，這也是日本瓷器外銷蓬勃發展的時代。這個時期最可能是：
(A) 十三世紀中葉蒙古帝國建立，馬可波羅到東方遊歷時
(B) 十六世紀中葉天主教耶穌會士允許進入日本傳教時期
(C) 十七世紀中葉歐洲商人因中國動亂，轉向日本貿易時
(D) 十九世紀中葉日本開港通商後，積極向歐洲推銷瓷器

11. 兩位同學合作一篇小論文，到圖書館查找相關資料，甲查到一份以羅馬拼音書寫的閩南話教會報紙創刊號（圖1）；乙則找到當時西式洋樓照片（圖2）。這篇小論文的主題最可能是：
(A) 荷蘭經營臺灣的遺存
(B) 明鄭教育與通商政策
(C) 清代臺灣開港的影響
(D) 日本皇民化運動內涵

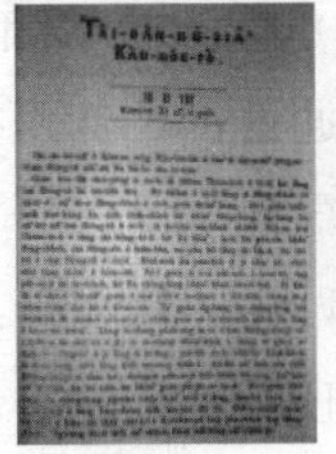
圖1

圖2

12. 十六世紀上半葉，馬丁路德引發「宗教改革」浪潮，許多歐洲人擺脫羅馬教會的束縛，造成歐洲一統教會的分裂。但也有學者主

張：「宗教改革」並未立即帶來個人的宗教自由與宗教寬容。以下何者最能呼應此學者的看法？

(A) 人人可以閱讀聖經，並與上帝直接溝通
(B) 教隨主定，誰統治某地，就信誰的宗教
(C) 婚姻具有神聖性，神職人員也可以結婚
(D) 否定教宗權威，各地不再遵從教宗領導

13. 史家比較兩個古代民族的性格：這兩個民族雖屬同一語系，卻演變成迥異的民族。對甲民族而言，美的理想世界就是一切，因其可滿足現實生活缺乏的事物；這個民族的統合，是藉由藝術或遊樂的力量，如競技、祭神、悲劇等。乙民族爲維護城邦的自由，寧可壓抑一己激情而服從父親，犧牲個人意志而服從國家。他們是古文明中唯一透過公民參政，完成政治整合者。這兩個民族分別是：

(A) 商朝人與周朝人　(B) 猶太人與阿拉伯人
(C) 印度人與波斯人　(D) 希臘人與羅馬人

14. 外族攻入都城，俘擄太上皇、皇帝與皇室數千人北遷。一位愛國詩人述及此事，寫下：「少年嬉笑老人悲，尙記二帝蒙塵時。嗚呼！國君之仇通百世，無人按劍決大議。」此詩寫於何時？詩人要表達的意旨爲何？

(A) 南宋，痛切檢討徽、欽二帝被女眞擄去原因
(B) 南明，唐王與桂王被擄，只有老臣感到悲傷
(C) 南宋，以二帝被擄爲恥，朝中乏人挽救爲羞
(D) 南明，號召大臣按劍決議，救回唐、桂二君

15. 中國古代的紅山文化，在北方燕山地區，屬於砂質土壤，使用適應砂壤的大型石犁。這種石器只適於開墾鬆散的砂壤，而不適於開墾中原地區較硬的黃土，更不適於開墾南方的紅壤。但也因這一原因，這個地區最先遭到破壞，水土流失情況嚴重。因此，紅山文化在遠古的情況應是：

(A) 發展較早，衰退也早 (B) 發展較早，衰退較晚
(C) 發展較晚，衰退則早 (D) 發展較晚，衰退也晚

16. 淡水某中學校園內有一座馬偕牧師銅像，曾因不堪民衆與社會輿論動輒以「鬼畜英美」的話語咒罵，校長承受不住壓力，只好把銅像拆下，藏入倉庫。這一情形最可能與下列哪一事件有關？

(A) 1894 年，甲午戰爭 (B) 1905 年，日俄戰爭
(C) 1941 年，太平洋戰爭 (D) 1979 年，臺美斷交

17. 十八世紀時，德國一位作家創作一個劇本，安排了猶太人、聖殿騎士和埃及蘇丹薩拉丁三位主角。在劇中，猶太人對基督徒說：「讓我們當朋友吧！你大可繼續瞧不起我的民族。我們兩人都不能選擇自己的民族，難道我們得代表自己的民族？難道基督徒和猶太人就只是基督徒和猶太人，而不是人？」上述對話呈現的意涵是：

(A) 基督教人文精神 (B) 啓蒙的普世精神
(C) 浪漫的民族主義 (D) 猶太的復國主義

18. 資料一：「西元 800 年秋，查理曼赴羅馬，召開會議處理教宗李奧三世與仇黨的糾紛，調查李奧被指控的罪名。12 月 23 日，李奧出席會議，在查理曼面前公開宣誓，聲明自己無罪。兩天後，李奧三世爲查理曼加冕爲羅馬皇帝。」

資料二：「自西元800年，李奧三世在教廷文件裡，除注明自己在位年代外，還加注查理曼在位年代；新鑄的錢幣，一面是教宗自己的名字，另一面是查理曼的名字。」

從資料一描述的教廷處境來推斷，資料二中教宗李奧三世的作法，最可能是要表達：

(A) 教權凌駕於王權　(B) 教權臣服於王權

(C) 教權與王權的合作　(D) 教權與王權的對立

19. 圖3是臺灣歷史上某個歷史發展的示意圖，根據圖中訊息，這個歷史發展最可能是：

(A) 清代的開山撫番

(B) 平埔族的大遷徙

(C) 臺民的抗日路線

(D) 樟腦產業的拓展

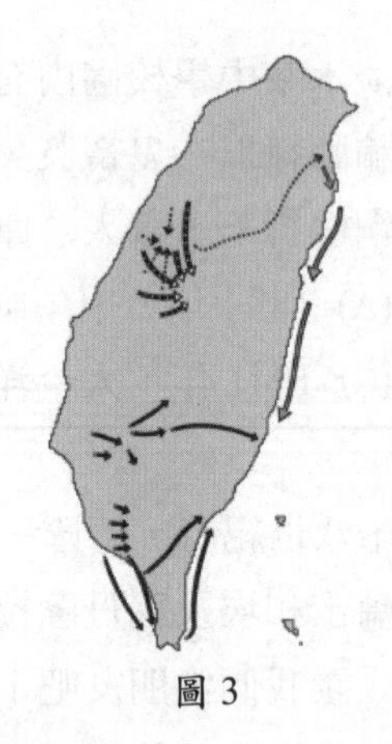

圖3

20. 著名古文篇章的寫作常有歷史背景的依據。史書記載：「庾袞乃率其同族及庶姓保於禹山。群士共推庾袞爲塢主。」或：「永嘉之亂，百姓流亡，所在屯聚。(蘇)峻糾合數千家，結壘於本縣。」又：「中原喪亂，鄉人遂共推郗鑒爲主，與千餘家聚避於魯國嶧山，山有重險。」這類史料可看作哪篇古文描述的時代背景？

(A) 東漢・班固〈東都賦〉　(B) 東晉・陶潛〈桃花源記〉

(C) 唐・杜牧〈阿房宮賦〉　(D) 宋・蘇軾〈赤壁賦〉

21. 1600 年，英國成立東印度公司，到亞洲從事貿易。該公司從英國帶出大量金銀，進口東印度香料，但進口的香料僅部分在國內出售，大部分轉口到歐洲。這種做法受到國內輿論批評，認爲該公司輸出金銀，僅從事海外奢侈品轉口貿易，卻不輸出本國工業製品，無助於國內就業，更造成國家貴金屬的流失。這種輿論是根據何種主張批評東印度公司的作法？

(A) 資本主義 (B) 重商主義
(C) 重農主義 (D) 帝國主義

22. 某人安排一趟古文明之旅，先到地中海旁一座城市，參觀羅馬帝國遺留的半圓型劇場與水道橋；再沿地中海岸到另一座城市，探訪五世紀建的基督教教堂；最後又到特洛伊探尋傳說中的木馬屠城記遺址。此人是在哪一國旅行？

(A) 土耳其 (B) 希臘 (C) 敘利亞 (D) 義大利

23. 一位學者論述「中國喪失現代化機會」時說：「恰恰西學在中國衰微後不久，西方在政治、經濟、社會和科學領域出現巨大進展，爲近代民主制的興起開闢了舞台，工業革命則預示了新的技術發展。相反地，中國的士人卻在『繁華的往昔』裡尋找行動指南，並專注於古代經籍的研究。歐洲在探索進步的道路上突飛猛進，中國卻在輝煌的夢境裡鼾睡。」這位學者的看法與下列哪一時期的論述最接近？

(A) 自強運動 (B) 維新運動
(C) 五四運動 (D) 中華文化復興運動

24. 史書記載：(明) 天啓二年 (1622)，……紅夷築城澎湖，要求互市。守土官懼禍，說以毀城遷徙，許互市，紅毛從之，毀其城，移舟去。而巡撫商周祚以遵諭遠徙上聞，不許互市。夷怨，復築城……遂犯廈門。我們應怎樣解讀這段記載？

(A) 紅夷要求互市，是指與中國沿海互市

(B) 兩位地方官對與紅夷互市的作法一致

(C) 紅夷遠徙臺灣，係遵奉明朝皇帝諭令

(D) 商周祚同意紅夷可以到臺灣築城互市

25. 右表是1990年代中期，歐洲幾個國家中，某一族群的人口統計及其占各國總人口的百分比。根據你對近500年來，歐洲政治變動與族群發展史的理解，表中「甲」族群應是指：

國家	甲族群人口（萬）	占總人口百分比（%）
法國	200-350	4.4-6.1
德國	170	2.1
英國	150	2.7
西班牙	30	0.8
前南斯拉夫	450	21.1
阿爾巴尼亞	227.5	70

(A) 猶太人　(B) 穆斯林

(C) 吉普賽人　(D) 非洲裔

26. 學者指出：在1820年代，南、北美洲的白人共約1200萬，黑人則是600萬。然而，在之前幾個世紀，全部移入的人口大約是200萬白人及超過1000萬的黑人。這組數據可以支持哪個論點？

(A) 拉丁美洲獨立建國排斥非裔

(B) 奴隸在南北美洲的處境艱困

(C) 奴隸橫渡大西洋時充滿危險

(D) 大量非裔返回非洲獨立建國

27. 1919 年 6 月，協約國與同盟國簽訂「凡爾賽和約」，標誌大戰的結束。但此後協約國間對和約以及德國的態度卻出現分歧：

（甲）維持大戰以來對德國的政策，盡可能在凡爾賽和約架構下圍堵德國；

（乙）在 1919 年底否決凡爾賽和約，採行孤立主義策略；

（丙）為振興本國貿易，打算與德國和解，並修改和約。

這三種態度分別出自哪些國家？

(A) 法；美；英　(B) 法；美；俄

(C) 英；法；美　(D) 英；法；俄

28. 以下三則歷史資料記載：宋代朱彧《萍洲可談》：「北人（即：宋人）至海外，是歲不歸者，謂之駐蕃。諸國人至廣州，是歲不歸者，謂之駐唐。」元代周達觀《眞臘風土記》：「唐人爲水手者，利其國中不著衣裳，且米糧易求，器用易足，賣買易爲，往往逃逸於彼。」《明史・眞臘傳》：「番人殺唐人，罪死；唐人殺番人，則罰金；無金，贖身待罪。」上述記載中，「唐人」是指：

(A) 唐朝人　(B) 五代南唐人

(C) 元朝與明朝人　(D) 華人

29. 大豹溪一帶（今新北市三峽區）原是泰雅族大豹社居住地。二十世紀初，臺灣總督府派軍隊前往該地，將大豹社迫遷到詩朗、志繼等部落（今桃園市復興區）。最可能的原因是：

(A) 總督府設立「蕃童教育所」，要大豹社族人接受新式教育

(B) 日本政府讓財團開發樟腦業，將大豹社族人驅離部落領域

(C) 總督府正興建桃園大圳，需要徵調大豹社原住民充當勞力

(D) 日本準備對中國發動戰爭，要訓練大豹社族人擔任後備兵

30. 十一、二世紀以後，隨著商業復甦和城鎮興起，歐洲出現各種「行會」(guilds)，對城鎮的政經發展有重要作用。自十三世紀初，義大利的佛羅倫斯陸續出現各種行會組織。根據佛羅倫斯的經濟發展特色判斷，下列選項何者的勢力最大？

(A) 公證人行會、皮貨商行會

(B) 藥劑師行會、石匠行會

(C) 鐵匠行會、屠戶行會

(D) 銀行家行會、毛織品行會

31. 顧炎武《日知錄》述及古代驛傳：「白居易詩：從陝至東京，山低路漸平；風光四百里，車馬十三程（站）。韓愈詩：銜命山東撫亂師，日馳三百（日行十站）自嫌遲。」又云：「後人以節費之說，歷次裁併，有七、八十里而一驛者（按：如明代）。」根據顧炎武的分析，比較唐代與後世的驛傳情況，最可能是：

(A) 有進步，從「行速而馬不疲」，至「馬壯而官員獲賞」

(B) 有進步，從「行緩而馬不疲」，至「馬壯而官員獲賞」

(C) 遭破壞，從「行速而馬已疲」，至「馬倒而官員受責」

(D) 遭破壞，從「行緩而馬已疲」，至「馬倒而官員受責」

32. 一位思想家說：「大人者以天地萬物為一體者也。其視天下猶一家，中國一人焉。……大人能以天地萬物為一體也，非意之也。其仁以人心為本，若是，其與天地萬物為一也。豈惟大人，雖小人之心亦莫不然。」這位思想家是何人？這種思想有其承襲，承襲自何人？

(A) 承襲春秋的董仲舒　(B) 承襲孔子的朱熹

(C) 承襲孟子的王陽明　(D) 承襲漢儒的戴震

33. 1920 年代，牙買加人馬庫斯・加維在美國發表「黑人自由」演講：「伏爾泰和米拉波只是和我們同樣的人，他們推翻法國君主政體，為法國的民主奮鬥。他們能夠這樣做，你、我也能夠為非洲這樣做，為非洲的自由而奮鬥。我們渴望無限的自由，但在由其他族群統治的國家，我們無法實現這種自由。」下列何者最符合加維要傳達的理念？

(A) 為牙買加地區黑人的自由發聲

(B) 鼓吹美洲地區黑人的革命運動

(C) 為全世界的黑人爭取生存空間

(D) 強調黑人在非洲才能實現自由

34. 宋人筆記寫道：「今天下印書，以杭州為上，蜀本次之，福建最下。京師比歲（連年）印板，殆不減杭州，但紙不佳；蜀與福建多以柔（質地柔韌）木刻之，取其易成而速售，故不能工（精緻），福建本幾遍天下。」根據上文推論，宋代福建書籍能夠遍天下，主因應是：

(A) 刻印書速度快　　(B) 使用活版印刷

(C) 刻書品質最佳　　(D) 閩人善於經商

二、多選題（占 12 分）

說明：第 35 題至第 38 題，每題有 5 個選項，其中至少有一個是正確的選項，請將正確選項畫記在答案卡之「選擇題答案區」。各題之選項獨立判定，所有選項均答對者，得 3 分；答錯 1 個選項者，得 1.8 分；答錯 2 個選項者，得 0.6 分；答錯多於 2 個選項或所有選項均未作答者，該題以零分計算。

35. 戰後初期，臺灣政府在財源、人力和物資缺乏的情況下，進行經濟重建，當時一位財經官員提出「以農業培養工業，以工業發展農業」的策略，使臺灣經濟逐漸穩定而發展。下列哪些屬於「以農業培養工業」的項目？
(A) 推動米、糖、茶、香蕉及食品罐頭等之外銷，以賺取外匯
(B) 透過田賦徵實、肥料換穀政策，政府從農民徵得較多財源
(C) 以農業籌得之資金，購置工業所需機器與原料，發展民生
(D) 通過《獎勵投資條例》，以減免租稅手段，吸引外人投資
(E) 設立加工出口區，以出口退稅及廉價勞力，吸引僑外投資

36. 西元一世紀以後，羅馬帝國皇帝逐漸神格化，以下是兩則相關資料：
資料一：甲學者說：「皇帝變成帝國統一的象徵，在宏偉的廟宇裡，祭司主持公共儀式來崇敬皇帝。這種對皇帝的崇拜提供給不同人一個效忠焦點，並成為維持帝國統一的力量。」
資料二：西元 14 年，提伯瑞斯（Tiberius）繼任皇帝，西班牙行省請求依亞洲各省之例，為其建神廟。皇帝拒絕，並說：「要所有行省人民將我當神一樣崇拜，實屬不當和無禮……我是凡人，行凡人之事，以位極凡世為滿足。」此後，無論公開或私下，提伯瑞斯都拒絕對他個人的崇拜。
閱讀上述資料，選出正確選項：
(A) 資料一在性質上屬於歷史事實的敘述，資料二則偏向歷史意義的詮釋
(B) 資料一中甲學者強調，皇帝崇拜的形成，有助於羅馬帝國內部的統合

(C) 資料二故事顯示，一世紀早期皇帝崇拜在羅馬帝國西部已是普遍風氣

(D) 資料二說明皇帝崇拜在一世紀初尚未成慣例，甲學者說法不可能成立

(E) 資料一乃綜論皇帝崇拜現象，資料二則屬於特殊事例，兩者可以並立

37. 哈佛大學建置一個「中國歷代人物傳記資料庫」，收錄七至十九世紀之間人物傳記資料 37 萬筆，資料包含人物「籍貫」、「事蹟」、「書信」及「著作」等。利用該資料庫，史家可研究哪些課題？

(A) 人口變化趨勢 (B) 典章制度沿革 (C) 官員區域分布

(D) 區域文風變化 (E) 學者人際網絡

38. 1832 年，英國通過國會改革法，適度擴大選舉權，並調整城鎮與郡區代表人數。這次改革相當溫和，並未大幅擴大選舉權，選民人數只由 3% 提高到 4%，距離完全的民主尚遠。1830 年代以降，國會陸續通過法律，持續民主改革，到 1929 年女性獲得選舉權，英國才達到完全民主。以下國會制定的法律，哪些有助於英國政治的民主化？

(A) 1870 年「初等教育法」，致力改進和擴大教育，積極掃除文盲

(B) 1871 年「大學檢核法」，取消大學入學與擔任教職之宗教資格限制

(C) 1872 年「秘密投票法」，實施無記名投票，取代原來的記名投票制

(D) 1884 年「人民代表法」，劃一投票資格，讓鄉區與城市居民皆享選舉權

(E) 1885 年「議席分配法」，建立單一選區制度，每一議員大約代表五萬人

第貳部分：非選擇題（佔20分）

說明：共有4大題，每大題包含若干子題。答案必須寫在「答案卷」上，並於題號欄標明大題號（一、二、……）與子題號（1、2、……），若因字跡潦草、未標示題號、標錯題號等原因，致評閱人員無法清楚辨識，其後果由考生自行承擔。作答使用筆尖較粗之黑色墨水的筆書寫，且不得使用鉛筆。每一子題配分標於題末。

一、清代學者姚瑩《東槎紀略·埔里社紀略》云：「昔蘭人之法，合數十佃為一結，通力合作，以曉事而貲多者為之首，名曰小結首。合數十小結中舉一富強有力、公正服眾者為之首，名曰大結首。」針對姚瑩的記述，兩位學者分別提出說法：

學者甲：「荷蘭人對於當時移入之十萬漢人，成立所謂『結首制度』。〈埔里社紀略〉記述其制度。」

學者乙：「依據姚瑩所述之『蘭人之法的小結首大結首制』，來論述結首制為荷蘭人在臺之土地拓墾制度是不對的，而是噶瑪蘭人的拓墾結首制度。……噶瑪蘭及臺灣的舊志，多簡稱噶瑪蘭人或地區為蘭人、蘭地，而稱荷蘭人為荷蘭人或紅毛人，或紅夷。」

閱讀上述資料，回答下列問題：

1. 學者甲和學者乙對「結首制」的起源，解釋有何不同？（2分）
2. 學者乙不支持學者甲的說法，主要的理由為何？（2分）
3. 根據上述討論推斷，今日宜蘭地區地名如「二結」、「五結」等，歷史淵源為何？（2分）

二、「僚人」是古代中國南方的一種居民，以下三段資料提到蜀地（四川）「僚人」的起源：

資料一：常璩（十六國時成漢人）《華陽國志》：「李勢（成漢國君）大赦境內，改元嘉寧……蜀土無僚，（至）是始從山出，自巴（郡）至犍爲、梓潼，布滿山谷……大爲民患。」

資料二：李膺（南朝梁時蜀人）《益州記》：「李壽既篡位，以郊甸未實，都邑空虛，……又從牂牁（今貴州、雲南、廣西一帶）引僚入蜀境。」

資料三：元朝人撰《宋史・蠻夷傳》：「渝州（在今四川）蠻者，古（代）板楯七姓蠻（四川、陝西一帶土著），唐（代）南平（原來的渝州）僚也。」

1. 關於四川僚人的起源，三段資料出現兩種不同說法，是哪兩種？（2分）哪兩段資料屬於同一種說法？（1分）
2. 兩種說法中，何者可信？（1分）理由爲何？（2分）

三、以下兩則印度與巴基斯坦分治的資料：

資料甲：1940年，巴基斯坦「國父」穆罕默德・眞納在「全印穆斯林聯盟年會」上演講：「要保障次大陸人民的和平與幸福，唯一途徑是……建立兩個自治的民族國家。……嚴格地說，兩者的實質不同不在宗教，而在於它們是兩個不同的獨特世界。……印度教徒和穆斯林信仰不同的宗教哲學，有不同的社會習俗和文化。不能通婚，也不能共同用餐，他們屬於兩個不同的文明，其理想和觀念相互衝突。」

資料乙：印度獨立後，首任總理賈瓦哈拉爾．尼赫魯在1946年的著作中寫道：「任何基於印度教徒和穆斯林之宗教不同而提出的印度分治，都無法分開在印度這兩個宗教的追隨者，因爲他們混居在整個印度土地上。並且，這違背了其他宗教族群的意願。……當給予一個族群分離的自由，其他族群卻被否定這項權利。」

閱讀這兩份資料，請問：

1. 眞納強調印度教徒與穆斯林實質上「屬於兩個不同的文明」，其主要論據爲何？（2分）
2. 依據資料乙，尼赫魯反對印度和巴基斯坦分治，其主要考慮爲何？（2分）

四、圖4是第一次世界大戰前夕，歐洲列強瓜分非洲的形勢圖。請回答下列問題：

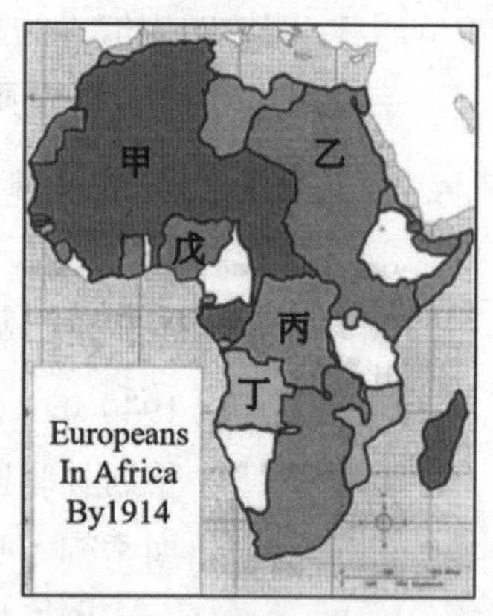

圖4

1. 1870年代，傳教士史坦利受比利時國王委託，深入非洲探險，爲比利時取得一塊殖民地，是圖中何處？（1分）
2. 圖中乙地區淪爲哪個國家的保護國？（1分）
3. 控制乙地區，對於該國在亞洲的利益，有何重要戰略價值？（2分）

108年度指定科目考試歷史科試題詳解

第壹部分：選擇題

一、單選題

1. C

【解析】簡陋的海圖、羅盤的應用、王室的資助出現於地理大發現時期（15 世紀末），如查理一世資助麥哲倫的航海事業。

2. D

【解析】甲為國府遷台初期的兩岸武力對抗現象；乙為 70-80 年代對於老國代「萬年國大」的反對；丙為日治時期政治運動所提出要求自治的請求，故順序為丙、甲、乙。

3. C

【解析】「歐洲軍官在北京」可直接選八國聯軍，原因為清末戰役中，首都北京淪陷只有在英法聯軍於八國聯軍時發生。(A) (D) 與歐洲人無關，(B) 主要戰場在南方。

4. A

【解析】1950 年代最主要的國際局勢即是冷戰（二戰結束後到蘇聯解體），美國為首的自由陣營（NATO）對抗蘇聯的共產陣營（華沙公約組織）。

5. **D**

【解析】進行思想管制最有可能發生在以共產主義治國的地區，因此蘇聯最爲合適（史達林掌政時曾實施白色恐怖統治）。

6. **B**

【解析】表格中 1884 年爲解題關鍵，1884 年爲中法戰爭年間，戰火波及台灣北部地區，故海面被封鎖，造成稻米無法進口。

7. **D**

【解析】從「努力爲徒勞」、「人類歷史不過一無目的…治亂循環而已」可看出對於時局失望、無奈的想法。

8. **C**

【解析】「小紅書」（即毛語錄）、「批鬥」、口號和標語皆爲文化大革命時的現象。

9. **A**

【解析】1957 年 3 月，法、西德、義等六國簽署《羅馬條約》建立歐盟的前身—歐洲經濟共同體（EEC），促進日後歐洲各國經濟合作。

10. **C**

【解析】17 世紀中葉明朝末年因流寇之亂、北方滿人屢屢進犯，導致商業活動的中斷，歐人因而將亞洲市場轉向日本。

11. **C**

【解析】圖 1 爲台南府城教會報、圖 2 爲淡水英國領事館，兩者皆爲開港通商外力進入後的結果。

12. **B**

【解析】(A) (C) (D) 皆爲宗教改革後出現的想法。

13. **D**

【解析】於圓形競技場競技、舉辦奧林匹克祭神、喜愛悲劇，皆爲希臘人的特性；服從家父長統治、以國家爲上，則爲羅馬人的特性。

14. **C**

【解析】「外族攻入都城、擄走兩位皇帝」，(B) (D) 不符合，原因是明亡爲流寇（李自成爲漢人）攻入北京導致皇帝自殺，故不選。再從詩中「無人按劍決大議」可判別爲 (C)。（此詩爲南宋愛國詩人劉客庄的〈大梁老人行〉）

15. **A**

【解析】位於遼河流域的紅山文化距今 5500 年便有人類活動的遺跡（玉器、彩陶、女神廟），再從題幹「地區最先遭到破壞、水土流失」可判別爲 (A)。

16. **C**

【解析】從在台灣抵制西方列強的舉動，可先刪除 (A) (B)，甲午戰爭後是抗日、日俄戰爭，與台灣無關，再從「鬼畜英美」刪除 (D)，台美斷交與英國無關。二戰期間，台灣爲日本的殖民地，又日本身爲軸心國的一員與英法俄爲首的同盟國對抗，故選 (C)。

17. **B**

【解析】 從時代背景來看，18 世紀爲啓蒙運動時期，又從題幹的對話中可得知談話者欲擺脫民族意識的束縛，故不選 (C)，綜上所述，受啓蒙運動時期高唱的思想自由之影響，答案爲 (B)。

18. **C**

【解析】 查理曼爲李奧三世處理糾紛、李奧三世爲查理曼加冕、錢幣兩面爲教宗和國王，皆爲政教合作之舉，故選 (C)。

19. **B**

【解析】 (A) 開山撫番最主要集中在東部，不會有過多西部的路線；(C) 抗日路線最主要在西部；(D) 樟腦產業主要集中於中北部丘陵、山區。

20. **B**

【解析】 永嘉之禍導致西晉滅亡、晉室與世家大族南渡建立東晉政權，答案爲 (B)。

21. **B**

【解析】 「輸出金銀」爲解題關鍵，重商主義爲 16、17 世紀歐洲國家海外擴張競爭下的產物，以富裕國庫、保障母國的利益爲目標，尤以金銀爲要。

22. **A**

【解析】「特洛伊木馬屠城傳說」爲關鍵，據《荷馬史詩》記載，特洛伊位於小亞細亞，即今土耳其。(此題爲考古題：95 年指考第 9 題)

23. **C**

【解析】學者的立場偏向推崇西方的現代化，尤其是提及「民主制」，此爲民國初年新文化運動時的思想，而五四運動又屬於其一環，故選 (C)。

24. **A**

【解析】此爲 17 世紀荷蘭人 (紅夷) 來亞洲進行商業貿易的背景，荷人首先占領澎湖作爲和中國貿易的據點，但澎湖自元設巡檢司以來即隸屬中國，故遭明軍的驅逐，後在明政府的默許下輾轉往大員 (台灣)。

25. **B**

【解析】阿爾巴尼亞過去曾爲鄂圖曼土耳其統治的版圖，該國至今最大的宗教仍爲伊斯蘭教。

26. **B**

【解析】移入時超過 1000 萬後剩 600 萬，並非受社會增加影響，(C) 先排除；(D) 非裔在美洲歷史多爲被壓迫的一方，不大可能會有「大量」人口離開去建國；(A) 拉丁美洲的獨立事業並未排擠非裔。

27. **A**

【解析】（甲）爲法國，對德國採取圍堵，是爲報復德國在俾斯麥時代曾以均勢原則孤立法國；(乙) 爲美國，因戰債問題，故於戰後奉行孤立主義；(丙) 爲英國受歐戰戰火影響，欲復興本國產業、開放市場。

28. **D**

【解析】可從「諸國人至廣州，是歲不歸者，謂之駐唐」判斷，宋代時外人久居廣州者叫「駐唐」，因此 (A) (B) (C) 不選，唐人爲華人之意，選 (D)。

29. **B**

【解析】(A) 若欲施行教育，並不會強迫居民遷村；(C) (D) 徵調民力與兵力與下令遷村並無相關，只有 (B) 最爲符合，爲發展經濟事業要求原民遷村。

30. **D**

【解析】銀行家行會如麥地奇家族，毛織品則在當時的佛羅倫斯、法蘭德斯皆爲著名。

31. **D**

【解析】可從明代「後人以節費之說，歷次裁併」爲判斷，比較唐時驛站設點數多、行速仍會受責，故選 (D)。

32. **C**

【解析】「其仁以人心爲本」爲解題關鍵，王陽明受程顥、陸九淵唯心論的影響，強調心即理，又理學爲儒學的復興，故選 (C)。

33. **D**

【解析】 由「但（黑人）在由其他族群統治的國家，我們（黑人）無法實現這種自由」，可判別爲(D)。

34. **A**

【解析】 由「(福建之柔木）取其易成而速售」可判別爲(A)。

二、多選題

35. **ABC**

【解析】「以農業培養工業，以工業發展農業」爲第一次進口替代的策略，以提高農產量爲目標，推動肥料換穀、田賦徵實、隨賦徵購等措施，對內發展紡織、食品加工業；對外限制國外商品進口，以保護本土產品。
(D)(E) 爲第一次出口擴張時期的措施。

36. **BE**

【解析】 (A)爲歷史現象的敘述，(C)題幹並無述及，(D)立場過於主觀、單一。

37. **CDE**

【解析】 (A) 需要歷代有關自然增加及社會增加的紀錄。
(B) 需要歷代職官典制的資料。

38. **ACDE**

【解析】 (A) 透過教育可讓人民知道民主的概念。
(B) 資格的限制與民主化無關。
(C)(D)(E) 皆爲針對選舉所做的改革，有利於民主化的實施。

第貳部分：非選擇題

一、【解答】 1. 甲認為「蘭人」為荷蘭人，所以結首制始於荷治時期；乙認為「蘭人」為噶瑪蘭人，所以始於清領時期。

2. 乙認為甲誤讀「蘭人」之意。

3. 起源於清領台灣時期蘭陽地區的開墾制度。

二、【解答】 1. 第一種說法為僚人從外地移入蜀境，第二種說法為僚人為本地土著；資料一和二為同種說法。

2. 第一種說法較為可信；資料較早比較符合當時的社會狀況。

三、【解答】 1. 宗教哲學和社會習俗文化差距過大。

2. 擔心若同意印巴分治，將會造成其他信仰不同宗教的族群群起獨立，進而造成國家分裂。

四、【解答】 1. 丙：剛果。史坦利受比利時國王利奧波德二世的贊助前往非洲探索開發的價值，並於 1878 年成立「國際剛果協會」。

2. 英國。埃及為英國的保護國，英欲縱向取道佔領非洲。

3. 埃及和西奈半島間有蘇伊士運河，掌控運河便可握有從印度洋到地中海的航線。

108 年大學入學指定科目考試試題
地理考科

壹、單選題（占 76 分）

說明：第 1 題至第 38 題，每題有 4 個選項，其中只有一個是正確或最適當的選項，請畫記在答案卡之「選擇題答案區」。各題答對者，得 2 分；答錯、未作答或畫記多於一個選項者，該題以零分計算。

1. 2019 年 3 月彰化市一間名爲「彰化百貨」的百貨行歇業，各媒體紛紛報導此事，並以「彰化市爲什麼沒有百貨公司？」爲題訪問路人，有路人提到彰化人比較常去臺中逛百貨公司。上述現象最適合以下列哪個理論加以解釋？
(A) 邱念圈　(B) 推拉理論
(C) 中地理論　(D) 工業區位論

2. 位於乾燥氣候區的甲國，擁有豐富的化石燃料資源，但該國政府認爲這些資源終將開採殆盡，因此致力促進國內生產部門私有化，並發展文化、知識經濟等其他產業，如聞名全球的半島電視台。2017 年，甲國政府因爭議事件，引發許多鄰近國家與其斷交，甚至要求甲國關閉半島電視台。上述的爭議事件最有可能是下列何者？
(A) 贊成種姓制度，限制賤民階級的受教權
(B) 反對自由貿易，限制石油從爪哇島出口
(C) 資助恐怖主義，讚美伊朗是伊斯蘭共主
(D) 關閉能源管線，強迫鄰國開放黑海港口

3. 圖1是集水區內某地的降雨強度與降雨延時的觀測紀錄，其中降雨延時是指一場降雨從開始到結束的時間。若在同樣性質的地面條件下，圖中甲、乙兩次降雨事件，最有可能分別呈現下列哪種類型的水文歷線示意圖？（CMS = m^3/sec）

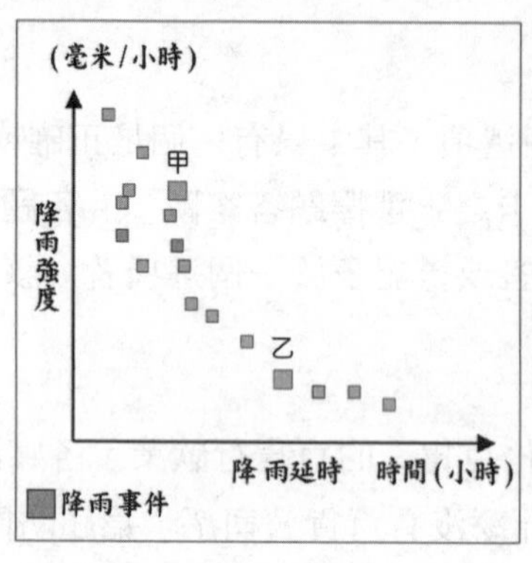

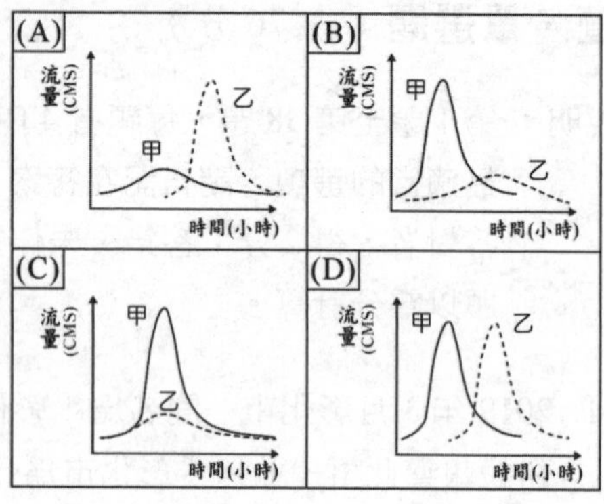

圖1

4. 近年來，許多汽車跨國企業紛紛前往泰國曼谷地區投資，設立引擎、變速箱等重要的零組件工廠，目前泰國已經是世界汽車及相關零組件的重要生產基地。上述汽車產業的發展現象，主要具有下列哪些經營特性？

甲、聚集經濟　　　　　　乙、產品客製化

丙、在地全球化　　　　　丁、區域專業化

(A) 甲乙　(B) 甲丁　(C) 乙丙　(D) 丙丁

5. 某地區總耕地面積為8千公頃，人口約1萬人，每人每年糧食實際消費量為0.5千公斤。表1為該區長年平均的糧食生產資料，若只考慮糧食需求，理論上該地區實際消費的人均生態印跡最接近下列何者？

表1

類別（單位）	總耕地面積（千公頃）	年產量（百萬公斤）	單位面積產量（千公斤／公頃）	人均耕地面積（公頃／人）	人均產量（千公斤／人）
值	8	12	1.5	0.8	1.2

(A) 0.08 公頃／人 (B) 0.12 公頃／人
(C) 0.20 公頃／人 (D) 0.33 公頃／人

6. 巴塔哥尼亞高原位於阿根廷南部和一小部份的智利境內，擁有如莫雷諾冰河的酷冷景觀，也有廣大荒蕪的沙漠，亦有麥哲倫企鵝的分布。造成該高原氣溫低於同緯度地區的原因，最可能爲下列何者？
(A) 位於西風背風側 (B) 福克蘭洋流流經
(C) ITCZ 季節性移動 (D) 極圈低壓全年籠罩

7. 2014 年 12 月尼加拉瓜運河開始興建，預計 2019 年完成，圖 2 爲尼加拉瓜運河位置圖。該運河啓用後，若僅考慮距離要素，古巴沿海港口到下列哪個地區的海運，比起過去利用巴拿馬運河的航程，其距離縮短最多？
(A) 巴西里約 (B) 秘魯利馬
(C) 美國洛杉磯 (D) 加拿大魁北克

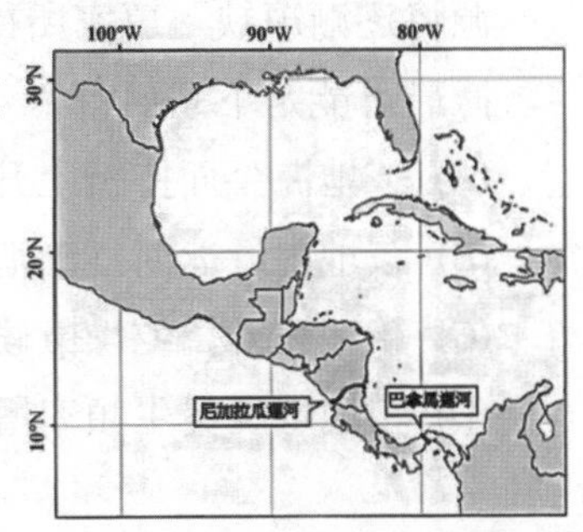

圖 2

8. 照片 1 爲臺灣某地區的土地公廟，其對聯可反映當地的產業特色。該地區最可能位於下列哪個國家風景特定區附近？
(A) 西拉雅 (B) 大鵬灣
(C) 雲嘉南濱海
(D) 東北角暨宜蘭海岸

照片 1

9. 照片2是爲了防治某種環境災害的工程。該環境災害最可能是下列何者？
(A) 土石流
(B) 邊坡地滑
(C) 山崩落石
(D) 土壤流失

照片2

10. 照片3是中國某地的綠洲地景。專家研究指出，從長期全球暖化的趨勢來看，未來50年該地水源將逐漸短缺。專家所持的証據最可能是下列何者？
(A) 該地海平面持續上升
(B) 該地附近冰河逐漸消融
(C) 該地轉變爲乾燥氣候區
(D) 該地地震發生頻率增加

照片3

11-12 爲題組

表2爲某地的月均溫及月降水量資料。請問：

表2

月份	1	2	3	4	5	6	7	8	9	10	11	12
均溫（℃）	-29.5	-29.5	-26.0	-17.0	-7.1	2.2	8.9	7.1	0.9	-7.4	-17.2	-25.5
降水量（mm）	7.5	8.2	11.9	15.6	15.5	27.0	42.9	50.9	36.2	36.4	19.6	10.8

11. 根據表2資料判斷，該地最可能屬於下列何種氣候類型？
(A) 極地氣候
(B) 夏雨型暖溼氣候
(C) 溫帶大陸性氣候
(D) 溫帶地中海型氣候

12. 以全年氣候水平衡的角度來分析，該地可被歸為「剩水區」，其被分類的主要依據，最可能與下列哪項原因關係密切？
(A) 年蒸發散量低　　(B) 地下水量豐富
(C) 地面融冰水源多　　(D) 月降水量分配均勻

13-14 為題組

世界上絕大多數的咖啡產區位於所謂的「咖啡帶」之內，大致在北緯至南緯 25 度之間。而適合咖啡樹生長的自然環境，氣溫約 15～25°C，年雨量 1,000-3,000 mm，排水良好的火山岩母質土壤。另一方面，一國咖啡輸入量的多寡，主要取決於該國的咖啡產量、咖啡消費人口、國家經濟發展程度等條件。請問：

13. 文中的「咖啡帶」最可能包括下列哪個區域？
(A) 南歐的義大利半島區　　(B) 西亞的高加索區山地
(C) 北非的亞特拉斯山脈　　(D) 中美的太平洋岸山地

14. 2011-2015 年，下列四個國家中，哪個國家每年進口的咖啡生豆量可能最高？
(A) 印尼　　(B) 巴西　　(C) 日本　　(D) 越南

15-16 為題組

圖 3 的四條曲線，為 1950-2040 年全球開發中國家鄉村人口、都市人口，與已開發國家鄉村人口、都市人口的數量變化。請問：

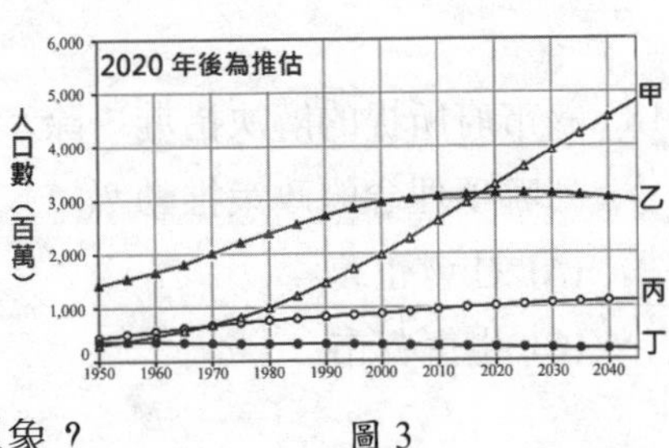

圖 3

15. 依照圖 3，2018 年左右，全球最可能出現下列哪項人口變遷現象？

(A) 已開發國家都市人口開始超過已開發國家鄉村人口
(B) 開發中國家都市人口開始超過開發中國家鄉村人口
(C) 已開發國家都市人口開始超過開發中國家都市人口
(D) 開發中國家都市人口開始超過已開發國家都市人口

16. 若根據該圖的推估趨勢，2040 年全球最可能面臨下列哪項社經問題的挑戰？
(A) 平均每人土地面積縮小　(B) 老年人口總數大幅增加
(C) 平均每人原油用量減少　(D) 幼年人口總數顯著增加

<u>17-18 爲題組</u>

臺灣某大都市的一處科技工業園區，區內以資訊、通訊、媒體等相關產業爲主，建築樓層多做商業或辦公室使用。該市交通本已繁忙，每逢上下班期間，園區周圍交通更是嚴重壅塞。市府爲解決此問題，提出了計程車共乘、早班捷運票價折扣等措施。請問：

17. 該科技園區周邊交通嚴重壅塞的情形，主要和下列哪些現象有關？
甲、周邊道路供需失調　乙、資訊革新促進人口移動
丙、園區內產業屬勞力密集類型
丁、園區內未規劃大量員工宿舍
(A) 甲丙　(B) 甲丁
(C) 乙丙　(D) 乙丁

18. 該市府所提的解決措施，除了希望改善交通外，實際也隱含了下列哪項理念的政策推動？
(A) 社會正義　(B) 產業升級
(C) 生態都市　(D) 都市更新

19-20 爲題組

肯亞目前有超過 50 萬人依賴花卉產業爲生，並以歐洲爲最主要出口地區；相對地，歐洲進口花卉的來源國中，肯亞亦占 35%。圖 4 爲 2015 年肯亞出口花卉到歐洲的統計圖。請問：

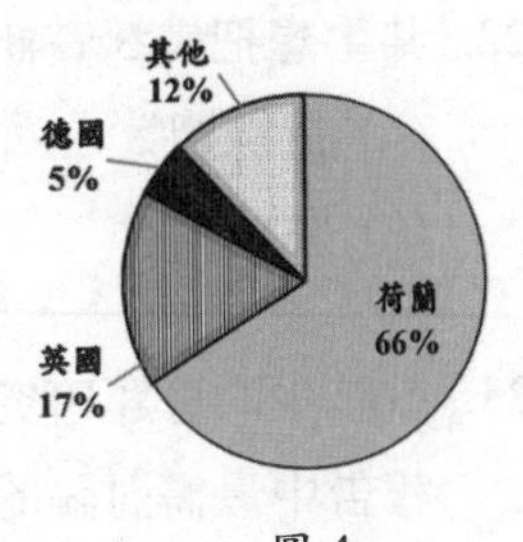

圖 4

19. 文中花卉產地與銷售地二者之間的關係，較可說明下列哪些現象？

甲、計畫經濟改革　　乙、交通運輸革新

丙、國際金融流通　　丁、產業區位移轉

(A) 甲乙　(B) 甲丁　(C) 乙丙　(D) 丙丁

20. 下列歐洲哪個地區若發生經濟衰退的現象，對肯亞花卉產業的影響可能最大？

(A) 北歐　(B) 東歐　(C) 南歐　(D) 西歐

21-23 爲題組

某校地理老師規定暑假作業要交一篇以學校所在縣市爲範圍的鄉土地理專題研究，其中有位學生的專題報告題目爲「臺灣溫帶水果產業對環境的衝擊」。表 3 爲該生查了各年度的農業統計年報後，整理的民國 97-106 年學校所在縣市蘋果耕種面積。請問：

表 3

年份	97	98	99	100	101	102	103	104	105	106
公頃	364	341	137	130	124	130	130	126	158	154

21. 該生就讀的學校，最可能位在下列哪個鄉鎮市區？

(A) 屏東縣屏東市　(B) 雲林縣麥寮鄉

(C) 彰化縣員林市　(D) 臺中市豐原區

22. 某生想把表 3 資訊繪製成統計圖，其最適合採用下列哪種圖型？

(A) 折線圖　　(B) 圓餅圖
(C) 點子圖　　(D) 面量圖

23. 就該生的專題研究主旨，下列哪項在研究區內的資訊，是其專題報告中最需討論的議題？

(A) 每人水資源利用量　　(B) 水庫庫區的淤積量
(C) 海岸侵蝕的後退量　　(D) 休閒農場的成長率

24-25 爲題組

衣索比亞是目前非洲經濟成長率最快的國家之一。該國政府爲了國內的產業發展，2008 年即著手興建 Gilgel Gibe III 水壩，2016 年完工後，解決了該國長久電力短缺的困境。此外，該國目前也正著手 Grand Ethiopian Renaissance 水壩工程，施工期長達 20 年，完工後將使衣索比亞成爲非洲最大的電力出口國。該國由於公共設施逐漸完善，工業區規畫陸續完成，因此，近年來吸引中國、土耳其及印度等生產紡織、鞋品及其他民生必需品的廠商進駐。請問：

24. Grand Ethiopian Renaissance 水壩的興建，引發了水壩下游國家的抗議。這個國家最可能是下列何者？

(A) 南非　　(B) 埃及
(C) 奈及利亞　　(D) 阿爾及利亞

25. 依據上文，近年衣索比亞的經濟發展，可反映該國正在往下列哪項目標努力？

(A) 積極脫離邊陲國家的角色　　(B) 利用工業慣性成爲世界工廠
(C) 強調走向客製化生產模式　　(D) 趨向全球在地化的商品生產

<u>26-28 為題組</u>

戈蘭高地是敘利亞與以色列之間的制高點，從戈蘭高地望向以色列，幾乎可將以色列的平原盡收眼底。若是其中一國在此處架設軍事武器，則皆會直接威脅兩國的安全。圖 5 為戈蘭高地附近的地形圖，虛線與國界包圍部分即為戈蘭高地，請問：

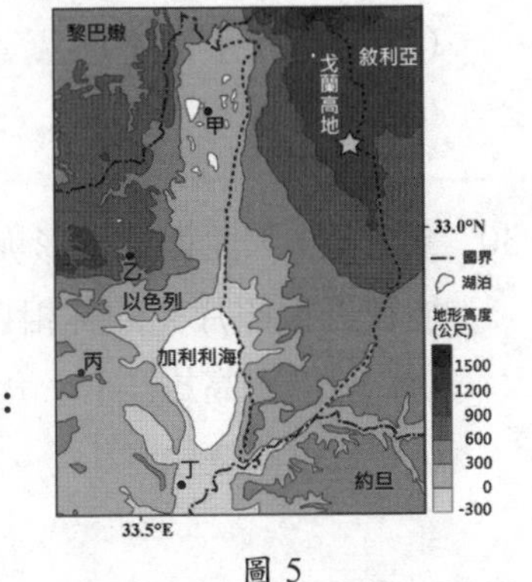

圖 5

26. 由戈蘭高地的位置判斷，當地最有可能見到下列何種自然景觀？
(A) 沙漠　(B) 雨林　(C) 針葉林　(D) 灌木林

27. 根據戈蘭高地的地形圖判斷，以色列占領戈蘭高地的原因，除了與軍事戰略有關，亦與下列哪個因素有關？
(A) 宗教聖地　(B) 淡水資源　(C) 航運要道　(D) 石油礦產

28. 若僅考慮地形因素，敘利亞在圖中☆點處設置瞭望台，則以色列境內哪個地點的隱蔽性最高？
(A) 甲　(B) 乙　(C) 丙　(D) 丁

<u>29-30 為題組</u>

照片 4 為臺灣某處的界碑，係設立於兩大水系的分水嶺附近。圖 6 為臺灣行政區域圖。請問：

照片 4

圖 6

29. 該界碑最接近下列哪兩大水系的分水嶺附近？

(A) 蘭陽溪，淡水河　　(B) 蘭陽溪，大甲溪

(C) 大甲溪，大安溪　　(D) 淡水河，大安溪

30. 參考圖 6，並根據地形與氣候條件推斷，下列哪兩個縣市，最可能在近似照片 4 的林相自然景觀中設立界碑？

(A) 南投與高雄　　(B) 嘉義與高雄

(C) 彰化與臺中　　(D) 彰化與雲林

31-33 為題組

在河流交匯處，常因水流速度減緩、流況改變，導致泥沙容易堆積，形成沙洲地形。圖 7 為臺北盆地中，淡水河支流大漢溪與新店溪匯流處之歷年航照圖。此三張地圖涵蓋範圍相同，圖上的「＋」經過校正後，指涉的點位一致。請問：

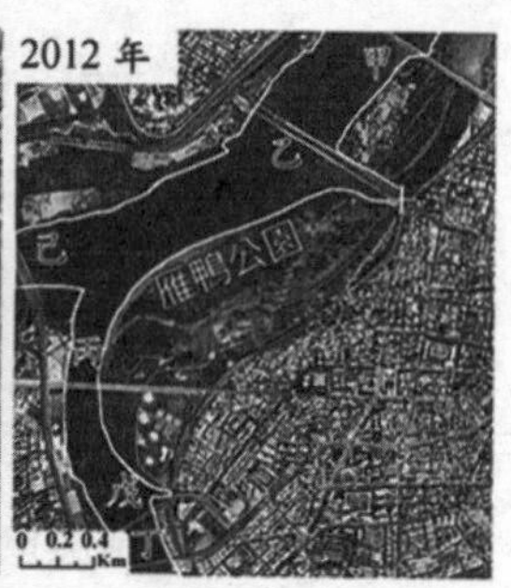

圖 7

31. 若想從上述影像來分析河流水域和沙洲的變遷歷程，最適合採用下列地理資訊系統中的何種分析方法？

(A) 地勢分析　　(B) 視域分析

(C) 環域分析　　(D) 疊圖分析

32. 造成 1947 年至 1991 年間，河中沙洲地形產生變化的原因，最可能與淡水河流域的下列哪項人為活動有關？
(A) 沙洲地帶興建房舍 (B) 河流兩岸堤防加高
(C) 河流沿岸開採砂石 (D) 沙洲農業活動減少

33. 圖 7 中甲～己是某種人工建築物，1947 年至 2012 年該種建築物增加，和下列哪個事實的關係最密切？
(A) 都市更新的推動 (B) 防洪工程的開築
(C) 都會區快速發展 (D) 雁鴨公園的設置

34-35 為題組

圖 8 為中國農業分區圖，表 4 為 2015 年中國甲、乙、丙、丁四區的四種農作物生產量。請問：

表 4 （產量單位：萬公噸）

	甲區	乙區	丙區	丁區
稻米	2,480	4,906	785	3,230
薯類	283	159	487	322
高粱	3	1	19	756
甘蔗	9,523	108	24	0

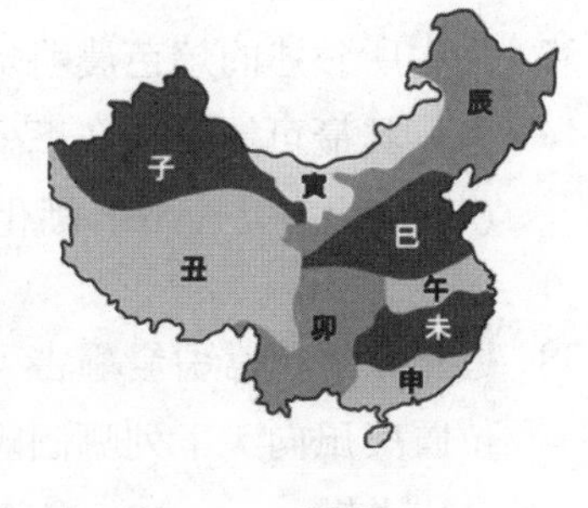

圖 8

34. 圖 8 中的辰區最可能是表 4 中的何處？
(A) 甲區 (B) 乙區 (C) 丙區 (D) 丁區

35. 中國一帶一路的區域經濟發展策略之一，係以過去漢代的陸上絲綢之路為主軸，強化與他國的貿易往來。中國透過此絲綢之路，最可能在圖 8 中何區設立農業研究中心，以期未來該區的農業生產可就近出口至國外？
(A) 子區 (B) 卯區 (C) 午區 (D) 申區

36-38 爲題組

「燒芭」原指焚燒芭蕉樹的農耕方式，現今指山民焚燒森林，以利清出空地用於耕作，並改良土壤。圖 9 爲 2017 年某日的區域風場圖，「三角形符號」爲當日進行「燒芭」的主要區域。請問：

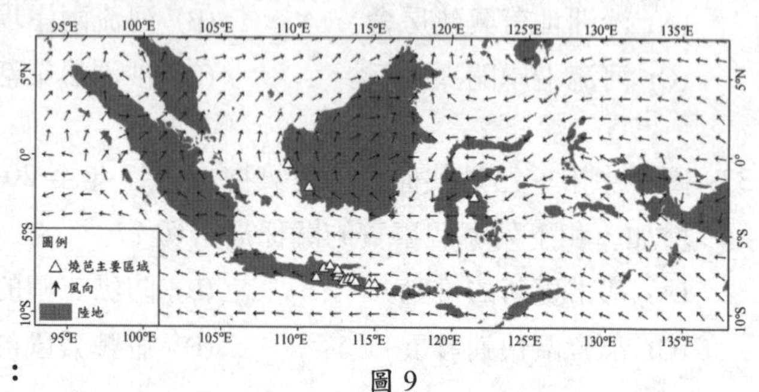

圖 9

36. 這張風場圖發生的月份最可能是下列何者？
(A) 1 月 (B) 3 月 (C) 6 月 (D) 11 月

37. 文中所敘述的燒芭農耕地區，是以燒芭的森林灰燼來增加土壤肥力，其最可能出現在下列哪種土壤化育環境？
(A) 灰化 (B) 鈣化 (C) 鹽鹼化 (D) 聚鐵鋁化

38. 近年來燒芭常引發霾害，若依據圖中加里曼丹（婆羅洲）燒芭的位置與風向，下列哪個國家最可能遭受霾害的威脅？
(A) 汶萊 (B) 泰國 (C) 東帝汶 (D) 新加坡

貳、非選擇題（占 24 分）

說明：共有三大題，每大題包含若干子題。答案必須寫在「答案卷」上，並於題號欄標明大題號（一、二、⋯⋯）與子題號（1、2、⋯⋯），若因字跡潦草、未標示題號、標錯題號等原因，致評閱人員無法清楚辨識，其後果由考生自行承擔。作答使用筆尖較粗之黑色墨水的筆書寫，且不得使用鉛筆。每一子題配分標於題末。

一、「這是一個大社區，包含了三個里，是農村也是漁村，早期還曾經是鹽村，進入這個社區映入眼簾的，除了房舍外，就是附在屋外的剝蚵棚，簡單搭建的剝蚵棚裡，手腳俐落的居民熟練地將蚵殼剝開挑出牡蠣。社區信仰中心座落在社區中間一帶，廟前的蚵嗲是旅外遊子共同思念的家鄉味道。每年農曆 6 月底廟會活動的前幾天，居民開始尋找合適的竹子、玻璃瓶和泥土自製火燈，活動當天晚上，居民一起舉著火燈跟著神明在村莊四周遶境，以祈求未來一年的平安順利。這個社區，其社區營造可說在百年前就已經開始……」引文是關於臺灣某個社區的描述。請問：

1. 上述引文中哪句話最能夠呈現地方感的意涵？（2 分，答題以一句話為限，否則不予計分）
2. 就引文中描述的景觀及產業，判斷下列六組地名中，哪組最可能是位於該社區附近的地名？（2 分）並說明你判斷的依據。（4 分）

   （甲）竹子林、頭窩，（乙）橋子頭、店仔，

   （丙）栗子崙、塭仔（丁）松子腳、社尾，

   （戊）城子埔、崎腳，（己）坑子內、澳底

二、某個國家的面積是臺灣七倍大，並與臺灣簽訂有自由貿易協定（FTA），該國首都位於 41°17'S，174°47'E。圖 10 為該國某地的冰河地形等高線圖。請問：

1. 這個國家為何？（2 分）在 7 月 3 日時，該國首都與臺灣的時差為多少？（2 分）

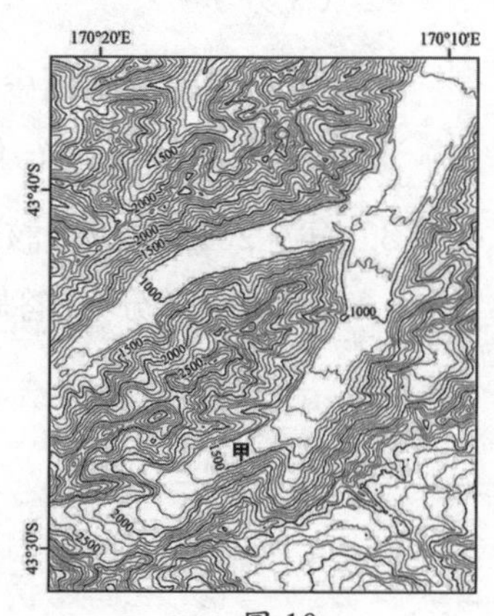

圖 10

2. 圖10中（甲）冰河地形名稱爲何？（2分）

3. 以八方位寫出甲處冰河的主要流向？（2分）

三、歐洲某個國家，擁有豐富的漁業、地熱及水力等天然資源。1990年代末期，隨著能源技術成熟，該國產業結構調整，由單一的傳統漁業經濟轉化爲兼具漁業、製造業、服務業、旅遊業的多元化經濟。尤其是2000年以來，全球金融市場處於低利率、資金寬鬆、金融產品創新快速又多樣化的時期，加上該國政府也積極推動金融自由化的政策，因而該國金融業持續地追逐高風險的金融產品及短期利潤，最終在2007年因美國次貸危機，導致銀行無法自外國取得融資而紛紛倒閉的情況。2008年金融危機之後，該國貨幣大幅貶值，卻也帶動旅遊業的蓬勃發展，成爲該國重振經濟的契機之一。請問：

1. 參考圖11全球板塊分布圖，推論該國擁有地熱資源，主要是因其位於哪兩個板塊的接觸帶？（4分）

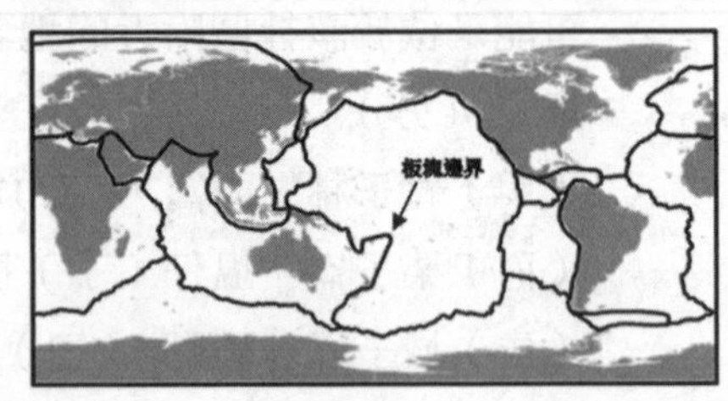

圖11

2. 2000-2007年該國金融業的發展過程，最適合以哪個經濟現象的專有名詞稱之？（2分）

3. 簡述2008年以後該國貨幣貶值，爲何可以帶動旅遊業的蓬勃發展？（2分）【答題時需以「當該國貨幣貶值時，」爲開頭】

108年度指定科目考試地理科試題詳解

壹、選擇題

1. **C**

【解析】中地理論：高級中地提供高級商品及服務，且服務範圍較廣。台中市中地等級較彰化市高，因此彰化人會前往台中的百貨公司消費。

2. **C**

【解析】由題幹中的內容：「豐富的化石燃料資源」、「半島電視台」、「近年鄰近諸多國家與其斷交」等提示，可以知道此國是卡達。周遭鄰國和它斷交的理由為「卡達親近什葉派的伊朗，且支持恐怖主義組織」。

3. **B**

【解析】甲的降雨強度較大，其洪峰流量會較大；且甲的降雨延時較長，其洪峰期時間會較短。

4. **B**

【解析】各國企業聚集於泰國生產，此為聚集經濟；專門致力於生產汽車的零組件，此為專業分工。

5. **D**

【解析】每年人均糧食消費量/每年單位面積生產量，
0.5 / 1.5 = 0.33。

6. **B**

【解析】福克蘭洋流爲寒流，使得氣溫降低。

7. **C**

【解析】尼加拉瓜運河位於巴拿馬運河的西北方，因此古巴前往其西北方的美國洛杉磯可以縮短航行距離。（如圖所示）

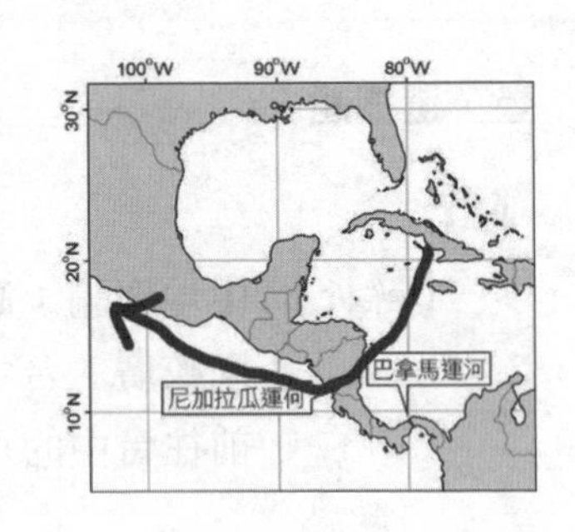

8. **D**

【解析】由「開寶鑛」、「遍金山」判斷，此應爲台灣東北角的金瓜石。

9. **A**

【解析】此爲柵欄式的鋼管壩，其後方已堆積大量土石，故選土石流。

10. **B**

【解析】此地爲中國西北部乾燥氣候區的綠洲，水源來自高山融雪。若持續暖化，高山冰河全數消融後，將失去其水來源。

11. **A**

【解析】由圖表判讀當地全年皆低溫，且最暖月爲攝氏 0～10 度間，是極地苔原氣候。

12. **A**

【解析】極地氣候降水量雖低，但蒸發量更少，故仍剩水。

13. **D**

【解析】須符合緯度南北緯 25 度之間，選中美洲的太平洋山地。

14. **C**

【解析】日本為溫帶國家，不適合種植咖啡，故需進口。

15. **B**

【解析】開發中國家人口數較已開發國家來的多，且開發中國家正逐漸都市化中。

甲：開發中國家都市人口

乙：開發中國家鄉村人口

丙：已開發國家都市人口

丁：已開發國家鄉村人口

16. **A**

【解析】由圖僅能看出全球總人口數持續增加中。

17. **B**

【解析】此地應為內湖科技園區，較無規劃大量的員工宿舍，因此通勤人數眾多。再加上道路供需失衡，故壅塞。

18. **C**

【解析】鼓勵搭乘大眾運輸工具，最符合生態都市的理念。

19. **C**

【解析】花卉為短時效性產品，需要便捷的交通運輸；而進出口貿易則與國際金融流通有關。

20. **D**

【解析】 荷蘭、英國等位於西歐，故影響較大。

21. **D**

【解析】 溫帶水國的產地，須選擇地勢較高的地方，故選台中豐原。

22. **A**

【解析】 此爲連續年份的統計資料，適合用折線圖表示，可以看出變化趨勢。

23. **B**

【解析】 台灣溫帶水果須種植於山區，容易濫墾濫伐，導致水土流失而水庫淤積。

24. **B**

【解析】 衣索比亞位於尼羅河的上游，水壩完工將影響其下游的國家埃及。

25. **A**

【解析】 該國近年大力發展民生工業，努力脫離邊陲國家的角色。

26. **D**

【解析】 此地位於地中海東岸屬於溫帶地中海型氣候，故選灌木林。

27. **B**

【解析】 此地爲約旦河的上游，且不產石油。

28. **B**

【解析】乙處位於山凹處。

29. **A**

【解析】此地爲台灣北部，主要河川爲淡水河和蘭陽溪；大甲溪、大安溪的流域大多位於中部。

30. **B**

【解析】由圖片及位置判斷，此地應爲中海拔的溫帶闊葉林。
(A) 地點爲玉山，爲高海拔的針葉林；
(C) (D) 主要爲平原地形。

31. **D**

【解析】疊圖分析適合觀察同地點不同時期的變化。

32. **C**

【解析】由三張圖可看出沙洲的面積持續縮減，最有可能是河岸開採砂石，導致沙源減少。

33. **C**

【解析】此建築物爲橋梁，數量增多表示河岸兩地的連結更密切，故選都會快速發展。

34. **D**

【解析】此地爲東北地區，盛產高粱等雜糧，且氣候較冷不適合種植甘蔗。此外，東北的三江平原也有產稻米。

35. **A**

【解析】 絲綢之路是由中國西安向西北出發，經過中亞直到歐洲，故選西北部的新疆。

36. **C**

【解析】 由風向來判讀，赤道以北的地方多爲西南風，此時爲北半球的夏季。

37. **D**

【解析】 此處爲熱帶雨林氣候，聚鐵鋁化作用強。

38. **A**

【解析】

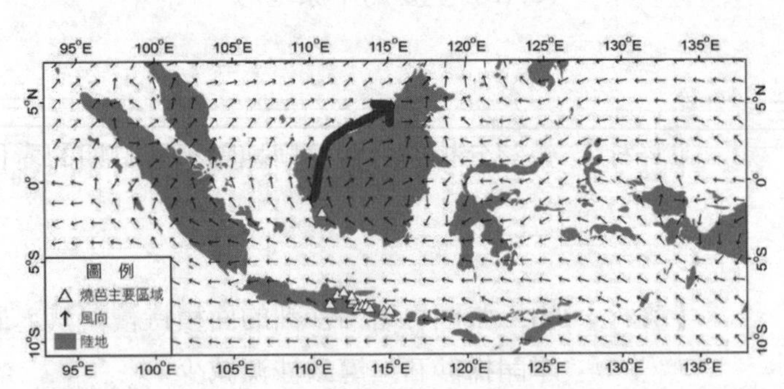

由圖風向判斷，南風及西南風最可能將霧霾吹至汶萊。

貳、非選擇題

一、1.【答案】 居民一起舉著火燈跟著神明在村莊四周遶境。

【解析】 居民共同參與活動的行爲最可以看出地方感。

2.【答案】 丙。崙：沙丘；塭仔：魚塭

【解析】 養蚵、曬鹽主要位於台灣西南的沿海鄉鎮，故選沙岸地形。

二、1.【答案】紐西蘭。+4

【解析】面積比台灣大七倍、與台灣簽訂 FTA、經度已接近國際換日線，可得知是紐西蘭；台灣位於東 8 區，紐西蘭爲東 12 區，故相差四小時。

2.【答案】U 型谷。

【解析】此處兩岸陡峭，中間寬廣。

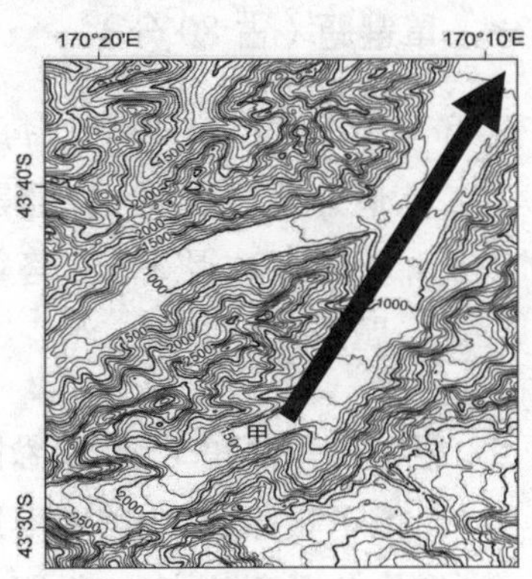

3.【答案】東北向西南。

【解析】此題要注意經緯度數的變化，其方位故意顚倒。

三、1.【答案】北美板塊、歐亞板塊。

【解析】由題幹敘述「漁業」、「地熱」、「資金寬鬆」、「金融危機」等關鍵字，可以判斷此國爲冰島。

2.【答案】泡沫經濟。

【解析】低利率、資金寬鬆容易導致熱錢流入，產生虛假的泡沫經濟現象。

3.【答案】當該國貨幣貶值時，相對他國而言物價降低，會吸引外國旅客前往消費。

【解析】同上答案所示。

108 年大學入學指定科目考試試題
公民與社會考科

一、單選題（占 80 分）

說明：第 1 題至第 40 題，每題有 4 個選項，其中只有一個是正確或最適當的選項，請畫記在答案卡之「選擇題答案區」。各題答對者，得 2 分；答錯、未作答或畫記多於一個選項者，該題以零分計算。

1. 甲電子報標題：「極端恐怖組織伊斯蘭國 ISIS 擄擄婦女當性奴」，乙電子報標題：「美國與以色列是恐怖組織，ISIS 是否爲恐怖組織目前還不確定」。從甲、乙兩家電子報對於「事實」詮釋的差異，下列敘述何者最爲正確？
   (A) 新聞報導可能會受到政治權力影響，但與各報立場無關
   (B) 反應新聞資訊幕後蒐集、生產與製作標準化流程的差異
   (C) 不同的報導風格與公民記者興起、媒體近用權落實有關
   (D) 報社是資訊生產者，對於事實有不同的評論與詮釋角度

2. 表一爲某國甲、乙、丙、丁四人的文化活動與生活概況，分別顯示他們的職業、薪資、學歷、休閒運動、興趣與居住狀況，其生活與活動也因爲文化與經濟資本的特殊組合，而形成不同層級的文化位階。根據此表，下列敘述何者較爲正確？

表一

	中小企業主	（高中學歷）		大型企業執行長	（碩士學歷）
甲	打籃球	聽流行歌曲	乙	打高爾夫球	觀賞歌劇
	月薪 30 萬	住電梯大廈		月薪 50 萬	住景觀豪宅

	工廠工人	（國中學歷）		法官	（博士學歷）
丙	打撞球	聽流行歌曲	丁	打網球	聽古典音樂
	月薪 5 萬	租公寓		月薪15萬	住公寓

(A) 丙的經濟資本較乙低，丙參與的運動類型與其文化資本和社會階層有關

(B) 丁的經濟資本較甲高，丁的休閒都屬精緻文化風格，是後天學習的結果

(C) 甲的文化資本較丙低，甲的音樂品味所展現是屬於一般群衆的流行文化

(D) 乙的文化資本較丁高，乙的住家風格彰顯的是其擁有的收入和資源較高

3. 繼國語與英語配音後，霹靂布袋戲近年與日本動漫腳本大師合作，傳爲佳話，讓更多文化地區的人認識布袋戲。下列何種概念與敘述最能傳達這段佳話？

(A) 在地傳統文化積極與他國公民合作，是一種「全球公民」實踐行動的展現

(B) 在地傳統文化因全球化帶來跨國交流合作，是文化面向的「全球化」表現

(C) 在地傳統文化將日本文化融入的跨國合作，是一種「另類全球化」的展現

(D) 在地文化反對全球化浪潮壓迫並與新文化合作，故是「反全球化」的表現

4. 政府推動家庭照顧責任公共化，以減輕家庭負擔。對於國家與家庭在照顧子女、老人、患病家屬與失能父母等事務上之角色，下列敘述何者正確？

(A) 家庭照顧屬於家務勞動，國家不應政策干預與介入
(B) 家庭照顧屬於公共事務，家庭的自願勞動應被排除
(C) 家庭照顧兼具私人與公共事務性質，家庭成員不應無酬共同參與
(D) 家庭照顧兼具私人與公共事務性質，國家應協助家庭發揮其功能

5. 表二為某國家庭暴力被害人性別與案件類型統計。根據此表，下列有關該國家庭暴力的描述何者正確？

表二　（單位：受害人次）

年	婚姻/離婚/同居關係暴力		受虐兒少保護		老人受虐	
	男	女	男	女	男	女
2010	5,287	49,163	10,679	10,234	1,215	1,868
2011	5,672	43,562	11,763	11,889	1,096	1,766
2012	6,512	43,492	13,877	13,605	1,169	1,871
2013	5,824	43,112	16,540	17,653	1,171	1,889
2014	6,009	42,903	9,835	8,648	1,049	1,758

(A) 這五年家庭暴力被害人數逐年遞增，主要是肇因於法不入家門，家庭功能逐漸喪失的緣故
(B) 隨受害者保護意識抬頭，受虐老人可撥打專線求助，無須公權力介入，所以人數逐年遞增
(C) 在「不打不成器」與「重男輕女」兩種觀念的雙重影響下，導致女童受虐事件遠多於男童
(D) 「婚姻/離婚/同居關係暴力」事件中女性受害者遠多於男性，反映出性別間的權力不平等關係

6. 表三是某國登記爲志工者與未登記爲志工者的社區組織活動參與狀況：

表三 （單位：%）

參與社區組織活動	登記爲志工者	未登記爲志工者	全體
從未參加	43.6	56.9	56.3
很少參加	18.3	17.9	17.9
有時參加	21.9	17.3	17.5
經常參加	13.5	4.7	5.2
無意見	2.7	3.2	3.1

根據此表，下列有關該國人們參與社區組織活動的敘述何者正確？
(A) 未登記爲志工者在參與社區組織活動的程度上明顯普遍低於全體人們
(B) 登記爲志工者參與社區組織活動程度，明顯高於未登記者與全體人們
(C) 登記或未登記爲志工者的表現一樣，超過半數從沒參與社區組織活動
(D) 不論登記或未登記爲志工者，參與社區組織活動的程度有降低的狀況

7. 根據我國憲法增修條文第四條的規定，每縣市至少應產生一位立法委員。就民主與選舉而言，下列何者是此項規定最能發揮的功能？
(A) 保障人口數少的小縣能有國會代表
(B) 提高偏鄉離島的投票率並減少廢票
(C) 提升區域立委當選人的民意正當性
(D) 解決區域選舉「票票不等值」問題

8. 政治意識型態是特定的一套價值、信念與價值觀，各種意識型態間不僅存在著相互競爭，也會隨時間相互學習與融合。以下關於意識型態的比較與敘述何者正確？
(A) 宗教基本教義派專指伊斯蘭世界的基本教義主張
(B) 社會主義與共產主義皆強調公民平等權的重要性
(C) 第三條路乃是調和社會主義與無政府主義的思潮
(D) 法西斯主義是二次戰後已不存在的特定時空產物

9. 「議題設定」是指媒體透過報導的角度與內容，強調關注某個議題；其作用不是告訴我們怎麼想，而是要我們想什麼。下列何者最符合「議題設定」的內涵？
(A) 媒體對行政院院長在立法院施政總質詢進行實況轉播
(B) 報紙定期進行國內統獨立場民調並針對數據例行分析
(C) 政論節目瞄準明星政治人物，邀請來賓持續討論解析
(D) 民眾傾向看到與自己相似言論而加入某網紅的討論區

10. 為了確保女性參與政治的權利，有些國家會在法律上設計「婦女保障制度」，以我國為例，下列敘述何者是此一理念的具體實踐？
(A) 政府的教育單位，將性別關係與平等尊重放入課綱，以保障女性的平等權益
(B) 《地方制度法》規定各選區選出民代名額達四人者，應有婦女當選名額一人
(C) 行政院院長宣布新內閣閣員名單，其成員按照性別比例以顯示性別平等
(D) 婦女團體呼籲儘速修法，女性民代名額應達成40%性別比例目標為原則

11. 冷戰結束以來，美、蘇兩大集團的對立情勢不再，但國際社會的衝突卻未稍減，全球有許多國家之間都存在多重矛盾，甚至有愈演愈烈的趨勢。下列何者是各國間產生衝突的最主要原因之一？

(A) 政府體制的堅持　(B) 自然資源的需求

(C) 多元文化的包容　(D) 永續發展的異議

12. 在我國刑事法規中，若以告訴權人提起告訴爲追訴條件的罪名（例如：公然侮辱罪），稱之爲「告訴乃論」之罪；反之，不以告訴爲追訴條件的罪名（例如：殺人罪），則爲「非告訴乃論」之罪。媒體報導時，經常將非告訴乃論之罪誤稱爲「公訴罪」。下列關於這三種概念的說明，何者正確？

(A) 公訴是指由檢察官代表國家，針對犯罪行爲向法院提起訴訟

(B) 凡在刑法規定中屬告訴乃論之罪者，檢察官即不可提起公訴

(C) 被害人自己提起刑事訴訟，不符合公訴制度，法院不得審判

(D) 凡屬非告訴乃論之罪者，法院可以不待檢察官起訴逕行審判

13. 甲於我國刑法早期未設酒駕處罰規定時，曾因酒駕而不愼將乙撞死，並經法院判決過失致死罪確定而入監服刑。嗣後立法院對於這種酒駕的行爲，增訂「不能安全駕駛」的刑罰規定。惟甲上述修法前的酒駕行爲，仍不應受新增訂之刑罰制裁，其理由是基於下列何種原則？

(A) 最後手段　(B) 罪刑法定　(C) 無罪推定　(D) 罪疑唯輕

14. 下列關於我國法律對於智慧財產權的保障制度，哪一個說法<u>不正確</u>？

(A) 必須依法申請註册、取得商標權之後，才能受到商標權的保護

(B) 兩人同時發明了相同技術時，先申請的人可獲得專利法的保護

(C) 著作財產權在完成創作後即享有，直至著作人死亡時方告消滅

(D) 擅自將他人創作的小說公開發表，將會侵害作者的著作人格權

15. 爲了要避免空氣污染日益嚴重，中央與地方政府紛紛祭出各種改善與防制的措施。以下相關國家作爲，在法律概念的分類上，何者正確？
(A) 立法院三讀通過的空氣污染防制法（簡稱空污法）是法規命令
(B) 主管機關根據空污法對違反規定的個案開立罰單，是行政指導
(C) 爲達成空氣污染防制目標，主管機關輔導排污工廠裝置減污設施，是一種行政處分
(D) 主管機關招募空污防制人員，約定給予津貼並須服務一定年限，此約定是行政契約

16. 甲將自用筆記型電腦（筆電）出售與乙，價金乙已付清；在甲尚未將該筆電交付予乙之前，有關甲乙間之權利義務關係，下述何者正確？
(A) 甲將筆電交付予乙前，甲乙間只有因契約而生之債權債務關係
(B) 甲既將該筆電售予乙，立即喪失所有權而不得如常使用該筆電
(C) 乙可請求甲交付筆電，也可以本於所有權人的地位處分該筆電
(D) 倘甲未依約將筆電交付予乙，乙可本於該契約逕自取走該筆電

17. 社會秩序維護法規定：「無正當理由，跟追他人，經勸阻不聽者，處新臺幣三千元以下罰鍰或申誡。」關於上述規定，以下何者正確？
(A) 記者享有憲法保障新聞採訪自由，上述規定對記者跟拍採訪完全不適用
(B) 在公園定點拍攝景色時，途經之路人恰被拍攝入鏡，可依上述規定主張拍攝者之行爲違法
(C) 警察機關依上述規定開罰時，須所有的構成要件皆符合，始得處罰；受處罰人倘若不服警察機關裁罰，得立即向行政法院提起撤銷訴訟

(D) 貪瀆事件屬大衆關切並具一定公益性及新聞價值，記者以跟追方式進行採訪，而具正當理由者，即不在上述規定處罰之列

18. 甲在夜市小吃店消費後，假裝接手機至店外通話，趁店主忙碌不注意時，未結帳快閃離去；嗣經監視錄影帶顯現甲之形貌，於甲再次至同店用餐擬以同一手法白吃時，店主已留意並將匆忙逃跑之甲抓回。依我國民事法律，下述何者正確？
(A) 店主可依消費契約關係，要求甲清償所欠小吃店之全部餐費
(B) 店主爲懲罰甲之詐騙行爲，可要求甲付餐費五十倍之違約金
(C) 店主除可要求甲清償所欠小吃店之餐費外，尚可要求甲精神賠償
(D) 店主爲防止甲開溜，可將其綑綁鎖在廁所，並告知須還清餐費後始放人

19. 表四是甲、乙兩國在2018年各項經濟變數的統計值，根據這些資訊，有關國內生產毛額（GDP）與綠色國內生產毛額（Green GDP）的敘述，下列何者正確？

表四　（單位：兆元）

項目	甲國	乙國
民間消費支出	200	240
政府消費支出	150	120
投資支出	200	180
淨出口	60	50
自然資源消耗	50	40
環境品質損失	60	30

(A) 甲國國內生產毛額與綠色國內生產毛額皆大於乙國

(B) 甲國國內生產毛額與綠色國內生產毛額皆小於乙國
(C) 甲國國內生產毛額大於乙國，甲國綠色國內生產毛額小於乙國
(D) 甲國國內生產毛額小於乙國，甲國綠色國內生產毛額大於乙國

20. 網際網路已成爲現代人生活之一部分，上網方式包括付費上網以及政府提供之免付費上網服務（如臺灣之「iTaiwan」）。有關網際網路之敘述，下列何者正確？
(A) 免付費上網服務如 iTaiwan 因具備共享性及排他性，屬於公共財
(B) 在使用者不多下，付費之網際網路其實也具有共享性及無排他性
(C) 付費之網際網路服務具共享性，爲準公共財，公私部門皆可提供
(D) 網際網路服務因具排他性，偏向私有財，最好不要由政府來提供

21. 民衆若有多餘資金，可以參加民間標會，或存入銀行，以賺取利息。需要資金者也可以參與標會或向銀行貸款以取得資金。以下有關標會與存款的敘述何者正確？
(A) 在違約或倒帳風險不存在下，對有多餘資金者而言，參與標會之獲利通常會比存款爲高
(B) 標會的收益與參加標會者人數有關，存款的收益則與向銀行借貸者之資金需求金額有關
(C) 參與標會者知道會員是誰，但銀行貸放資金不知道借款者爲誰，故存款的風險高於標會
(D) 標會雖屬於民間的借貸活動，但與商業銀行存款一樣，其行爲受政府金融監理機關管理

22. 以臺灣而言，透過改變貨幣數量之貨幣政策，爲政府調節景氣循環的政策工具之一。表五爲各政府機關對此提出之措施內容。請問該表中何者屬於貨幣政策且與該政府機關之職權相符？

表五

	提出機關	措施內容
政策措施一	財政部	減稅
政策措施二	行政院	公開市場操作
政策措施三	中央銀行	降低存款準備率
政策措施四	國家發展委員會	發放消費券予大衆

(A) 政策措施一　(B) 政策措施二
(C) 政策措施三　(D) 政策措施四

23. 銀行理財專員爲客戶分析投資臺灣與外國股市的差異，提出以下說明內容，請問何者正確？
(A) 未來新臺幣價位趨於弱勢，投資美國股市可以額外賺取美元升值的收益
(B) 美國與中國的貿易戰爭，爲企業帶來的不確定僅會影響美國與中國股市
(C) 美國聯邦準備理事會可能降息，此對美國股市不利恐連帶拖累臺灣股市
(D) 國際股市投資標的衆多，適合退休族投入，以高獲利保障退休生活穩定

24. 隨著金融發展與科技進步，大衆逐步從實體貨幣、信用卡等，改以如臺灣 Pay 之行動支付來完成交易。這不但讓交易的方便性大爲提高，也讓大衆持有實體貨幣的需要下滑。以下有關上述各交易工具對總體經濟影響的敘述何者正確？

(A) 行動支付列入貨幣發行數量計算範圍，故後者會因前者的廣泛使用而提高
(B) 通貨膨脹會隨信用卡、行動支付等非實體貨幣交易媒介之使用盛行而上升
(C) 利率爲資金之機會成本，其水準會隨這些交易工具使用方便性提高而下降
(D) 讓交易便利之工具愈普及，可促進消費、經濟發展，亦有助政府稅收課徵

25. 農曆年後，在屏東居住與就業之某甲，離開年薪 60 萬元之現職另覓工作。今分別收到二份新工作之邀約：屏東年薪 70 萬元，臺北年薪 100 萬元。考慮兩地物價與居住成本後，甲決定留在屏東工作。根據經濟學對就業的定義及以上內容，下列敘述何者正確？
(A) 甲農曆年後另覓工作，仍屬勞動力人口，且處於結構性失業狀態
(B) 甲決定繼續留在屏東工作，係基於名目所得而非實質所得之考慮
(C) 依照甲的現況，甲的年紀應該滿 15 歲，並且不具有現役軍人身分
(D) 失業率通常在農曆年後上升，此季節性變化與循環性失業提高有關

<u>26-27 爲題組</u>

圖一是某國 1960 年至 2010 年的某項長期統計資料。

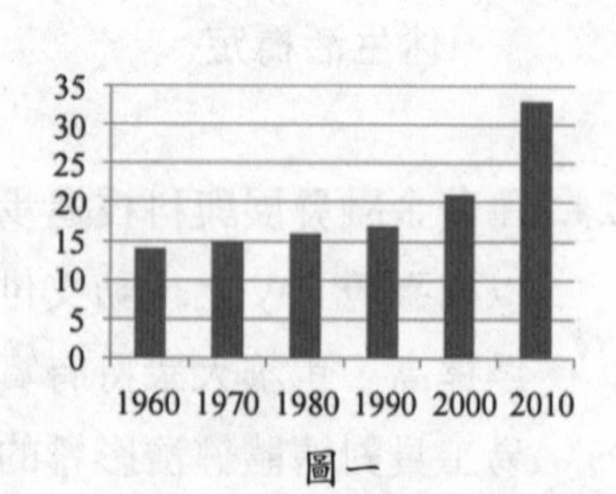

圖一

26. 如果該項統計資料是「兒子收入受父親收入影響的百分比」，在不考慮其他因素的情形下，關於該國社會流動的狀況，下列推論何者最恰當？
(A) 男性單親家庭的職業流動機會漸減少
(B) 男性世代之間的職業流動機會漸增加
(C) 家庭背景與社會流動機會的相關性越來越高
(D) 性別因素與社會流動機會的相關性越來越高

27. 如果圖一代表「執政黨得票來自30歲以下合格青年選民的百分比」，假設該黨自1960年以來長期執政，在不考慮其他因素的情形下，關於該國青年政治態度和選舉參與，下列推論何者最恰當？
(A) 合格青年選民的政黨支持呈現世代差異
(B) 合格青年選民投票率不高對政治不熱衷
(C) 合格青年選民對選舉結果的重要性漸增
(D) 合格青年選民漸增指該國選民老化嚴重

<u>28-29為題組</u>

民國60年代，臺灣經歷「客廳即工廠（場）」的經濟發展階段，許多中小企業將部分產品製造流程外包給家庭代工，以增加競爭力。此階段擴大了女性的勞動參與，進而創造臺灣經濟奇蹟，增進國民所得。但生產行為與機器設備進入家庭，除了影響生活品質，也造成噪音與安全等疑慮。

28. 根據以上的敘述，下列何者最為正確？
(A) 客廳即工廠（場）的現象，擴大了市場性勞動雇用
(B) 產品製造外包給家庭代工，可解決結構性失業問題
(C) 擴大了女性的勞動參與，加深了家務勞動的性別化
(D) 生產機器設備進入家庭，可強化受雇者的勞權意識

29. 有關家庭代工體系對臺灣經濟的影響，下列敘述何者正確？
(A) 雖會提高女性勞動參與率，但會讓整體勞動參與率下降
(B) 家庭代工生產屬於地下經濟活動，會造成 GDP 計算的失真
(C) 因替代作用，男性失業率會隨女性投入家庭代工現象而上升
(D) 家庭代工引起的外部性，會讓實際生產成本的計算失真

30-31 爲題組

國際非政府組織自由之家（Freedom House）發布 2019 年世界各國自由度調查報告，指出全球自由度已連續第 12 年下滑。該報告顯示，中國近年來總體自由度下滑，對媒體、宗教團體和公民組織的箝制更強，其國家主席爲鞏固個人權力而加劇內部鎮壓和破壞法治。報告同時指出，美國的自由度亦連續8年呈現下降狀態，美國 2016 年總統大選遭受外國勢力干預、美國總統川普對新聞媒體的攻擊以及政府透明度下降等，都嚴重影響美國民主與美國在國際的地位。

30. 從該報告對中、美兩國的評述加以推論，下列何者最可能是該組織調查的項目之一？
(A) 執政黨輪替的頻率 (B) 國家主權的獨立性
(C) 表達意見的自主權 (D) 國家元首的正當性

31. 依據題文訊息推論，調查報告指出的中國總體自由度下滑，與其哪項政治制度的特性或轉型最有關連？
(A) 中央政府或地方政府層級迄今仍未實施民主選舉
(B) 中國共產黨廢除黨內「公推直選」的民主化機制
(C) 國家最高領導人的選任和任期缺乏法律明文規定
(D) 中共爲維持不受挑戰的統治地位而強化社會控制

32-33 爲題組

公民與社會的課堂上，老師講述以下內容：「國家要能消極保障人民權益不受侵害，也要能積極善用治國專業爲人民謀福。這兩個國家治理的概念，剛好可以對應到『有限政府』和『文官中立』兩項原則。」

32. 下列政治名人的論點，何者與老師提及的第一項原則最有關連？
(A) 英國湯馬士・潘恩：「政府即便在它最好的狀態下，也只是必要之惡」
(B) 我國孫中山：「講到國家的政治，根本上要人民有權；至於管理政府的人，便要付之於有能的專家們」
(C) 法國盧梭：「我們應該更重視一個良好的政府所產生的活力，而不只是看到一個廣闊的領土所提供的富源」
(D) 英國約翰・洛克：「只要政府存在，立法權就是最高的權力，因爲誰能夠對另一個人訂定法律就必須是在他之上」

33. 下列關於文官體系「行政中立」的論述，何者是正確的？
(A) 公務人員是一種國家給予的身分，因此不可以有特定政黨立場
(B) 公務人員下班時間以機關的名義，爭取民衆捐款政黨是可以的
(C) 公務人員上班時用政府的網站在網路上發表政治言論是不宜的
(D) 公務人員面對政務首長的黨派指示，仍應依循文官的服從守則

34-35 爲題組

設若立法院有感假借宗教詐欺斂財的情形日益嚴重，經修正通過相關法律，明定民衆捐贈給教派領袖或宗教團體時，如超過新臺幣二萬元，受贈者須於一個月內向內政部申報，否則除沒入捐贈物外，還將對受贈者課處罰鍰。

34. 若行政院內政部認爲上述修法將產生大量的申報案件，其人力難以負荷，且有過度限制人民財產權與宗教信仰自由之虞，下述相應處理方式，何者<u>不正確</u>？
(A) 內政部得轉請行政院向立法院提出覆議
(B) 行政院得向大法官聲請解釋上述規定牴觸憲法
(C) 內政部得提起行政訴訟，由行政法院禁止其受理申報
(D) 總統得就此爭執，召集行政院院長及立法院院長會商解決

35. 信徒乙某次向該教派領袖甲捐獻財物後，甲未於期限內申報，而受主管機關裁罰，並遭沒入所收受之捐獻財物，下述救濟程序何者<u>不正確</u>？
(A) 甲於提起訴願不獲救濟後，即可向大法官聲請解釋憲法
(B) 乙對其捐獻之財物被主管機關沒入不服，不得直接提起行政訴訟救濟
(C) 行政訴訟程序中，法官如認該修正規定有違憲疑義，可以停止審理，向大法官聲請釋憲
(D) 甲受主管機關裁罰後，雖認爲裁罰依據之法律違憲，仍須循序提起訴願、行政訴訟救濟其權利

<u>36-37爲題組</u>

國際間禽流感疫情嚴重，據查禽蛋散裝容器爲重要傳播媒介。爲防止疫情蔓延，影響業者生產與全民健康，政府修改法規，禁止傳統市場販賣禽蛋時採用散裝容器，必須改採一次性使用容器，違者將處以高額罰款，故盛裝與搬運成本大幅增加。

36. 關於此項防疫政策對禽蛋市場的影響，下列敘述何者正確？
(A) 民衆可買到一樣安全的禽蛋，需求將增加
(B) 廠商銷售禽蛋的成本會提高，供給將增加

(C) 政府干預禽蛋的銷售方式隸屬於價格管制
(D) 市場的交易價格將因此項防疫政策而上升

37. 國際間禽流感疫情深深影響我國生鮮禽蛋業者之產量，其主要原因為何？
(A) 禽蛋業之生產受到世界貿易組織（WTO）的規範
(B) 世界各國彼此相互依存在一個整體的生活環境
(C) 禽流感將提高禽蛋生產成本及業者的生產意願
(D) 禽蛋生產需要全球分工，而我國為重要的一員

38-40 為題組

位於某直轄市的一家公司新聘女性員工小玉，她到職後始發現自己懷孕，但遭該公司以「面試時蓄意隱瞞懷孕且提供不實資訊」為由，予以解雇。消息在網路新聞披露後，網友針對此則事件留言討論如下：

小賈

懷孕後接下來生小孩會請產假，很多老闆都不喜歡有員工請產假。我們工廠甚至直接在雇傭契約上明定女性員工不得請產假，因為請產假是有薪水的。之前我生產是請病假，請病假是要扣薪水的，我們都不敢多請假，我知道有不少人就因而乾脆辭職。

讚 回覆 6 1小時

大魚

很多老闆對女性員工都不友善，不只不給產假，也覺得女人隨時可能因為生小孩或照顧家人就離職，所以不把重要職缺派給女生。我想就是因為這樣，難怪女生的平均薪資會比男生低。

讚 回覆 14 36分鐘

小餅 沒產假還不是最誇張的，我的公司更誇張，經常要求員工在晚上6:00先打卡下班，但實際仍留在公司超時加班，而且不核發加班費，我們爲保住工作只能敢怒不敢言。

讚 回覆 22 19分鐘

38. 檢視上述勞工面臨的困境，若從國家存在的目的和功能加以思考，下列敘述何者最恰當？
   (A) 小玉的案例顯示，國家應該提升女性的勞動參與率才能保障女性權利
   (B) 小賈的案例顯示，國家應該發放生育津貼以協助解決帶薪產假的問題
   (C) 大魚提及的薪資問題顯示，國家應該訂定最低工資，以保障勞工福祉
   (D) 小餅案例顯示，國家應積極介入以落實勞動權益，改善勞工不利處境

39. 關於小玉、小賈與小餅三件案例涉及的勞資問題及其處理，下列敘述何者正確？
   (A) 小玉被解雇是屬於勞動契約的紛爭事件，該市的勞工局無法介入處理
   (B) 小玉被解雇是關於權利事項的勞資爭議事件，依法不能適用調解程序
   (C) 小賈可主張契約自由應受法律限制，雇傭契約違反勞基法的部分無效
   (D) 小餅就公司苛扣他的加班費，可依勞基法請求工會發起勞動爭議行爲

40. 依據小賈、大魚及小餅提及的狀況，對臺灣的 GDP 可能造成負面影響。下列敘述何者爲損及 GDP 的原因？
(A) 因女性生產不能請帶薪產假而只能請扣薪的病假，導致最低薪資下降
(B) 因生育歧視的關係，女性可能退出勞動市場導致生產要素的投入減少
(C) 小餅及同事沒領到加班費，員工薪資變成廠商利潤使得貧富差距擴大
(D) 小餅及同事被迫加班使生產力提高，掩蓋了廠商雇用人數不足之事實

二、多選題（占 20 分）

說明：第 41 題至第 50 題，每題有 5 個選項，其中至少有一個是正確的選項，請將正確選項畫記在答案卡之「選擇題答案區」。各題之選項獨立判定，所有選項均答對者，得 2 分；答錯 1 個選項者，得 1.2 分；答錯 2 個選項者，得 0.4 分；答錯多於 2 個選項或所有選項均未作答者，該題以零分計算。

41. 聯合國在 1948 年簽署《世界人權宣言》，人權成爲普世價值，受到各國法律的保障。下列關於人權的敘述何者正確？
(A) 人權是人人享有的權利，其概念是固定的，並不會隨著時代發展不斷擴充
(B) 人權的實踐在有些事件中會出現衝突的現象，造成群體之間的爭執與糾紛
(C) 在聯合國及人權團體的監督下，各國家對於人權保障的落實程度大致相同
(D) 政府保障基本人權是爲普世價值，即使是共產黨統治的極權國家也不例外

(E) 現行人權實踐的範圍，除了針對個人權利之外，並且包含集體權利的存在

42. 研究顯示資本主義社會的所得分配問題會越來越嚴重，貧富差距擴大影響社會公平。假定下列各項租稅措施能有效實行，並且在其他條件均相同時，何者有助緩解上述問題？
(A) 提高商家營業稅的稅率　(B) 提高土地買賣的增值稅率
(C) 提升高所得者的綜合所得稅率
(D) 降低遺產稅的稅率
(E) 提高彩券中獎獎金的課稅門檻

43. 依目前臺灣地方制度與選舉的規範，下列哪些公職人員是由人民直接選舉產生？
(A) 臺南市議會議長　(B) 南投縣南投市市長
(C) 新北市板橋區區長　(D) 花蓮縣光復鄉鄉民代表
(E) 屏東縣恆春鎮山海里里長

44. 我國現行憲政體制，總統和行政院院長各擁有部分行政權力，下列有關二者權力關係的敘述，何者正確？
(A) 總統宣告解散立法院前，需先諮詢行政院院長的意見
(B) 總統因故發布緊急命令前，需先經行政院院會之決議
(C) 行政院院長將法律案移請立法院覆議前，需先經總統同意
(D) 總統提名司法院大法官人選前，需先徵詢行政院院長意見
(E) 總統任命司法院和考試院長時，需先經過行政院院長副署

45. 近代法治國家認為：為保障人民權益、提高政府行政效能、增進人民對政府行政之信賴，政府行政活動應該受到正當法律程序原則之規範。下述何者屬於正當法律程序的要求？

(A) 大學對於大學生作出退學處分前，應該給予該生陳述意見機會
(B) 爲鼓勵民衆購物索取統一發票，以有效掌握營業稅收，政府增加統一發票中獎獎項及獎金額度
(C) 颱風來襲，氣象局經衛星氣象資訊分析研判，發布颱風警報、預測颱風強度及路徑，以提醒政府與民衆預作防颱準備
(D) 政府行政機關將施政計畫、業務統計以及新近制定與修正的法令規定刊載於政府公報，經公告使政府各部門及民衆得以知曉
(E) 人民向政府機關申請建築執照時，發現承辦公務員曾因車禍而與申請人涉訟，爲期公允執法，乃申請政府機關令該公務員迴避

46. 甲競選連任某縣縣長時，乙爲甲站台助選。若干年後即將卸任縣長之甲轉換跑道改爲競選立法委員，與乙成爲競選對手，甲將當年乙爲甲站台助選之新聞照片（係他人拍攝）印製在競選海報上，且冒乙簽名。依我國相關法律，下述何者正確？
(A) 甲未經照片拍攝者同意，將該照片刊在甲之競選海報，涉有侵害照片拍攝者著作權之疑慮
(B) 乙往昔爲甲站台助選之照片既屬公開事實，甲公開使用該照片尚無侵害乙的隱私權之疑慮
(C) 甲未經乙之同意，其競選海報刊載當年乙站台爲甲助選之照片，應屬明確侵害乙的著作權
(D) 甲雖未經乙同意，仿乙之簽名，刊載在競選海報上，因屬競選活動，尙未侵害乙的姓名權
(E) 甲明知乙是立委競選對手，競選海報卻刊出當年乙站台爲甲助選之照片，易使選民誤以爲：乙是假參選，眞護航甲，而可能損及乙之名譽權

47. 經濟全球化促進產品、生產要素與技術在全球的自由移動，讓世界各國之生產活動更加活絡，而且相互依賴程度亦大幅提高。下列哪些是經濟全球化帶來的結果？
(A) 跨越國界之污染日漸嚴重 (B) 智慧型手機遍銷世界各地
(C) 價格由該產品之供需決定 (D) 自利是經濟行爲的驅動力
(E) 臺商在全球各國投資生產

48. 老王販賣的臭豆腐奇臭無比、聲名遠播，吸引許多饕客前來。老王的鄰居小李對臭味無法忍受，不堪其擾。以下哪些方法可以削減此一外部性問題？
(A) 政府直接對生產者補貼，以降低老王生產臭豆腐的成本
(B) 由政府直接控管老王每日最多可銷售的臭豆腐數量上限
(C) 補貼前來享受美食的饕客，降低產品價格以刺激銷售量
(D) 假定沒有交易成本，政府將空氣排放權設定予小李，並由雙方自行談判
(E) 政府依照老王販售臭豆腐的數量予以課稅，販售的數量愈多稅率也愈高

49-50 爲題組

表六是某國的社會變遷調查，顯示人們對好公民行爲的看法，表中志工者指目前正在參與特定志工活動者，平均級分達 5 分（含）以上者表示爲重要條件。

表六 （單位：級分）

好公民行爲（條件）	全體	志工者
始終遵守法律	6.5	6.5
不逃漏稅	6.2	6.4
幫助臺灣的弱勢人民	5.8	6.0

監督政府作爲	5.4	5.9
把握選舉投票機會	5.3	6.0
理解其他人的意見	5.2	5.6
幫助世界其他地方的弱勢人民	4.7	5.1
考慮政治及環境因素來選購產品	4.6	5.0
積極參與社會及政治團體或組織	3.8	5.0

49. 根據題文及表六，下列敘述何者正確？
    (A) 「志工者」與「全體」兩群體間，看法雖多有相似，卻也存在著差異
    (B) 對「志工者」與「全體」而言，參與社團或組織不是好公民的重要條件
    (C) 不論「志工者」或「全體」，好公民幫助弱勢人群是不分年齡、性別和地域
    (D) 對「志工者」與「全體」而言，守法、納稅及參與投票是好公民最重要的三項指標
    (E) 不論「志工者」或「全體」，好公民的最重要三項指標都未涉及挑戰政府不當作爲

50. 積極公民社會是指公民採取促進公共利益行動，而形成之各項行動結社的集合體，其推動者強調好公民不能僅以個人力量消極行使政治參與權利，更應該主動參與公共事務，造成改變力量。下列對於表六顯示某國人民看法的敘述，何者符合上述積極公民社會理念？
    (A) 志工者比全體更支持「考慮政治及環境因素來選購產品」
    (B) 志工者顯然更加重視「積極參與社會及政治團體或組織」
    (C) 志工者與全體均認爲「始終遵守法律」是好公民的要件
    (D) 志工者與全體都相當重視好公民應該做到「不逃漏稅」
    (E) 志工者比全體更爲強調「理解其他人的意見」之重要性

108年度指定科目考試公民與社會考科試題詳解

一、單擇題

1. **D**

【解析】甲、乙兩家電子報對於同一「事實」詮釋有所差異，原因來自於不同媒體作為資訊生產者，對於事實有不同的評論與詮釋角度，故選 (D)。

2. **A**

【解析】根據圖表資訊判斷，丙收入（5 萬）低於乙（50 萬），可判斷經濟資本較低；丙參與打撞球運動，屬於大眾文化屬性的社會階層，故選 (A)。

(B) 丁收入（15 萬）低於甲（30 萬），經濟資本較低；(C) 甲與丙從事類似的運動與音樂興趣，屬於相同的文化資本形式；(D) 乙與丁從事類似的運動與音樂興趣，屬於相同的文化資本形式，而住家風格與經濟資本相關。

3. **B**

【解析】依題意，在地傳統文化透過「全球化」的推展，突破語言、傳統疆界的限制，將本土文化傳播給更多文化地區的人接觸與認識，故選 (B)。

4. **D**

【解析】政府推動家庭照顧責任公共化，即將家庭照顧視為部分的公共事務性質看待，透過政策能量，協助家庭發揮保護與照顧功能，故選 (D)。

5. **D**

【解析】根據圖表資訊判斷，「婚姻/離婚/同居暴力」事件統計中，女性受害者顯然遠多於男性，反映出性別間的權力不平等關係，故選(D)。

(A)家庭暴力被害人數並未呈現遞增趨勢；(B)老人受虐案件並未呈現遞增趨勢；(C)受虐兒少保護案件，女童類型並未遠多於男童。

6. **B**

【解析】根據圖表判斷，「經常參加、有時參加、很少參加」三項視為社區組織活動的參與程度，登記為志工者皆明顯高於未登記者或全體人們，故選(B)。

(A)未登記為志工者的社區組織活動參與程度與全體人們無明顯差異；(C)登記為志工者參與社區組織活動比例高於半數；(D)本圖表無從判斷是否有降低的狀況。

7. **A**

【解析】每縣市至少應產生一位立法委員，保障人數少的小縣能有國會代表，故選(A)。

(B)(C)與保障立委席次無關；(D)保障小縣立委席次，反而會產生區域選舉「票票不等值」問題。

8. **B**

【解析】社會主義與共產主義的興起，與追求資本主義發展下所生社會不平等有關，皆強調公民平等權的重要性，故選(B)。

(A)宗教基本教義派並未專指伊斯蘭基本教義；(C)第

三條路是調和自由資本主義與社會主義的思潮；(D) 法西斯主義在二戰後仍以不同形式存在於政治與經濟思維之中。

9. **C**

【解析】「議題設定」為媒體透過特定的報導角度與內容，引導閱聽人思維，故政論節目瞄準明星政治人物持續討論解析，符合題意，故選 (C)。

(A) 實況轉播立法院施政總質詢，屬於提供訊息媒體功能；(B) 針對民調數據分析，屬於形成輿論媒體功能；(D) 民眾按興趣加入某網紅討論區，與媒體功能無關。

10. **B**

【解析】依題意，確保「女性參與政治」的「婦女保障制度」，《地方制度法》規定地方民代選舉設有婦女保障當選名額，符合題意，故選 (B)。

11. **B**

【解析】冷戰結束後，取代美蘇對抗的國家間矛盾中，尤以「自然資源爭奪」問題最為鮮明，為國家間最主要的衝突原因，故選 (B)。

12. **A**

【解析】公訴是由檢察官代表國家，針對犯罪行為向法院提起訴訟的「程序」，故選 (A)。

(B) 告訴乃論之罪，被害人透過「告訴」程序，仍可經檢察官偵查後提起公訴；(C) 被害人自己提起刑事訴訟程序，爲「自訴」，法院須依法進行審判；(D) 被害人提出「自訴」或檢察官提出「公訴」，法院才能進行審判程序。

13. **B**

【解析】刑罰制裁需遵守「罪刑法定原則」，行爲後法律有變更者，適用行爲時之法律，並禁止溯及既往，故選 (B)。

14. **C**

【解析】著作財產權於完成創作後即享有，並保護至著作人死亡後五十年，故選 (C)。

15. **D**

【解析】主管機關招募空污防制人員，形成約聘僱契約關係，外觀上具有公法上之職務關係，屬行政契約，故選 (D)。
(A) 狹義法律；(B) 行政處分；(C) 行政指導。

16. **A**

【解析】甲乙間買賣契約成立，甲有交付筆電的債務尚未履行，故選 (A)。

(B) 甲交付筆電之前，仍擁有該筆電的所有權，尚未轉移權利；(C) 乙可依買賣契約下的債權請求甲交付筆電，但尚未取得該筆電的所有權；(D) 依契約精神，須由甲交付該筆電，乙無權逕自取走。

17. **D**

【解析】媒體採訪重大公益性事件，具有正當理由，不構成違反《社會秩序維護法》的無故跟追，故選 (D)。

(A) 記者雖享有憲法保障新聞採訪自由，仍須符合法律規範；(B) 路人恰被拍攝入鏡，不構成違法跟追；(C) 不服警察機關裁罰，需先進行訴願程序。

18. **A**

【解析】 店主可依消費契約關係，要求甲清償債務不履行的餐費，故選 (A)。

(B) 店主無權要求五十倍之違約金；(C) 店主餐費損失屬財產上損失，非「身體、健康、名譽、自由、信用、隱私、貞操」上之損失，不得要求精神賠償；(D) 店主將甲綑綁鎖在廁所，構成《刑法》上妨礙自由罪。

19. **C**

【解析】 國內生產毛額（GDP）= 民間消費支出 + 投資支出 + 政府消費支出 + 淨出口；綠色國內生產毛額（Green GDP）= GDP − 自然資源消耗 − 環境品質損失。

甲國 GDP = 610；甲國 Green GDP = 500

乙國 GDP = 590；乙國 Green GDP = 520

故甲國國內生產毛額大於乙國，綠色國內生產毛額小於乙國，選 (C)。

20. **C**

【解析】 有付費之機制具有「排他性」，網際網路服務具有「共享性」，兩者構成「準公共財」，公私部門皆可提供，故選 (C)。

(A) 免付費上網不具有排他性；(B) 付費之機制屬於排他性；(D) 網際網路因具有共享性，偏向公共財性質。

21. **A**

【解析】參與標會獲利通常會比存款為高，相對風險也可能較高，故選(A)。

(B)標會的收益與參加標會人數與約定標金有關，存款的收益則與向銀行借貸者之資金需求利率有關；(C)參與標會不一定知道會員是誰，存款的風險一般而言並不會高於標會；(D)標會未受政府金融監理機關管理。

22. **C**

【解析】依題意需選擇「貨幣政策」，中央銀行降低存款準備率，將增加民間流動資金，故選(C)。

(A)(B)(D) 財政政策。

23. **A**

【解析】新台幣價位趨於弱勢，代表美元升值，投資美國股市若獲利可額外賺取升值收益，故選(A)。

(B)全球化下的美中貿易戰，會影響兩國以外的所有層面；(C)降息將增加民間資金流通，對美國股市為利多消息；(D)股市屬高風險投資項目，不適合保障退休生活穩定。

24. **D**

【解析】交易工具便利性提高，可降低交易成本，促進消費與經濟發展，有助於政府稅收，故選(D)。

(A)行動支付工具與貨幣發行數量無關；(B)通貨膨脹與貨幣發行數量有關；(C)交易工具使用方便性提高，代表資金供給與需求皆可能增加，因此借貸資金會增加，資金利率則不確定。

25. **C**

【解析】根據《勞動基準法》規定，15 歲爲我國合法工作年紀，故選 (C)。

(A) 摩擦性失業；(B) 基於實質所得而非名目所得；(D) 失業率在農曆年後上升，多屬於轉換工作的摩擦性失業。

26. **C**

【解析】依題意，「兒子收入受父親收入影響」，與家庭背景與社會流動機會影響有關，故選 (C)。

27. **C**

【解析】依題意，該執政黨自 1960 年代以來長期執政，可判斷「選舉結果」屬長期獲勝，而「執政黨得票來自合格青年選民百分比」有上升趨勢與「選舉結果」重要性漸增，故選 (C)。

(A) 無法判斷政黨支持傾向；(B) 無法判斷投票率；(D) 無法判斷選民結構是否老化。

28. **A**

【解析】工廠外包給家庭代工，代表將市場性勞動擴張至家庭內部，故選 (A)。

(B) 可解決隱藏性失業；(C) 擴大女性勞動參與，減緩家務勞動的性別化；(D) 家庭轉爲勞動場域，勞動關係較缺乏勞權意識。

29. **D**

【解析】未考慮噪音與安全疑慮等外部成本，將使實際生產成本計算被低估、失眞，故選 (D)。

(A) 提高整體勞動參與率；(B) 家庭代工生產屬市場性勞動，計入 GDP 計算；(C) 家庭代工生產模式，主要爲增加勞動力需求，並非以女性替代男性就業爲目的。

30. **C**

【解析】依題意，美中兩國之「媒體自由」爲該團體評論重點，與表達意見的自主權有關，故選 (C)。

31. **D**

【解析】中國總體自由度下滑，與中共爲維持統治地位而強化社會控制有關，故選 (D)。

32. **A**

【解析】依題意，第一項原則屬於「消極人權」概念，視政府的存在爲「必要之惡」屬之，故選 (A)。

(B) (C) (D) 屬於國家應積極治理的敘述。

33. **C**

【解析】公務人員不宜用政府網站在網路上發表政治言論，違反行政中立，故選 (C)。

(A) 公務人員享有表達意見自由；(B) 違反行政中立，不可以；(D) 面對政務首長的黨派指示，毋須服從。

34. **C**

【解析】內政部無權提起行政訴訟，針對修法爭議，應透過行政院進行覆議程序、大法官釋憲，或由總統提出院際協商，故選(C)。

35. **A**

【解析】個人提起訴願未獲救濟後，須進行行政訴訟司法救濟，用盡所有救濟管道後，才可向大法官聲請解釋憲法，故選(A)。

36. **D**

【解析】防疫政策將使生產者之生產成本提高，供給減少(左移)，交易價格上升，故選(D)。
(A)需求不變；(B)供給減少；(C)數量管制。

37. **B**

【解析】全球化下世界各國相依存，影響甚深，故選(B)。
(A)世界貿易組織未規範禽蛋業生產模式；(C)禽流感降低業者生產意願；(D)禽蛋生產多屬在地生產，無全球分工。

38. **D**

【解析】依題意，國家發揮保障人權的功能，應積極介入勞權保護，故選(D)。
(A)提升勞動參與率與女性權利保障無關；(B)生育津貼為國家鼓勵生育的政策工具，並非代替代薪產假；(C)提及的薪資問題屬於女性較難升遷的「玻璃天花板」問題。

39. **C**

【解析】契約自由應受法律限制，違反勞基法的部分無效，故選 (C)。

(A) 介入勞動紛爭事件屬勞工局職權；(B) 勞資爭議處理設計有調解程序；(D) 依據《勞資爭議處理法》。

40. **B**

【解析】女性退出勞動市場，生產要素投入將因此減少，GDP 可能下降，故選 (B)。

(A) 與最低薪資無關；(C) GDP 看不出貧富差距問題；(D) GDP 與實際生產過程的品質無關。

二、多選題

41. **BE**

【解析】人權實踐過程會出現衝突現象，會造成群體之間爭執；人權的範圍包含個人權利與集體權利，故選 (B) (E)。

(A) 人權概念並非固定，會隨時代發展而改變；(C) 各國對人權保障的落實程度差異很大；(D) 極權國家較不易保障完整的基本人權。

42. **BC**

【解析】依題意爲減緩貧富差距，應提高土地買賣的增值稅率，漲價歸公；或提高高所得者的綜合所得稅率，故選 (B) (C)。

(A) 營業稅屬銷售稅；(D) 提高遺產稅；(E) 降低中獎課稅門檻。

43. **BDE**

【解析】縣轄市長、鄉民代表、里長由人民直接選舉產生，故選 (B) (D) (E)。

(A) 由直轄市議員互選產生；(C) 由直轄市長指派。

44. **BC**

【解析】總統發布緊急命令前，需先經行政院院會之決議；行政院院長將法律案移請立法院覆議前，需先經總統同意，故選 (B) (C)。

(A) 先諮詢立法院院長意見；(D) 總統提名大法官人選不需徵詢行政院院長意見；(E) 專屬總統職權，不需經過行政院院長副署。

45. **ADE**

【解析】政府行政活動須符合正當法律程序的要求，如公正原則（迴避）、民眾參與原則（陳述意見）、公開原則（資訊公開）、救濟管道等，故選 (A) (D) (E)。

46. **ABE**

【解析】照片拍攝者若有著作權，未經同意使用有侵權之虞；甲使用照片爲侵害乙之隱私權；散佈違背事實之資訊，可能損及名譽權，故選 (A) (B) (E)。

(C) 乙未有照片之著作權；(D) 已侵害姓名權。

47. **ABE**

【解析】經濟全球化，資訊、交通進展帶來的快速流通，可能造成跨國污染、智慧型手機遍銷各地、製造商可在全球投資，故選 (A) (B) (E)。

(C) (D) 經濟全球化之前即有。

48. **BDE**

【解析】依題意，臭豆腐對鄰居造成外部成本，可透過控管數量上限、排放權設定、課稅等手段，使其將外部成本內部化，故選 (B) (D) (E)。

(A) (C) 無法解決外部成本問題。

49. **AE**

【解析】兩群體間存在差異；最重要三項指標各自爲「始終遵守法律」、「不逃漏稅」、「幫助臺灣弱勢人民」以及「把握選舉投票機會」，皆未涉及挑戰政府不當作爲，故選 (A) (E)。

(B) 志工者對積極參與團體或組織達 5 分以上重要條件；(C) 兩群體對幫助弱勢皆有地域上的差異；(D) 全體未認爲投票爲重要指標。

50. **AB**

【解析】依題意，需選擇「積極參與的公民社會理念」，根據圖表判斷志工者比全體更支持「考慮政治及環境因素來選購產品」、志工者顯然更加重視「積極參與社會及政治團體或組織」，故選 (A) (B)。

(C) (D) (E) 屬消極維持公民社會的條件。

108年大學入學指定科目考試試題
物理考科

第壹部分：選擇題（占80分）

一、單選題（占60分）

說明：第1題至第20題，每題有5個選項，其中只有一個是正確或最適當的選項，請畫記在答案卡之「選擇題答案區」。各題答對者，得3分；答錯、未作答或畫記多於一個選項者，該題以零分計算。

1. 原子核由質子與中子組成，試問原子核的直徑大小最可能落在下列尺標圖的哪個區間？

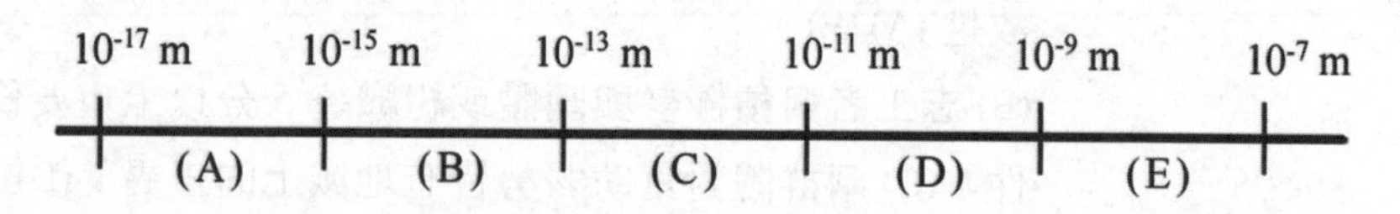

2. 下列關於凹面鏡及凸面鏡的敘述，何者正確？
(A) 裝設在大賣場天花板角落的面鏡爲凸面鏡，可觀察到放大虛像
(B) 裝設在道路轉彎處的面鏡爲凹面鏡，以便觀察到更大的範圍，使視野更佳
(C) 手電筒常利用凹面鏡作爲反射面，燈泡置於焦點處，使反射後射出的光線較爲發散
(D) 化妝鏡若要具有放大效果須使用凹面鏡，且使用時臉的位置須在凹面鏡的焦距外，以產生正立的放大虛像
(E) 汽車兩側的後照（視）鏡常用凸面鏡觀測後方車輛，其像距小於物距，形成縮小的虛像

3. 下列有關理想的黑體輻射及其強度（相當於每單位面積的表面所發出的輻射功率）的敘述，何者正確？

(A) 黑體輻射的溫度升高時，其輻射強度對波長的分布曲線中之峰值所對應的波長變短

(B) 波耳是第一位提出電磁波能量量子化，來解釋黑體輻射強度對波長分布的科學家

(C) 黑體輻射強度對波長的分布曲線與黑體的溫度和材料有關，而與黑體的形狀和大小無關

(D) 現今的宇宙微波背景輻射對應到一個約 77 K 的黑體輻射

(E) 黑體輻射是指黑色物體發出的物質波

4. 在圖 1 所示的「水波槽實驗」裝置中，下列關於其分項裝置的敘述，何者正確？

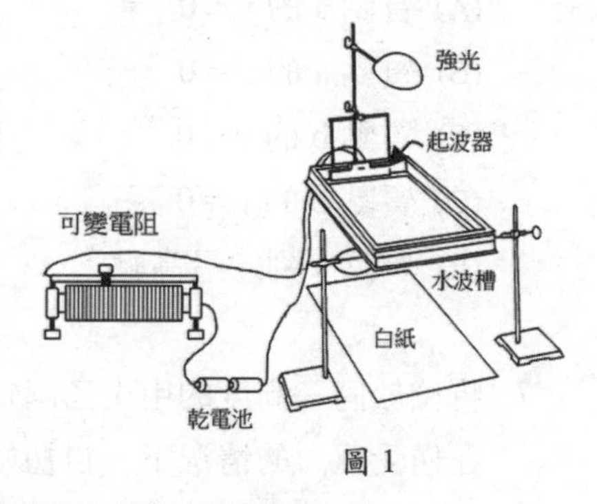

圖 1

(A) 長方形木條起波器的目的是要產生圓形波

(B) 可變電阻是用來改變電流，以調整光照的強度

(C) 白紙上顯示的相鄰兩亮紋間距恰等於水波的波長

(D) 水波槽的四周需用海綿條圍住，以避免水波頻率改變

(E) 水波的波谷在強光通過時，會有類似凹透鏡的效果，在白紙上顯現出暗紋

5. 聲波在空氣柱內重疊時，可以形成駐波。考慮聲波在一端開口、一端閉口的空氣柱內所形成的駐波，並將聲波視爲傳遞空氣分子位移變動的縱波時，下列關於駐波特性的敘述，何者正確？

(A) 開口處爲波節　　　　(B) 在閉口處發生建設性疊加

(C) 相鄰兩波節的間距為一個波長

(D) 相鄰波節與波腹的間距為 1/4 波長

(E) 該駐波是由沿相同方向前進的兩波互相重疊而成

6. 一細繩上出現沿水平方向行進的週期性橫波，以致繩上各點均作簡諧振動，在某時刻其中一段的波形如圖 2 所示，x 與 y 分別代表繩上各點（簡稱質點）的水平位置坐標與垂直位置坐標，已知此時質點 P 的速度方向為垂直向下，高度低於其平衡位置。當波繼續行進，質點 P 位於最低點時，下列敘述何者正確？

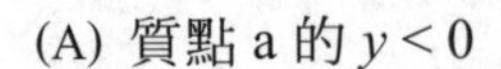

(A) 質點 a 的 $y<0$

(B) 質點 a 的 $y=0$

(C) 質點 b 的 $y<0$

(D) 質點 b 的 $y=0$

(E) 質點 a 到達最高點

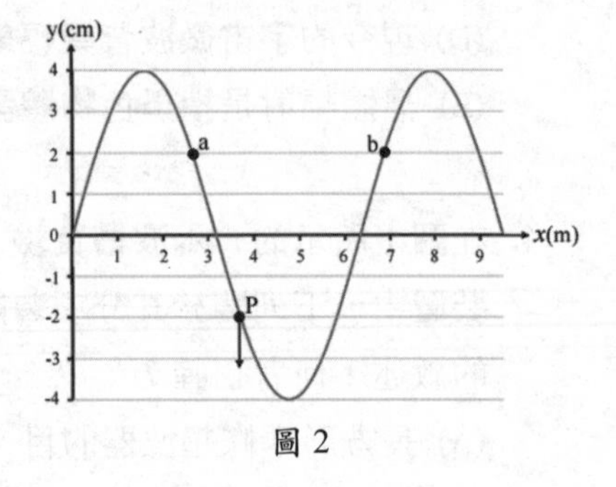

圖 2

7. 將位於同一高度的甲、乙兩質點，以相同初速同時鉛直上拋。甲在僅受重力的情況下，自初始上拋至再回到起點所需的時間為 $t_{甲}$，過程中最大的上升高度離起點為 h。但乙在上升時，與一片固定在離起點高度為 $h/2$ 的水平鋼板面發生彈性碰撞而向下折返，自初始上拋至再回到起點所需的時間為 $t_{乙}$。若空氣阻力可忽略，則下列敘述何者正確？

(A) $t_{甲}=t_{乙}$

(B) 乙再回到起點瞬間，甲的速度方向為向下

(C) 在各自再回到起點瞬間，甲、乙兩者的動能相同

(D) 就上拋至再回到起點的整個過程而言，重力對甲所作之功大於對乙所作之功

(E) 乙發生碰撞後，向下運動的加速度量值，大於甲向下運動的加速度量值

8. 甲、乙、丙三條導線的長度、截面積及在相同外加電壓下的電流如表 1 所示。假設各導線的溫度相同，且都遵守歐姆定律，則依表 1 判斷，在該溫度下，此三條導線材料的電阻率大小順序爲何？

(A) 甲 > 乙 > 丙
(B) 乙 > 甲 > 丙
(C) 丙 > 乙 > 甲
(D) 甲 > 丙 > 乙
(E) 丙 > 甲 > 乙

表 1

金屬線標示	甲	乙	丙
長度 (m)	40	20	10
截面積 (mm^2)	0.5	1.0	1.0
電流 (A)	0.5	1.0	1.0

9. 如圖 3 所示，在 *yz* 平面的環形金屬線圈以坐標系原點 O 爲中心，*xy* 平面爲水平面，地球磁場指向 +*y* 方向。位於原點 O 處的小磁針，可繞 *z* 軸在 *xy* 平面自由轉動，當環形線圈中的電流爲 2.0 安培時，磁針與 +*x* 軸的夾角爲 37°。若要使磁針與 +*x* 軸的夾角變爲 45°，則環形線圈中的電流應調整爲多少安培？

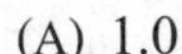
(A) 1.0　(B) 1.5　(C) 2.0
(D) 2.7　(E) 3.5

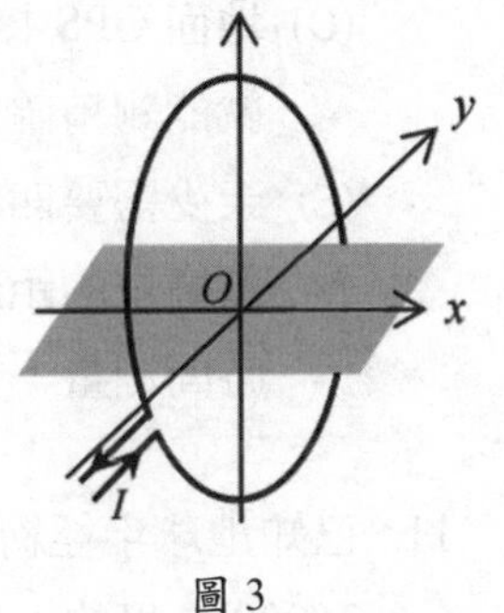

圖 3

第 10-11 題爲題組

GPS 是 Global Positioning System（全球定位系統）的簡稱，它爲使用者提供定位導航和定時服務。GPS 系統包括多顆衛星，在距離地球表面約 20200 公里的太空軌道上運行，每顆衛星內部裝置有精密

的原子鐘，並以無線電波持續向地球發射訊號，不斷提供 GPS 衛星的編號、位置和精確時間。理論上使用三顆衛星即可定位，但因訊號傳輸需要時間，且地面 GPS 的接收器如智慧型手機並未內建精準的計時工具，即使極微小的時間差都會導致換算距離時出現巨大誤差，因此需要校正。地面上使用者的接收器在任何時間、任何地點，只要同時接收到至少四顆衛星的訊號，記錄訊號到達時間，即可使用這些資訊來確定該接收器在三維空間中的位置。取光速爲 3.0×10^8 m/s。

10. 依據上述資料，下列敘述何者正確？
 (A) 無線電波的波長比紅外線的波長還短
 (B) 無線電波訊號自 GPS 衛星傳送至地面接收器約需 6.7 秒
 (C) 若地面 GPS 接收器的時間能夠精確測量到千分之一秒，則無須其他校正，就能夠在小於 100 公尺的誤差範圍內，定位出地面接收器的三維空間位置
 (D) 地面 GPS 接收器只需要測量並計算出它到三顆衛星的距離，就能夠精確定位出它的三維空間位置
 (E) 至少需要四顆衛星各自到接收器距離的數據，方能根據第四顆衛星的距離校正接收器內部的計時裝置，藉此得到精確的時間測量，提升定位的精準度

11. 已知地球半徑約 6400 公里，而地球同步衛星在距離地球表面約 36000 公里的太空軌道上運行。若 GPS 衛星與地球同步衛星繞行地球之運動皆可視爲等速圓周運動，則 GPS 衛星繞行角速率約爲地球同步衛星繞行角速率的多少倍？
 (A) 2 (B) $\frac{1}{2}$ (C) 1 (D) 4 (E) $\frac{1}{4}$

12. 手機的無線充電是近年來發展出來的新科技，它使用到的物理原理是電磁感應。假設一手機內有邊長為 0.050 m、匝數為 1000 匝的正方形線圈，今將此正方形線圈置於垂直於線圈面且隨時間變動的均勻磁場 B 中，如圖 4 所示。當磁場 B 的時變率 $\frac{\Delta B}{\Delta t} = 1.0\ \text{N/(A}\cdot\text{m}\cdot\text{s)}$ 時，則正方形線圈兩端間的應電動勢為下列何者？

(A) 25 mV　　(B) 250 mV
(C) 2.5 V　　(D) 25 V
(E) 250 V

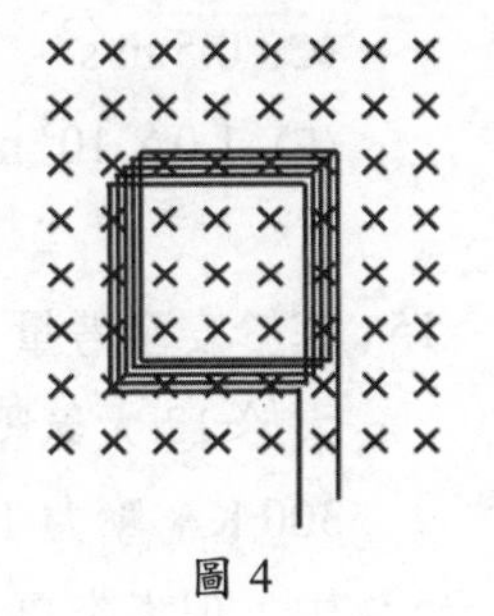

圖 4

第 13-14 題為題組

13. 已知光子的動量 p、能量 E 與光速 c 的關係為 $E = pc$。有科學家提議可依此關係，利用太空船上裝置太陽帆吸收或反射光子來加速，以進行太空旅行。下列敘述何者**錯誤**？

(A) 在相同條件下，完全吸收光子與完全反射光子的太陽帆，前者使太空船產生的加速度量值較大
(B) 在其他條件不變下，太陽帆張開的面積越大，太空船的加速度量值越大
(C) 在其他條件不變下，離太陽越遠，太空船的加速度量值越小
(D) 該太空船利用太陽帆來增加動能時，其能量來自光子
(E) 利用光子與太陽帆作用前後之動量變化，可計算該太空船的加速度量值

14. 假設一太空船連同太陽帆的總質量為 1.0×10^3 kg，其太陽帆面積為 $1.0 \times 10^6\ \text{m}^2$，帆上單位面積接受太陽來的光子功率為 $1.5 \times 10^3\ \text{W/m}^2$。若太陽帆能夠將光子完全反射，則此太空船因為光子

照射造成的最大加速度量值最接近下列何者？取眞空中光速 $c = 3.0 \times 10^8$ m/s。

(A) 5.0×10^{-3} m/s^2　(B) 1.0×10^{-2} m/s^2

(C) 0.5 m/s^2　(D) 10.0 m/s^2

(E) 1.0×10^3 m/s^2

15. 基於安全考量，一個容量爲10公升的氧氣瓶，裝了一個當壓力大於12大氣壓時就會將氣體排出的洩氣閥，此氧氣瓶裝有溫度300 K、壓力10大氣壓的氧氣。在運送時，氧氣瓶被裝載在車廂中，但炎炎夏日下，車廂內溫度變高，此時洩氣閥正常工作，排出部分氣體，當運送到目的地時，氧氣瓶的氧氣壓力爲12大氣壓、溫度爲400 K。取理想氣體常數爲0.082 atm·L/(mol·K)，則排出的氣體約爲多少莫耳？

(A) 1.3　(B) 0.41　(C) 0.23

(D) 0.11　(E) 0.051

16. 一靜止且密封容器內有處於熱平衡的兩種單原子分子的理想氣體，分別是2莫耳的氣體X和1莫耳的氣體Y。已知Y的分子量是X的分子量的2倍，則下列敘述何者正確？

(A) 兩種氣體分子的總動量不相等

(B) 兩種氣體分子的方均根速率相等

(C) X氣體的分壓是Y氣體分壓的1/2倍

(D) X氣體分子總動能是Y氣體分子總動能的2倍

(E) X氣體分子平均動能是Y氣體分子平均動能的2倍

17. 如圖5所示，一個被固定在鉛直面上，半徑爲 r 的圓形光滑軌道玩具，將質量分別爲 m 與 $2m$ 的甲與乙兩質點，靜置於光滑圓形軌道內緣，甲離水平地面的高度為 r，而乙位於軌道最低點。當甲自靜止開始沿著軌道下滑後，與乙發生正面彈性碰撞。碰撞後乙沿軌道可爬升的最大鉛直高度為下列何者？

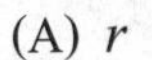

(A) r

(B) $\frac{2}{3}r$

(C) $\frac{1}{2}r$

(D) $\frac{4}{9}r$

(E) $\frac{1}{3}r$

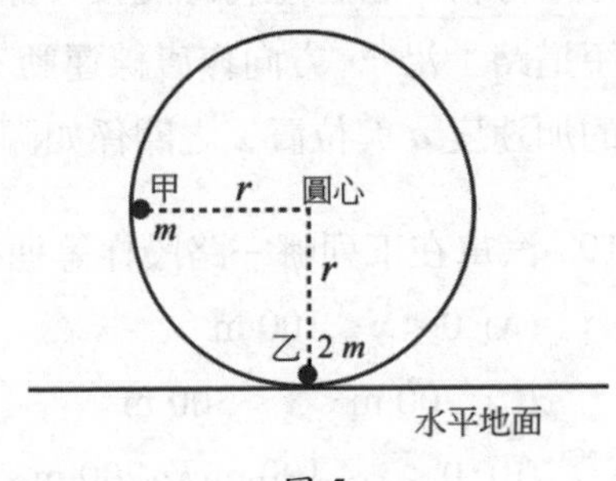

圖 5

18. 如圖 6 所示，一質量為 m 的小物體靜止在傾角為 60 度、長度為 L 且固定不動之斜面的最低點 P。現對此物體施加量值不變、方向始終沿斜面方向向上的力 F，使物體沿斜面運動到達斜面長度 $L/2$ 的 Q 點，在 Q 點時立即撤去外力 F。若要使物體能夠到達斜面最高點 R，則外力 F 的量值至少需為多少？設物體與斜面之動摩擦係數為 μ、重力加速度為 g。

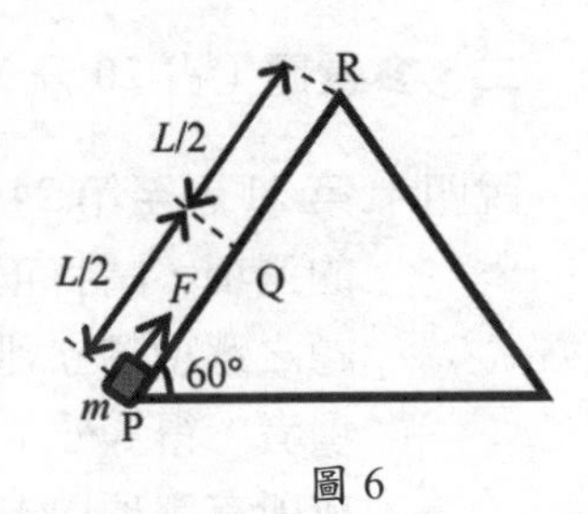

圖 6

(A) $\frac{\sqrt{3}}{2}\mu mg$　(B) $(\sqrt{3}+1)\mu mg$

(C) $\frac{(\mu+\sqrt{3})}{2}mg$　(D) $(\sqrt{3}\mu+1)mg$

(E) $(\mu+\sqrt{3})mg$

<u>第 19-20 題爲題組</u>

一質量爲 1000 kg 的汽車在十字路口 ($x = 0$) 停下等待，當紅燈轉綠燈後，開始在筆直水平道路上沿 $+x$ 方向作直線運動，前 300 m 的加速度 a 與位置 x 之關係如圖 7 所示。

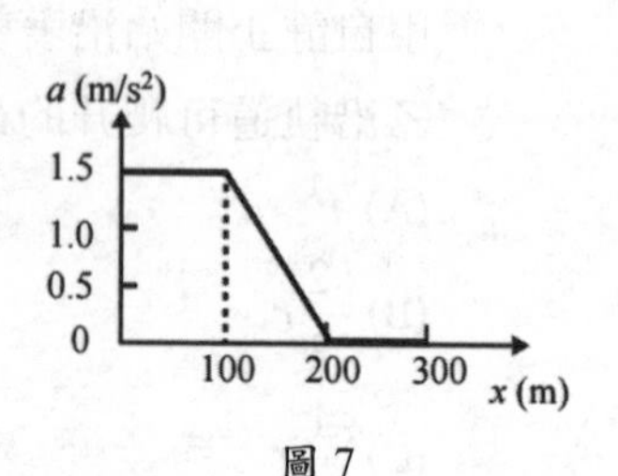

圖 7

19. 汽車在下列哪一路段作等速度運動？
 (A) $0 < x < 100$ m　(B) 100 m $< x < 200$ m
 (C) 200 m $< x < 300$ m　(D) $0 < x < 200$ m
 (E) $0 < x < 100$ m 及 200 m $< x < 300$ m

20. 在前 300 m 的路途中，汽車的最大速率約爲多少 m/s？
 (A) 90　(B) 76　(C) 62　(D) 21　(E) 10

二、多選題（占 20 分）

說明：第 21 題至第 24 題，每題有 5 個選項，其中至少有一個是正確的選項，請將正確選項畫記在答案卡之「選擇題答案區」。各題之選項獨立判定，所有選項均答對者，得 5 分；答錯 1 個選項者，得 3 分；答錯 2 個選項者，得 1 分；答錯多於 2 個選項或所有選項均未作答者，該題以零分計算。

21. 某人拉著紙箱沿斜坡向上等速行走，若此人施加的拉力平行於斜坡的方向，且作用在紙箱上的力只有人施加的拉力、斜面對紙箱的摩擦力、斜面的正向力與重力，則在此等速過程中，下列敘述哪些正確？
 (A) 重力對紙箱作負功
 (B) 人施加的拉力對紙箱作正功
 (C) 摩擦力對紙箱作正功，斜面的正向力對紙箱不作功

(D) 紙箱的動能沒有增加，代表所有的作用力對紙箱所作的總功爲零

(E) 紙箱的重力位能增加，代表所有的作用力對紙箱所作的總功爲正功

22. 在透明固體的折射率測定實驗中，某生以長方體的透明壓克力磚放在方格紙及保麗龍板上當作待測物，以插針法追踪經待測物的入射光線及折射光線的路徑。已知壓克力磚的長、寬、高分別爲30、10及2公分，下列敘述哪些正確？

(A) 在同一側所插的2針，間距愈近所量測的折射率愈準

(B) 若在壓克力磚二平行面外側各插2針，共插4針，可測得其折射率

(C) 若壓克力磚二平行面不是眞的平行，亦可由本實驗方法測定其折射率

(D) 壓克力磚二平行面是否眞的平行，無法由兩側所插針的實驗結果判定

(E) 以相距10公分的平行面量測折射率，較利用相距2公分平行面的結果爲精準

23. 甲生在整理實驗器材時，發現有雙狹縫片與單狹縫片共5片，其規格標籤都脫落了，導致無法從外觀分辨規格。於是他將這5片狹縫片編號爲S1～S5，接著利用同一單色雷射光源做干涉與繞射實驗來比較狹縫片之間的關係。實驗時光屏與狹縫間的距離保持固定，並僅依序更換5片狹縫片，觀看光屏上的干涉或繞射圖像，其示意如圖8所示，並在光屏上定出 P_i、Q_i 兩點（$I=1\sim5$），且數出 P_i、Q_i 之間的暗紋數目 n（包含 P_i、Q_i 兩處之暗紋），量測結果如表2所示。下列關於甲生實驗的敘述，哪些正確？

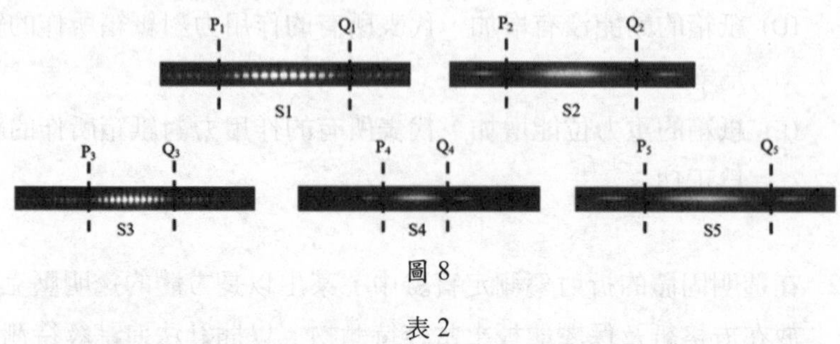

圖 8

表 2

編號	S1	S2	S3	S4	S5
P_i、Q_i 兩點間距 $\overline{P_iQ_i}$ (mm)	52	52	26	12	48
n（個）	14	2	14	2	2

(A) S1 爲雙狹縫片；S2 爲單狹縫片

(B) S3 的相鄰縫距是 S1 相鄰縫距的 2 倍

(C) S5 的縫寬是 S4 縫寬的 4 倍

(D) 如果僅將光屏和狹縫片的距離變成原來的兩倍，則 S3 的 n 會變成 28

(E) 如果僅將光屏和狹縫片的距離變成原來的兩倍，則 S5 的 $\overline{P_5Q_5}$ 會變成 24 mm

24. 電蚊拍利用電子電路讓兩電極間的直流電壓可升高達上千伏特，且兩電極間串聯著一個電阻值很大的電阻。它酷似網球拍的網狀拍外型，一般具有三層金屬導線網，其中構成上、下拍面的兩層較疏的金屬網彼此相通，構成同一電極，處於電路的低電位；夾在中間的一層金屬網則是電路中電位較高的另一電極。已知在一大氣壓下，當電場超過 30 kV/cm 時，空氣通常會被游離而放電。以下僅考慮兩電極的間距爲5mm之金屬網，且兩電極間的電壓不足以使空氣游離的電蚊拍。依據上述，判斷下列敘述哪些正確？

(A) 該電蚊拍兩電極間的電壓可升高至 30 kV

(B) 閃電生成的基本原理與電蚊拍游離空氣放電的原理是一樣的

(C) 電蚊拍拍面上的電子由較高的原子能階躍遷回低能階時釋放的能量可使空氣游離

(D) 飛入兩電極間的蚊蟲相當於導電體，即使它只碰到外層電網，也可使兩電極間的空氣間隙減小，以致空氣游離放電

(E) 電蚊拍中間夾層的金屬網電位高達上千伏特，若人體碰觸金屬網，會因電擊而產生嚴重傷害

第貳部分：非選擇題（占 20 分）

說明：本部分共有二大題，答案必須寫在「答案卷」上，並於題號欄標明大題號（一、二）與子題號（1、2、……），若因字跡潦草、未標示題號、標錯題號等原因，致評閱人員無法清楚辨識，其後果由考生自行承擔。作答時不必抄題，但必須寫出計算過程或理由，否則將酌予扣分。作答使用筆尖較粗之黑色墨水的筆書寫，且不得使用鉛筆。每一子題配分標於題末。

一、欲使用惠司同電橋測量電阻，圖 9 中爲電路元件的符號，其中 G 爲檢流計、ε 爲直流電源供應器、S 爲開關、R_1 爲已知電阻、R_x 爲待測電阻。另有惠司同電橋（三接頭滑動可變電阻），其 ε 電阻大小與電阻線的長度成正比。

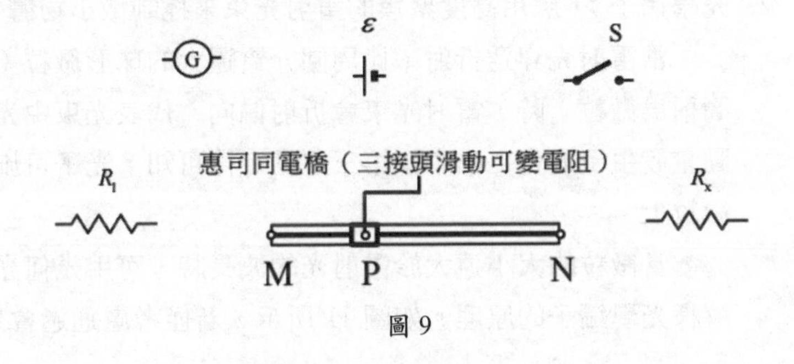

圖 9

1. 利用圖 9 的元件各一個及數條接線，安裝成惠司同電橋來測量 R_x 的 R 電阻值，試畫出其電路圖。(4 分)

2. 列出相關公式，並說明利用惠司同電橋可測量出未知電阻的基本原理。(3 分)

3. 簡要說明利用惠司同電橋測量 R_x 的步驟。(3 分)

二、獲得 2018 年諾貝爾物理學獎的科學家對雷射領域做出的重要貢獻，包括了光學鑷子在物理學上的應用，本大題將探討傳統鑷子與光學鑷子的原理。

1. 傳統鑷子：

用兩邊長各為 L、末端重合成 V 字形的鑷子，去夾半徑為 R、質量為 m 的玻璃小球。夾小球時，鑷子在鉛垂面上，若每邊對小球施力量值為 F，恰可將小球夾起，鑷子與小球的接觸點，如圖 10 所示。試畫出小球所受各外力的力圖（需標示各外力的名稱），並計算出鑷子與小球之間的靜摩擦係數 μ 至少為若干？設重力加速度為 g。(5 分)

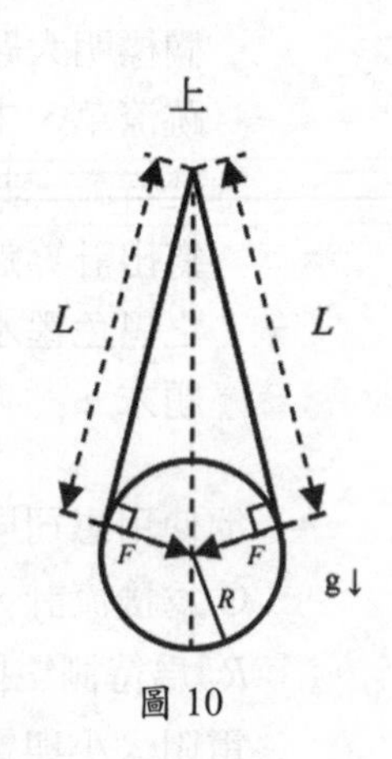

圖 10

2. 光學鑷子：(應用高度聚焦的雷射光束來控制微小物體)

當雷射光穿透折射率比周圍介質還大的球形微粒（以下簡稱為微粒）時，雷射光束會折射偏向，代表光束中光子的動量發生了變化，由牛頓第三運動定律可知，光子可施力於微粒上。

當微粒的大小遠大於雷射光的波長時，可用幾何光學來解釋光學鑷子的原理。如圖 11 所示，若僅考慮通過會聚透鏡後的雷射光束中，行進方向交會於微粒球心 O 下方的 B 點之編號 1、2 兩條光線，它們射入微粒後會發生偏折，再由微粒的上方射出時，則因光線被折射，光子會施於微粒一個作用方向向下的合力 $\overrightarrow{F}$，而將微粒向下推移。編號 1、2 兩條光線射入微粒前後，光子的動量分別爲 $\overrightarrow{P_1}$ 與 $\overrightarrow{P_1'}$、$\overrightarrow{P_2}$ 與 $\overrightarrow{P_2'}$。

如圖 12 所示，若改變兩條光線的入射方向使行進方向交會點在微粒球心 O 上方的 C 點，試參考圖 11 的動量表示方式，僅需考慮光的折射，畫出雷射光的光子路徑、雷射光的光子在射入微粒前後的動量 $\overrightarrow{P_3}$ 與 $\overrightarrow{P_3'}$、$\overrightarrow{P_4}$ 與 $\overrightarrow{P_4'}$ 並標示出動量變化 $\Delta\overrightarrow{P_3}$、$\Delta\overrightarrow{P_4}$、以及微粒受光子合力 $\overrightarrow{F}$ 作用的方向。（5 分）

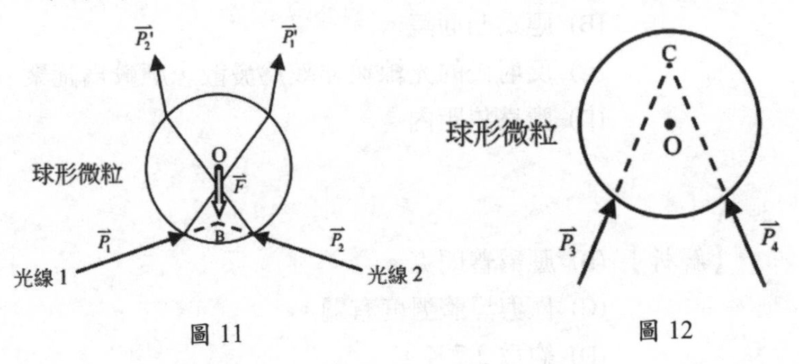

圖 11　　　　圖 12

108年度指定科目考試物理科試題詳解

第壹部分：選擇題

一、單選題

1. **B**

【解析】最小的氫原子核半徑約莫爲 10^{-15} m，因此原子核直徑落於 B 區間。

2. **E**

【解析】(A) 應爲縮小虛像。
(B) 應爲凸面鏡。
(C) 反射後的光線並非較爲發散，應較爲匯聚。
(D) 應爲焦距內。

3. **A**

【解析】(B) 應爲普朗克。
(C) 僅與黑體溫度有關。
(D) 約爲 2.7 K。
(E) 並非黑色物體，亦並非物質波。

4. **E**

【解析】(A) 應爲平行波。
(B) 調整起波器的頻率。
(C) 因水波槽到白紙有一段距離，因此亮紋間距不會恰等於波長，除非使用平行光源。
(D) 海綿的用途爲吸收多餘的殘波。

5. **D**

【解析】 (A) 開口處爲波腹。

(B) 應爲破壞性干涉導致相消，故爲波節。

(C) 爲半波長。

(E) 駐波爲兩反向前進之波相遇而成，並非同向。

6. **A**

【解析】 P 點在最低點時 a 也會移動到 $y<0$ 處，如圖：

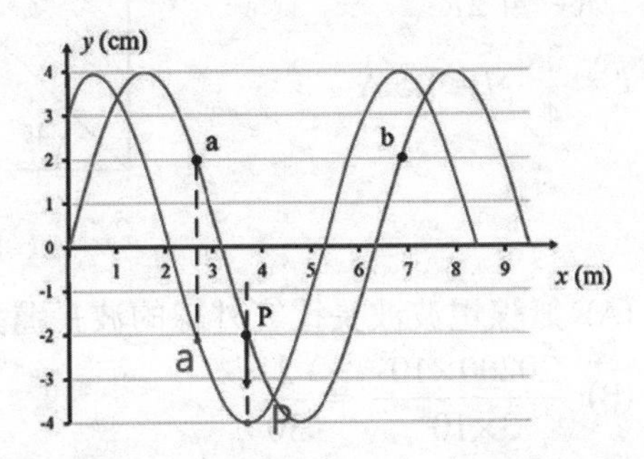

7. 無答案【本題爲力學基本題，唯題目未明示兩質點質量是否相同，造成條件不足。】

8. **C**

【解析】 $R=\frac{\rho L}{A}\Rightarrow\rho=\frac{VA}{IL}$

$$\rho_{甲}=\frac{V\times0.5}{0.5\times40}=\frac{V}{40}$$

$$\rho_{乙}=\frac{V\times1}{1\times20}=\frac{V}{20}$$

$$\rho_{丙}=\frac{V\times1}{1\times10}=\frac{V}{10}$$

9. **B**

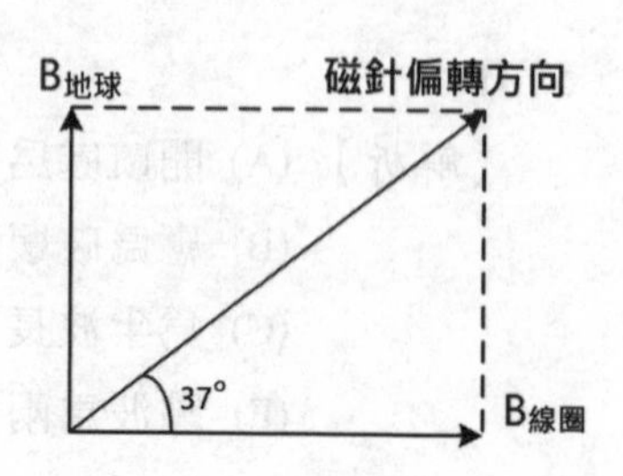

【解析】 $B=\dfrac{\mu_0 i}{2R}$

$\tan 37° = \dfrac{B_{地球}}{B_{線圈}} = \dfrac{3}{4}$

$B'_{線圈} = \dfrac{3}{4}\,B_{地球}$

$\dfrac{\mu_0 i'}{2R} = \dfrac{3}{4}\dfrac{\mu_0 i}{2R}$

$i' = \dfrac{3}{4} \quad i = 1.5\ \text{A}$

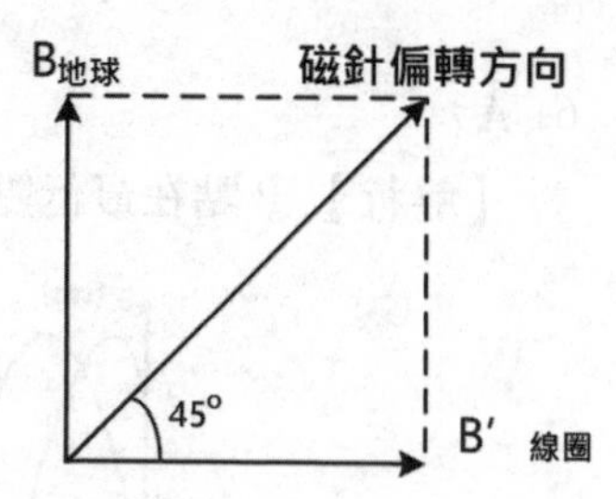

10. **E**

【解析】 (A) 無線電波波長比紅外線的波長還長。

(B) $\dfrac{20200\times10^{3}}{3\times10^{8}} \fallingdotseq \dfrac{2}{30}$

(C) 銫原子鐘可到 10^{-13} 秒，千分之一秒遠小於它，所以會有極大的誤差。

(D) 題目中敘述到若需要精準定位出三維空間位置需要四顆。

11. **A**

【解析】 $\omega=\dfrac{2\pi}{T}$，$(\dfrac{T}{T_G})^2=(\dfrac{R}{R_G})^3$

$\dfrac{\omega_G}{\omega}=\dfrac{T}{T_G}=(\dfrac{R}{R_G})^{\frac{3}{2}}=(\dfrac{42400}{26600})^{\frac{3}{2}}\cong 2$

12. **C**

【解析】 $|\varepsilon| = \left| -N\dfrac{\Delta\Phi}{\Delta t} \right| = N\dfrac{\Delta B}{\Delta t}A = 10^3 \times 1.0 \times (0.050)^2$

$= \dfrac{10^3}{400} = 2.5\text{ V}$

13. **A**

【解析】 完全吸收的情況下，$\Delta p = p = \dfrac{E}{c}$；

完全反射的情況下，$\Delta p = (-p) - p = -2\dfrac{E}{c}$

14. **B**

【解析】 $\dfrac{E_{total}}{\Delta t} = (1.5\times10^3)\times(1.0\times10^6) = 1.5\times10^9$

$F = ma \Rightarrow \dfrac{\Delta p}{\Delta t} = ma = \dfrac{2\times\dfrac{E_{total}}{c}}{\Delta t} = ma$

$a = \dfrac{2E_{total}}{mc\Delta t} = \dfrac{3\times10^9}{10^3\times(3\times10^8)} = \dfrac{1}{100} = 1.0\times10^{-2}$

15. **B**

【解析】 $n_{in} = \dfrac{PV}{RT} = \dfrac{10\times10}{0.082\times300} = \dfrac{1}{3}\times\dfrac{1}{0.082}$

$n_{out} = \dfrac{PV}{RT} = \dfrac{12\times10}{0.082\times400} = \dfrac{3}{10}\times\dfrac{1}{0.082}$

$\Delta n = (\dfrac{1}{3} - \dfrac{3}{10})\times\dfrac{1}{0.082} = 0.406$

16. **D**

【解析】(A) 靜止密閉容器氣體總動量皆爲 0。

(B) 方均根速率與根號分子量成反比。

(C) 應改爲 2 倍。

(E) 氣體分子平均動能僅與溫度有關，故相同。

17. **D**

【解析】甲質點透過位能轉爲動能，以速率 $v=\sqrt{2gr}$ 正向彈性碰撞乙質點，乙質點被碰撞完後速率爲

$v_2'=\dfrac{2m}{m+2m}\sqrt{2gr}$，乙質點再以動能轉爲位能，獲得最大高度得 $\dfrac{4}{9}r$。

18. **E**

【解析】拉力作功 + 摩擦力作功 + 重力作功 = 0

因此，$F\cdot\dfrac{L}{2}-\mu mg\cos 60°\cdot L-mg\cdot\dfrac{\sqrt{3}}{2}L=0$

可得 $F=mg(\mu+\sqrt{3})$

19. **C**

【解析】因等速度運動，加速度必爲 0，由圖可知，該汽車位於 $200<x<300$ 之間時，其加速度 $a=0$，故答案選 (C)。

20. **D**

【解析】將縱軸 a 乘以質量 m 可得合力，得合力–位置關係圖，其線下面積爲合力作功 = 動能變化，因此算得面

積 $= \dfrac{(100+200)\times 1500}{2} = 225000$ J（焦耳）爲動能變化，汽車初速爲 0，因此 300 m 後，其動能爲 225000 焦耳 $= \dfrac{1}{2}\cdot 1000\cdot v^2$，可得 $v \cong 21$ m/s

二、多選題

21. **ABD**

【解析】(A) 重力方向與位移方向夾鈍角，因此作負功。
(B) 拉力方向與位移方向同向，因此作正功。
(C) 摩擦力應爲作負功。
(D) 合力作功等於動能變化，動能變化 = 0，因此合力作功 = 0。
(E) 重力位能增加僅是因爲重力作負功。

22. **BCE**

【解析】(A) 越近不會越準確。
(D) 是否平行可由視差法檢驗。

23. **AB**

【解析】由圖可得知，S_1 和 S_3 爲雙狹縫，S_2、S_4 和 S_5 爲單狹縫，

$\Delta y_{雙} = \dfrac{L\times\lambda}{d}$，$\Delta y_{單} = \dfrac{L\times\lambda}{a}$

(B) $\dfrac{\Delta y_1}{\Delta y_3} = 2$　　(C) $\dfrac{\Delta y_4}{\Delta y_5} = 4$

(D) 距離變成 2 倍，個數會變成 $\dfrac{1}{2}$ 倍，應爲 7 個。
(E) 距離變成 2 倍，間距也會變成 2 倍，應爲 96 mm。

24. **BD**

【解析】(A) 兩極間電壓不到 15 kv。

(C) 無法使空氣游離。

(E) 因電流小，故不會產生嚴重傷害。

第貳部分：非選擇題

一、

1.

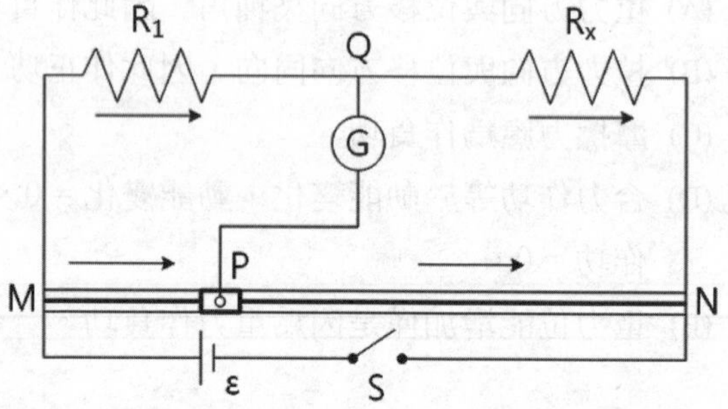

2. 當檢流計的讀數爲零時，又根據電阻定律

$$R=\rho\frac{L}{A}\quad\Rightarrow\frac{R_1}{R_x}=\frac{\overline{MP}}{\overline{PN}}\quad\Rightarrow R_x=R_1\frac{\overline{PN}}{\overline{MP}}$$

（$\overline{MP}$ 是 M 到 P 的長度，$\overline{PN}$ 是 P 到 N 的長度）

3. (1) 連接線路圖如 1.。

(2) 連接開關 S。

(3) 移動滑動接頭，直到檢流計 G 的讀數爲零。

(4) 測得線段 MP、NP 的長度。

(5) 由 $R_x=R_1\dfrac{\overline{PN}}{\overline{MP}}$ 式子測得待測電阻 R_x。

二、

1. 靜力平衡，故向上的合力 = 向下的合力，

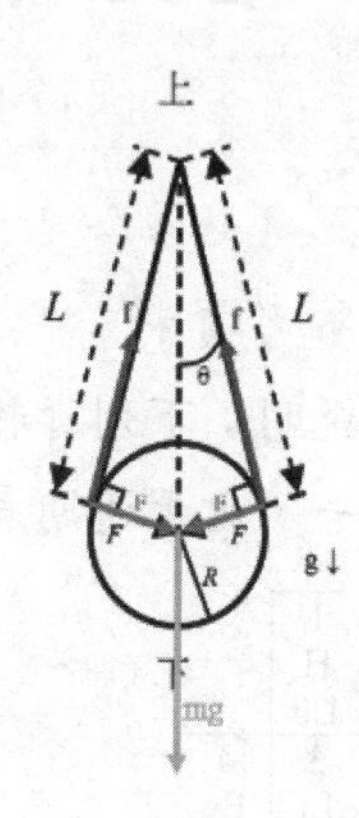

且最大靜摩擦力 $f_{smax} = \mu F$

$$2f_{smax}\cos\theta = 2F\sin\theta + mg$$

$$2f_{smax}\frac{L}{\sqrt{L^2+R^2}} = 2F\frac{R}{\sqrt{L^2+R^2}} + mg，$$

$$2\mu F\frac{L}{\sqrt{L^2+R^2}} = 2F\frac{R}{\sqrt{L^2+R^2}} + mg，$$

$$\mu = \frac{R}{L} + \frac{mg\sqrt{L^2+R^2}}{2FL}$$

2.

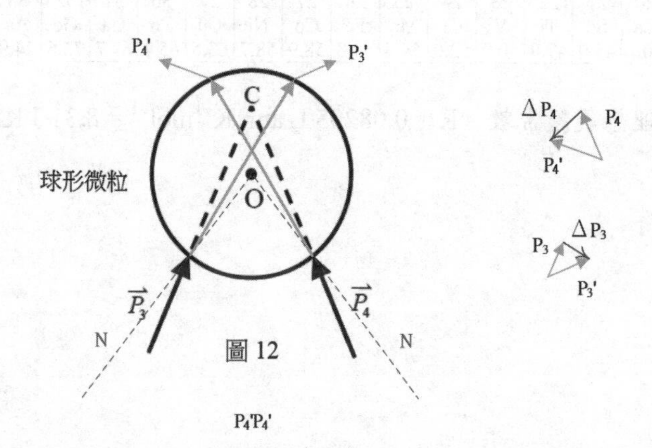

圖 12

Δp_3 與 Δp_4 爲光子的動量變化，其向量合方向向下，根據牛頓第三定律，可得球型微粒之動量變化方向向上，因此球型微粒之受力方向爲向上。

108年大學入學指定科目考試試題
化學考科

參考資料

說明：下列資料，可供回答問題之參考

一、元素週期表（1～36號元素）

1 H 1.0																	2 He 4.0
3 Li 6.9	4 Be 9.0											5 B 10.8	6 C 12.0	7 N 14.0	8 O 16.0	9 F 19.0	10 Ne 20.2
11 Na 23.0	12 Mg 24.3											13 Al 27.0	14 Si 28.1	15 P 31.0	16 S 32.1	17 Cl 35.5	18 Ar 40.0
19 K 39.1	20 Ca 40.1	21 Sc 45.0	22 Ti 47.9	23 V 50.9	24 Cr 52.0	25 Mn 54.9	26 Fe 55.8	27 Co 58.9	28 Ni 58.7	29 Cu 63.5	30 Zn 65.4	31 Ga 69.7	32 Ge 72.6	33 As 74.9	34 Se 79.0	35 Br 79.9	36 Kr 83.8

二、理想氣體常數　$R = 0.08205\ L\ atm\ K^{-1}mol^{-1} = 8.31\ J\ K^{-1}mol^{-1}$

第壹部分：選擇題（占80分）

一、單選題（占48分）

說明：第1題至第16題，每題有5個選項，其中只有一個是正確或最適當的選項，請畫記在答案卡之「選擇題答案區」。各題答對者，得3分；答錯、未作答或畫記多於一個選項者，該題以零分計算。

1. 鈉是人體中重要的電解質之一，其攝取量對健康影響很大。專家建議成年人每日鈉的攝取量，應以2400毫克為限。味精是一種麩胺酸的鈉鹽（$C_5H_8NO_4Na$，莫耳質量為169 g/mol），是麩胺酸的一個鈉鹽。食用1.0克味精，鈉含量相當於攝取食鹽約多少克？
(A) 0.35 (B) 0.45 (C) 0.55 (D) 0.65 (E) 0.75

2. 空氣中的顆粒狀飄浮物PM 2.5，顆粒很小不易沉澱，有害身體健康。此外，PM 2.5在空氣中扮演另一個角色，與SO_2接觸並且將其轉化為SO_3，這是造成酸雨的原因之一。在氧氣存在下，SO_2氧化為SO_3的過程，顆粒狀飄浮物扮演什麼角色？
(A) 催化劑 (B) 還原劑 (C) 吸附劑 (D) 氧化劑 (E) 沉澱劑

3. 正電子放射斷層攝影是先進的癌症診斷技術之一。目前使用的放射性藥劑是含有^{18}F的氟代去氧葡萄糖，半衰期約為2小時。若從加速器製得的藥劑，運送至醫院所需時間為10小時，當醫院需要含有1.0毫克^{18}F的氟代去氧葡萄糖的藥劑，則從製造端運送出的藥劑至少需含有^{18}F的氟代去氧葡萄糖若干毫克？
(A) 64 (B) 32 (C) 20 (D) 10 (E) 5

4. 於25℃，分別有1克的氬氣、甲烷及二氧化硫三種氣體。下列關於此三種氣體的敘述，哪一項正確？

(A) 氫氣所含的分子數目最少
(B) 若三種氣體同置於一容器中，則三者的分壓相同
(C) 若三種氣體同置於一容器中，則氫氣的莫耳分率最大
(D) 若三種氣體均為1大氣壓，則二氧化硫的氣體體積最大
(E) 若三種氣體分別置於體積相同的三個容器中，則氫氣的密度最小

5. 取含有 Fe_2O_3 雜質的金塊樣品3.2克，以適量鹽酸使雜質恰完全作用，釋出的 Fe^{3+} 再以鐵還原成 Fe^{2+}，該溶液中無 Fe^{3+} 殘留，其反應如式（1）及式（2）。用去離子水將該溶液稀釋至100毫升，取該稀釋液10毫升，在標準狀況下通入氯氣13.44毫升（視為理想氣體），可將 Fe^{2+} 完全氧化，如式（3）所示，該溶液中無 Fe^{2+} 殘留。試問金塊樣品中所含 Fe_2O_3 的重量百分比為多少（%）？（Fe_2O_3 莫耳質量為160 g/mol）

$Fe_2O_3(s) + 6H^+(aq) \rightarrow 2Fe^{3+}(aq) + 3H_2O(l)$　式（1）
$Fe(s) + 2Fe^{3+}(aq) \rightarrow 3Fe^{2+}(aq)$　式（2）
$2Fe^{2+}(aq) + Cl_2(g) \rightarrow 2Fe^{3+}(aq) + 2Cl^-(aq)$　式（3）

(A) 20　(B) 30　(C) 40　(D) 50　(E) 60

6-7為題組

做完秒錶反應後，為了要同學探究實驗過程中的試劑與其化學反應，張老師又用一個燒杯，演示了一組實驗。簡要過程如下：取一個盛有去離子水100毫升的大燒杯，放置於攪拌器上，使燒杯內的水穩定攪拌，然後滴入碘酒，使溶液呈現黃褐色。

①加入X試劑，黃褐色褪去，溶液呈現無色。
②加入雙氧水，黃褐色復現。
③加入Y試劑，黃褐色褪去，溶液呈現無色。
④加入鹽酸溶液，黃褐色復現。

其流程如右圖，①②③④爲反應過程序號，依據實驗回答 6-7 題：

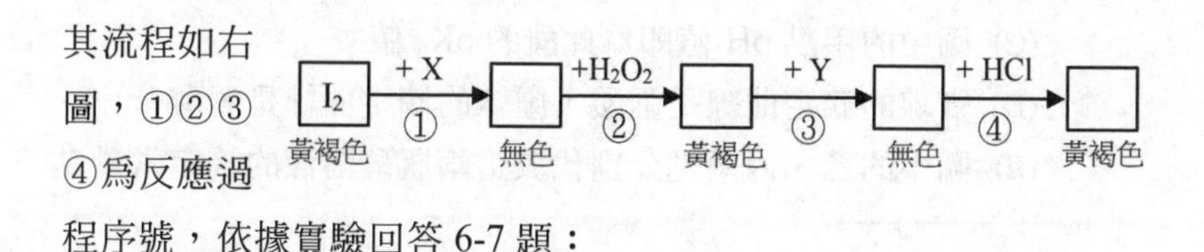

6. 在①的步驟中，加入的試劑 X 是什麼？
(A) HCl　(B) H_2SO_3　(C) NaOH　(D) H_2O_2　(E) I_2

7. 在③的步驟中，加入的試劑 Y 是什麼？
(A) HCl　(B) H_2SO_3　(C) NaOH　(D) H_2O_2　(E) I_2

8. 林同學以儀器量測某穩定元素，其組成爲雙原子分子，測得其分子量僅有 158、160 及 162 三個數值，且對應的分子含量比約爲 1：2：1。下列敘述，哪一項正確？
(A) 此元素有三種同位素，其對應原子量爲 79、80 和 81
(B) 三個分子中，對應分子量爲 162 的分子所含質子數最多
(C) 三個分子中，對應分子量爲 158 的分子所含電子數最少
(D) 對應原子量 79 的同位素的天然含量約占該元素的一半
(E) 對應原子量 80 的同位素的天然含量約占該元素的四分之一

9. 李同學在實驗室發現兩瓶相同體積的酸性溶液，爲了獲知兩瓶溶液的濃度及酸的強度，於是用 0.2 M 的氫氧化鈉溶液分別對兩瓶酸進行滴定。以所加入氫氧化鈉溶液的體積（毫升）爲 X 軸，溶液的 pH 值爲 Y 軸，得到的滴定曲線如圖 1 所示。下列敘述，哪一項**錯誤**？

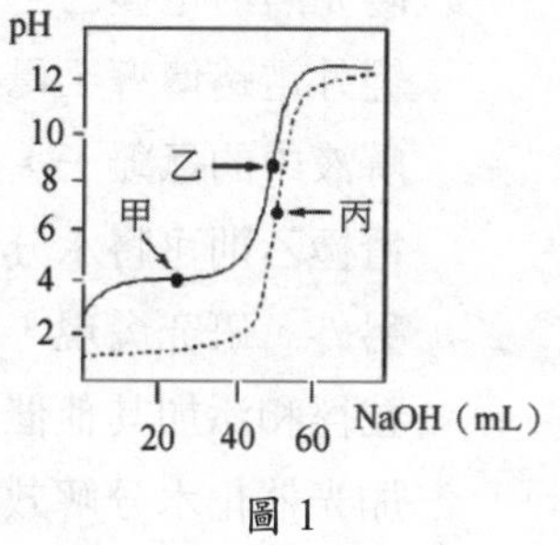

圖 1

(A) 兩瓶酸的濃度相近
(B) 圖中甲點附近平緩曲線區是緩衝溶液

(C) 圖中的甲點 pH 值即爲此酸的 pK_a 值

(D) 實線的滴定曲線是強酸，虛線的滴定曲線是弱酸

(E) 圖中的乙、丙兩點分別代表這兩瓶酸溶液的滴定當量點

10. 有關測定草酸鎂溶度積常數的實驗，下列敘述，哪一項<u>錯誤</u>？

(A) 飽和草酸鎂溶液中的離子濃度與溶度積關係爲 $K_{sp} = [Mg^{2+}][C_2O_4^{2-}]$

(B) 可測定飽和溶液中鎂離子濃度來獲得溶度積常數

(C) 加入過量的草酸鎂固體於水中，可測量溶解前和溶解後的草酸鎂質量來獲得溶度積常數

(D) 飽和草酸鎂溶液中有許多懸浮微粒，可利用離心機使其沉澱，再取上層澄清液進行實驗

(E) 將飽和草酸鎂溶液加熱至 95℃，再用已知濃度的過錳酸鉀溶液趁熱滴定，可獲得溶度積常數

<u>11-12 題爲題組</u>

半導體材料（例如 TiO_2）及催化材料受到太陽光激發後，電子會由基態躍遷至高能量的狀態，促使進行氧化還原反應。所以，藉由太陽光提供能量，在半導體材料及催化材料存在下，可以將水轉變爲氫氣與氧氣，稱爲光催化水分解，其組成如圖 2 所示。太陽光照射電極乙，激發其電子，然後經外電路傳導至電極甲，進而還原電解液中的氫離子，產生氫氣；同時，電極乙則可將水分子氧化產生氧氣。另外，研究發現，降低半導體材料的粒徑和添加其他催化材料，可有效增加光催化水分解效率。

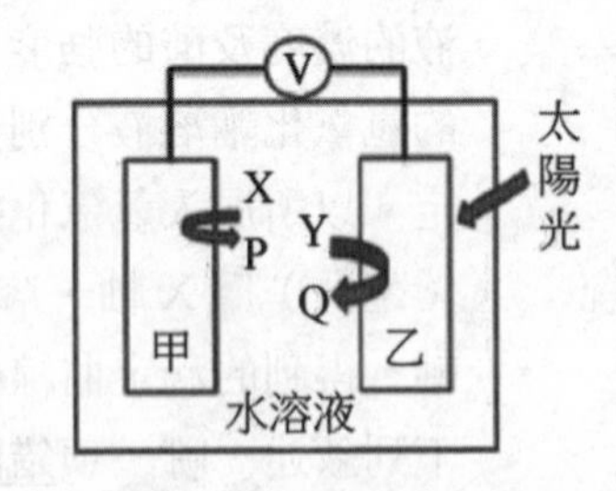

圖 2 光催化水分解示意圖

11. 下列有關光催化水分解的敘述，哪一項正確？
(A) X 爲 H^+；P 爲 H_2
(B) Y 爲 OH^-；Q 爲 O_2
(C) 電子流動方向，由甲電極至乙電極
(D) 光催化水分解效率和催化材料大小及形狀無關
(E) 光催化水分解效率和太陽光的波長及強度無關

12. 光催化水分解所產生的氫氣，可用於燃料電池，產生電能。已知水的氧化電位和還原電位分別爲 –0.82 伏特和 –0.41 伏特，下列有關氫燃料電池的敘述，哪一項正確？
(A) 氫燃料電池的產物爲水和二氧化碳
(B) 氫燃料電池可用充電方式，恢復其電力
(C) 電極中添加鉑和鈀可提升電能的產生效率
(D) 氫氣和另一個燃料直接混合，即可產生電能
(E) 單一的氫燃料電池可以提供約 2 伏特的電壓

13. 已知五種電中性的原子，其基態的電子組態如甲～戊所示：
甲、$1s^22s^22p^4$　　乙、$1s^22s^1$　　丙、$1s^22s^22p^2$
丁、$1s^22s^22p^63s^23p^4$　　戊、$1s^22s^22p^63s^23p^63d^{10}4s^24p^3$
下列有關此五種原子的敘述，哪一項正確？
(A) 戊原子爲過渡金屬
(B) 甲原子的第一游離能小於丁原子的第一游離能
(C) 乙原子的電子組態由 $1s^22s^1$ 改變成爲 $1s^12s^2$ 時，會放出能量
(D) 丙原子 2p 的兩個電子皆是塡入 $2p_x$ 軌域中
(E) 某原子的第一及第二游離能差異極大，則此原子最可能爲乙

14. 銅葉綠素-鈉鹽是一個食用色素，常用於牙膏或口香糖，其化學結構如圖 3 所示。下列敘述，哪一項正確？

(A) 可溶於水，且溶液呈弱酸性
(B) 銅葉綠素-鈉鹽中銅的配位數為 6
(C) 溶於水後，銅離子會和四個水分子形成穩定化合物
(D) 銅葉綠素-鈉鹽溶於水後，生成的錯離子為正二價離子

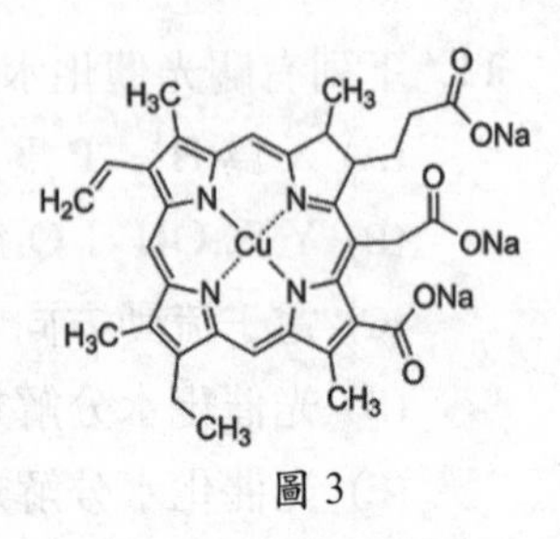

圖 3

(E) 每莫耳的銅葉綠素-鈉鹽溶於水後，可產生 3 莫耳的鈉離子

15. 蔡同學為了從混合物中分離出有機化合物己，設計了一個萃取流程圖，如圖 4 所示。下列哪一選項，最有可能是化合物己？

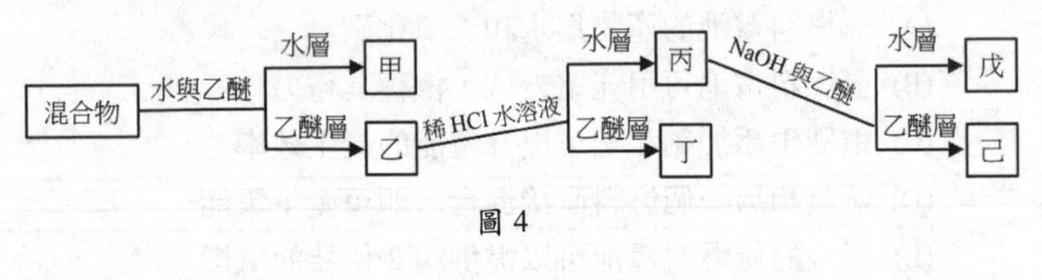

圖 4

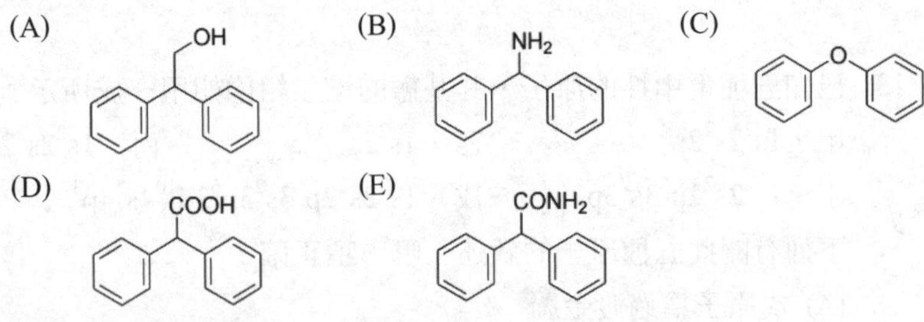

16. 分子的鍵結及構造有極大的差異，也有一些原則可以推測。下列相關的推論及敘述，哪一項正確？
(A) 臭氧的分子式為 O_3，為直線形分子，具共振結構
(B) H_2O_2 與 C_2H_2，具有相同數目的孤電子對
(C) 下列分子均符合八隅體：SO_2、PH_3、NO_2
(D) 下列分子的鍵角大小依序為：$CH_4 > NH_3 > H_2O$
(E) 下列分子均為平面形構造：$Pt(NH_3)_2Cl_2$、$Ni(CO)_4$、H_2CO

二、多選題（占32分）

說明：第17題至第24題，每題有5個選項，其中至少有一個是正確的選項，請將正確選項畫記在答案卡之「選擇題答案區」。各題之選項獨立判定，所有選項均答對者，得4分；答錯1個選項者，得2.4分；答錯2個選項者，得0.8分；答錯多於2個選項或所有選項均未作答者，該題以零分計算。

17. 某化學反應式為：$X+Y \rightarrow P+Q$，化學反應路徑描述如圖5所示。已知其反應速率定律式為：$r=\Delta[P]/\Delta t=k[X][Y]$。下列有關此反應的敘述，哪些正確？

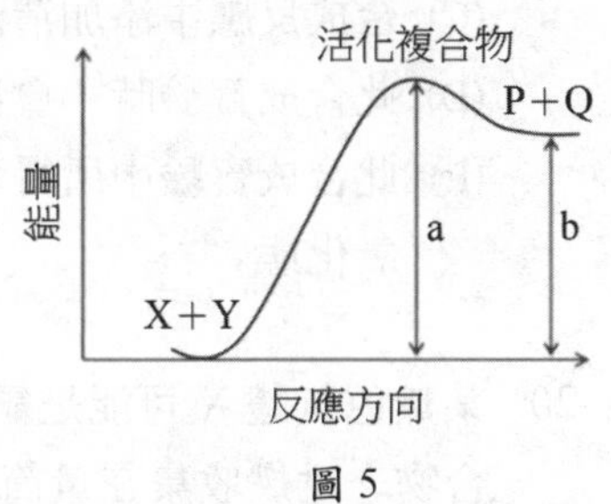

圖5

(A) 此反應為一級反應

(B) 逆向反應的活化能為a

(C) 此化學反應為吸熱反應，反應熱 $\Delta H=+b$

(D) 由化學反應式即可推知反應速率定律式為 $k[X][Y]$

(E) 將反應物X與Y的初始濃度增為原來的兩倍，則反應速率為原來的四倍

18. 過錳酸鉀是實驗室中常見的試劑，常用於滴定及有機化學反應。下列有關過錳酸鉀的敘述，哪些正確？

(A) 過錳酸鉀可將烷類化合物氧化成羧酸

(B) 過錳酸鉀水溶液的濃度可直接用硫酸亞鐵來標定

(C) 過錳酸鉀遇光會分解，故應儲存於棕色玻璃瓶中

(D) 未用完的過錳酸鉀溶液，可用硫代硫酸鈉在酸性條件下處理，再倒入廢液桶中

(E) 乙烯是果實天然產生的催熟劑，若在熟成室內置放過錳酸鉀，則可延緩其熟成

19. 在奈米硫顆粒的合成實驗中，需要配製A、B兩溶液，其組成如下；

A：1.0 M 硫代硫酸鈉 2 毫升 + 稀釋後的清潔劑 5 滴 + 水 20 毫升

B：2.0 M 鹽酸溶液 2 毫升 + 水 23 毫升

首先，使用雷射筆照射，分別觀察A、B溶液是否出現光束；其次，將A、B溶液混合後，再觀察是否出現光束。下列有關此實驗的敘述，哪些正確？

(A) 不論是A、B或混合溶液，都可以見到光束線

(B) 奈米硫顆粒的合成原理可以用廷得耳效應來解釋

(C) 合成反應中添加清潔劑，可使奈米硫顆粒分散於水中

(D) 此合成實驗時，會出現刺鼻的氣味，是二氧化硫的味道

(E) 此合成實驗中所得到的兩種含硫產物，兩者的硫具有相同的氧化態

20. 某無色氣體X可能是氫氣、甲烷、一氧化碳中的一種或數種的混合物。點燃收集在量筒內的X時，聽到爆鳴聲。另外，點燃經由噴嘴放出的氣體X，並將所產生的氣體Y收集後，進行下列兩個實驗：

①將Y通過白色硫酸銅粉末，會使其變藍

②將Y通入澄清的石灰水溶液，結果產生白色沉澱

根據以上敘述，下列對於氣體X可能組成的推論，哪些正確？

(A) 只有氫氣　(B) 只有甲烷

(C) 只有一氧化碳　(D) 只有氫氣與一氧化碳

(E) 含有氫氣、一氧化碳和甲烷

21. 碳化鈣加水後得到氣體甲；將甲與水在適當條件下進行加成反應，可得到乙；乙經還原反應可得到丙；若乙被氧化則可得到丁；丙與丁在酸催化下，會脫水而得到戊。各步驟的反應流程如圖6所示。

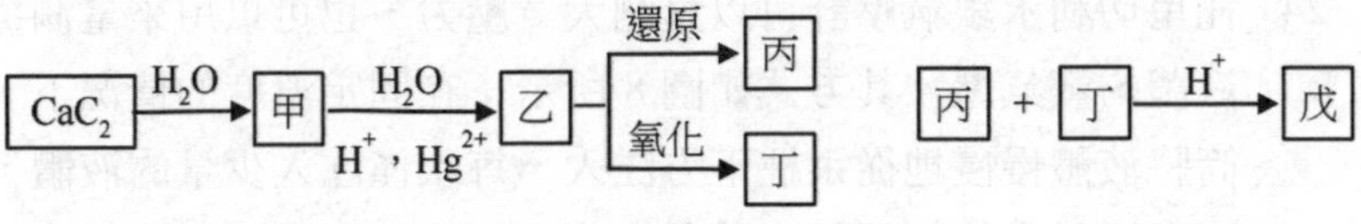

圖 6

下列對各產物的敘述，哪些正確？

(A) 甲爲乙炔 (B) 乙爲乙烯 (C) 丙爲乙醛

(D) 丁爲乙酸 (E) 戊爲乙酸乙酯

22. 戴奧辛是多氯二聯苯戴奧辛化合物的總稱，因戴奧辛脂溶性很高，易累積在脂肪中很難代謝出人體外。其中，2, 3, 7, 8-四氯雙苯戴奧辛（TCDD）的毒性最強，結構如圖 7 所示，是已知的致癌物。下列敘述，哪些正確？

(A) TCDD 具有幾何異構物

(B) TCDD 中所有的碳原子皆具有相同的混成軌域

(C) TCDD 中所有的氧原子皆具有兩對孤電子對

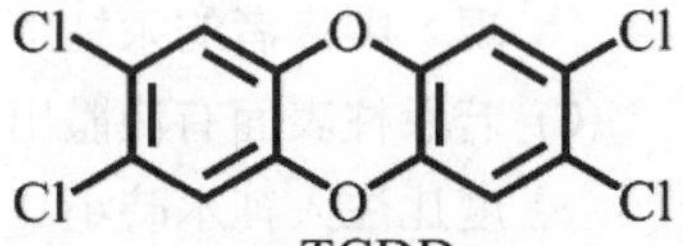

(D) 多氯戴奧辛最多含有十個氯原子

(E) 二氯取代戴奧辛與六氯取代戴奧辛具有相同的異構物數目

圖 7

23. 已知在 1 大氣壓，CO_2 無沸點，CS_2 及 COS 的沸點分別爲 46℃ 及 −50℃。下列相關的敘述，哪些正確？

(A) 三個分子均爲非極性分子

(B) 三個分子均可與水分子形成氫鍵

(C) 三個分子內所有的鍵結均具有偶極矩

(D) CS_2 分子間主要的作用力爲偶極-偶極力

(E) COS 分子間主要的作用力爲偶極-偶極力

24. 托里切利水銀氣壓計可以量測大氣壓力，也可以用來量測揮發性液體的蒸氣壓。其方式如圖 8 所示：在固定溫度的情況下，用針筒將液體慢慢地從汞柱下方注入，每次僅注入少量的液體，並且要在注射完後，等待液體蒸發達到平衡。不斷重複此步驟，直到在汞柱表面看到一層薄薄的液體後，即可藉由汞柱下降高度測得此液體在此溫度下的飽和蒸氣壓。已知 25℃ 時，水的飽和蒸氣壓為 24 torr，乙醚的飽和蒸氣壓為 545 torr。下列相關的敘述，哪些正確？

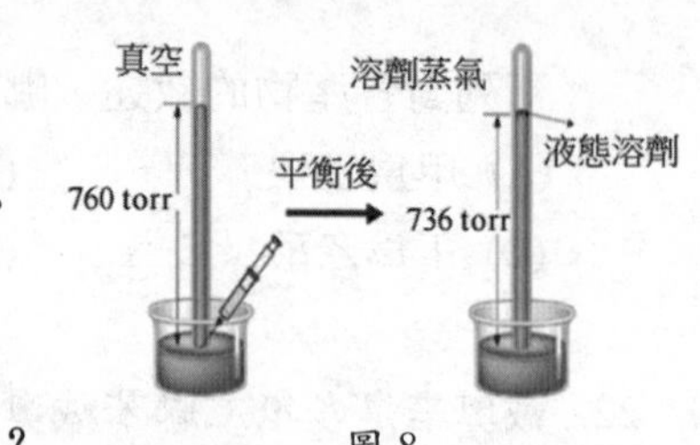

圖 8

(A) 若汞柱表面有液體出現，則注入液體為水時，汞柱下降程度比注入乙醚時大
(B) 若分別注入等莫耳數的水與乙醚，但汞柱表面尚未有液體出現，則後者的汞柱下降程度比較大
(C) 若汞柱表面有液體出現，則注入飽和食鹽水時，汞柱下降程度比注入純水時小
(D) 在 25℃ 且有乙醚液體出現時，其汞柱的高度為 545 毫米
(E) 有乙醚液體出現的汞柱，當實驗溫度改為 0℃ 時，其汞柱比 25℃ 時高

第貳部分：非選擇題（占 20 分）

說明：本部分共有三大題，答案必須寫在「答案卷」上，並於題號欄標明大題號（一、二、三）與子題號（1、2、……），作答時不必抄題，若因字跡潦草、未標示題號、標錯題號等原因，致評閱人員無法清楚辨識，其後果由考生自行承擔。計算題必須寫出計算過程，最後答案應連同單位劃線標出。作答使用筆尖較粗之黑色墨水的筆書寫，且不得使用鉛筆。每一子題配分標於題末。

一、乙醇加入固體催化劑，在高溫進行反應，可經由脫水產生乙烯，反應設置如圖 9 所示。

根據資料，回答下列問題（每一子題 2 分，共 8 分）：

圖 9

1. 欲收集產生的氣體，最佳的收集方法為何？（2 分）
2. 寫出乙醇脫水產生乙烯的均衡化學反應式。（不需寫出物質狀態）（2 分）
3. 此反應在一大氣壓，25℃ 下可收集 0.6 升的氣體，若此氣體與溴完全反應，可使多少克的溴褪色？（2 分）
4. 寫出乙烯與溴反應的生成物的中文系統命名名稱。（2 分）

二、石灰是生石灰的俗稱，可以由加熱分解貝殼得到。石灰和水混合的產物是熟石灰，因其會吸收空氣中的二氧化碳，而逐漸硬化，是人類最早使用於建築的材料。張老師為了要同學活用化學知識，施展創造思維與綜合能力，以石灰與二氧化碳為例，講解物質的轉化以及循環，設計了下列實驗。

五種無機化合物，代號分別為甲、乙、丙、丁、戊，其互相轉化的關係如圖 10 所示。其中甲是不溶於水的固體，高溫分解產生固體乙與氣體丙；乙與液體 X 化合，產生丁；丙與 Y（含鈉化合物）反應，產生戊；甲又是丁與戊反應的產物之一。

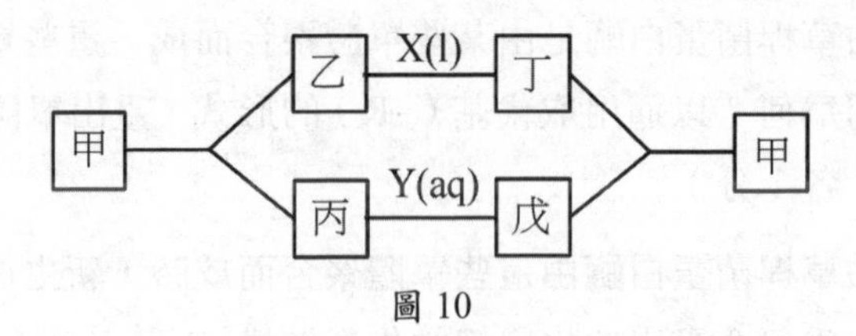

圖 10

根據這些敘述，用化學符號寫出完整且均衡的化學反應式，回答下列問題。反應式中不需要標示物質的狀態（每一子題 2 分，共 6 分）：

1. 寫出「乙 + X → 丁」的均衡化學反應式。(2 分)
2. 寫出「丙 + Y → 戊」的均衡化學反應式。(2 分)
3. 寫出均衡化學反應式，並解釋熟石灰能成爲昔時重要建築材料的原因。(2 分)

三、榮獲 2018 年諾貝爾化學獎的創新研究，是運用定向演化的方式，製造出新穎的酵素，現已被用來生產藥物和生質燃料等。化學家將一個天然的「枯草桿菌蛋白酶」酵素，改變爲能在有機溶劑中進行化學反應。其策略是刻意的在酵素的基因密碼中，製造隨機的突變，然後將這些突變的基因引入細菌，因此產出數千種變體的枯草桿菌蛋白酶。再從這些衆多的不同變體中，挑出在有機溶劑：二甲基甲醯胺（簡稱 DMF）中運作效率最高的那些酵素。重複進行，在第三代的枯草桿菌蛋白酶中，就找到了一個變體，在 DMF 中的運作效率，比原始的酵素要高 256 倍之多。

根據這些敘述，回答下列問題（每一子題 2 分，共 6 分）：

1. 在枯草桿菌蛋白酶參與進行的化學反應中，此蛋白酶的作用是什麼？（2 分）
2. 枯草桿菌蛋白酶是由某些單體聚合而成，這些單體的化學名稱爲何？以通用取代基（–R）的形式，畫出單體的化學結構。（各 1 分）
3. 枯草桿菌蛋白酶由這些單體聚合而成時，新生成的化學鍵名稱爲何？畫出此化學鍵的化學結構。(各 1 分)

108年度指定科目考試化學科試題詳解

第壹部分：選擇題

一、單選題

1. **A**

【解析】1 公克的味精中含有的鈉質量為 $1 \times \frac{23}{169}$ 公克；

設攝取 X 公克的 NaCl，內含 $X \times \frac{23}{58.5}$ 公克的鈉

$1 \times \frac{23}{169} = X \times \frac{23}{58.5} \Rightarrow X = 0.346\ g$

2. **A**

【解析】題幹中提示，在氧氣存在的情況下，SO_2 被轉化為 SO_3，因此 PM 2.5 應作為觸媒使該反應容易發生，是為催化劑，而非氧化劑。

3. **B**

【解析】設需要 ^{18}F 共 X 毫克，列式如下：

$X \times 0.5^{(\frac{10hr}{2hr})} = 1\ mg \Rightarrow X = 1 \times 2^5 = 32\ mg$

4. **C**

【解析】(A) 所含分子數目，氫氣、甲烷、二氧化硫依序為：$\frac{1}{2}$ mole、$\frac{1}{16}$ mole、$\frac{1}{64}$ mole，故氫氣分子數應最多。

(B) 同一容器中，體積、溫度相同，則分壓正比於莫耳數，氫氣的分壓最大。

(C) 氫氣之莫耳數最多，莫耳分率最大。

(D) 同溫同壓下，體積正比於莫耳數，應以氫氣之體積最大。

(E) 三者同質量，且又置於同體積的容器中，則密度相同。

5. **A**

【解析】 Cl_2 共 13.44 毫升，STP 下共 $\frac{13.44}{22.4 \times 10^3} = 6 \times 10^{-4}$ mole

推得式 (3) 中 Fe^{2+} 應為 1.2×10^{-3} mole

因溶液經過稀釋後只取用 1/10 的量，原溶液中的 Fe^{2+} 應有 1.2×10^{-2} mole

由式 (2) 推得 Fe^{3+} 為 Fe^{2+} 的 $\frac{2}{3}$ 倍 $= 8 \times 10^{-3}$ mole，

最後由式 (1) 推得 Fe_2O_3 為 Fe^{3+} 的 $\frac{1}{2}$ 倍 $= 4 \times 10^{-3}$ mole

換算 Fe_2O_3 質量 4×10^{-3} mole $\times 160 = 0.64$ 公克

於原試樣中的比例為 $\frac{0.64}{3.2} = 20\%$

6. **B**

【解析】 $I_2 + H_2SO_3 + H_2O \rightarrow H_2SO_4 + 2HI$

$2HI + H_2O_2 \rightarrow 2H_2O + I_2$

7. **C**

【解析】 $3I_2 + 6OH^- \rightarrow IO_3^- + 5I^- + 3H_2O$

8. **D**

【解析】(A) (D) (E) 若含有原子量 79、80、81 三種，較可能發現 $C^3_2 = 6$ 種分子量。

其中 160 者可由 79-81 構成，不必具有 80 者。

假設原子量 79 者占 x、80 者占 y、81 者占 z，

$x + y + z = 100\%$

則數量 $158 : 160 : 162 = x^2 : y^2 + 2xz : z^2$

$= 1 : 2 : 1$，計算出 $x = z = 50\%$，$y = 0$。

表示 79、81 各自豐度佔一半，無 80 者存在。

(B) (C) 同位素所含質子數、電子數均相同，不同者爲中子數。

9. **D**

【解析】(A) 判讀當量點座標可知滴定所需的氫氧化鈉量相近，故兩酸濃度相近。

(B) 酸鹼中和時使 pH 值變化趨勢平緩者爲緩衝溶液。

(C) 滴定接近 pK_a 時 pH 值變化趨緩，遠離 pK_a 時 pH 值變化漸增，故甲點即 pK_a。

(D) 弱酸具有緩衝溶液特性，故甲爲弱酸。

(E) 當量點應爲滴定曲線斜率絕對值最大處。

10. **E**

【解析】加熱會導致溶解度改變而不再飽和，無法以此得到溶度積常數。

11. **A**

【解析】(A) (B) (C) 電子由乙經外電路流至甲，X 得到電子產生 P，X 爲 H^+、P 爲 H_2；Y 失去電子產生 Q，Y 爲 H_2O、Q 爲 O_2。

(D) 反應速率與表面積有關，受大小及形狀影響。

(E) 光電效應發生與否與波長有關，光電流大小與光強度有關。

12. **C**

【解析】(A) 氫氣與氧氣反應僅產生水。

(B) 氫燃料電池補充電能之方式爲補充燃料。
直接充電爲電解水，在內部產生氫氣與氧氣，反而無法各自在陰極與陽極做爲燃料。

(C) 鉑與鈀爲催化劑。

(D) 氫燃料電池中氫氣與氧氣需分別與電極反應產生電能。

(E) 電池電壓 = 陽極氧化電位 + 陰極還原電位 = 1.23 伏特

13. **E**

【解析】題幹中提示：甲元素爲氧、乙元素爲鋰、丙元素爲碳、丁元素爲硫、戊元素爲砷
第一及第二游離能差異極大，代表價電子用完：+1 價。

14. **E**

【解析】(A) 可溶於水，因含有 COO− 溶液呈弱鹼性。

(B) 配位數爲最鄰近原子數量，應爲 4。

(C) 錯合物中的銅離子無法再與水錯合。

(D) 應爲 −3 價錯離子。

(E) 同選項 (C)，每 1 個鈉鹽有 3 個 Na^+ 可被解離，因此 1 莫耳鈉鹽就會有 3 莫耳 Na^+。

15. **B**

【解析】該有機物萃取的路徑為：混合物 → 乙（溶於乙醚）→ 丙（溶於 HCl 水溶液）→ 己（不溶於 NaOH）。

選項中的全部有機物質皆不溶於水。

唯 (B) 選項有一級胺基可發生反應：$-NH_2 + H^+ \rightarrow -NH_3^+$，因此溶於水層而後再加入 NaOH，反應變回原本不溶於水的形式。

16. **D**

【解析】(A) 臭氧分子式為 O_3，為彎曲形分子。

(B) H_2O_2 的孤電子對為 1，C_2H_2 的孤電子對為 3。

(C) NO_2 有一不成對電子，不符合八隅體。

(D) 鍵角大小依序為 $CH_4 > NH_3 > H_2O$。

二、多選題

17. **CE**

【解析】(A) 此反應為二級反應。

(B) 逆向反應的活化能為 a − b。

(D) 化學反應方程式無法推出反應速率定律式。

18. **CDE**

【解析】(A) 烯類和炔類可與稀、冷的過錳酸鉀溶液作用，而使溶液的紫色迅速褪色，並產生棕色的二氧化錳沉澱。因此，過錳酸鉀可以檢驗不飽和烴的存在，而烷類飽和烴。

(B) 過錳酸鉀與硫酸亞鐵的反應方程式如下：

$MnO_4^- + 8H^+ + 5Fe^{2+} \rightarrow Mn^{2+} + 5Fe^{3+} + 4H_2O$，

Fe^{2+} 變 Fe^{3+}，故無法直接標定。

(D) $8MnO_4^- + 5S_2O_3^{2-} + 14H^+ \rightarrow 8Mn^{2+} + 10SO_4^{2-} + 7H_2O$
硫代硫酸根作爲還原劑，可將過錳酸根還原成活性較小的錳離子。

(E) 過錳酸根爲強氧化劑，將乙烯氧化爲乙二醇，使催熟效果減弱。

19. **CD**

【解析】(A) 依據廷得耳效應，須爲膠態溶液方可見到光束通過。A、B 皆爲眞溶液；混和後反應式爲 $S_2O_3^{2-} + 2H^+ \rightarrow S\downarrow + SO_2\uparrow + H_2O$，且加入清潔劑幫助硫粒均勻分散於溶液中，因此只有混合溶液可見到光束線。

(B) 硫顆粒合成爲成核及團聚作用，而廷得耳效應爲光線通過膠體溶液後形成光束線，兩者並無關係。

(C) 清潔劑爲界面活性劑，可幫助奈米硫顆粒均勻分散。

(D) 刺鼻氣味即爲二氧化硫之生成。

(E) 生成物中之兩種含硫產物分別爲硫與二氧化硫。硫之氧化態爲 0；二氧化硫之氧化態爲 +4。

20. **DE**

【解析】題幹敘述中點燃量筒中之 X 氣體產生爆鳴聲，可知 X 中含有氫氣。而再次點燃噴嘴中釋放之氣體於白色硫酸銅粉末中使其變藍（含有 H_2O，表氣體中至少含有 H）；通入澄清石灰水後產生白色沉澱（含有 CO_2，表氣體中需有 C），因此 (D) (E) 選項皆有可能。

21. **ADE**

【解析】電石（CaC_2）加水產生電石氣乙炔（C_2H_2）→ 甲，
乙炔（C_2H_2）經由 Hg^{2+} 催化後產生乙醛（CH_3CHO）→ 乙，
乙醛（CH_3CHO）還原爲乙醇（C_2H_5OH）→ 丙，
氧化爲乙酸（CH_3COOH）→ 丁，
乙酸＋乙醇脫水後生成乙酸乙酯 → 戊。

22. **BCE**

【解析】(A) TCDD 左右皆爲 4 個氯原子取代，因此不具有幾何異構物。
(B) TCDD 中所有碳原子皆連接 π 鍵，皆爲 SP^2。
(C) 圖示中之氧原子扣除鍵結後，皆剩餘兩對孤電子。
(D) 圖示中最多具有八個取代位置。
(E) 不論二氯取代（六個氫原子）亦或六氯取代（二個氫原子），皆可分爲二種與六種之取代位置，因此具有相同異構物數目。

23. **CE**

【解析】(A) 由結構可知，CO_2、CS_2 爲非極性分子；COS 中，C 與 O 和 C 與 S 間，皆爲不同原子，因此具有極性，爲極性分子。
(B) 氫鍵來自於氫鍵結於氟、氧、氮原子，而 CS_2 中 S 之電負度不夠大，無法形成氫鍵。
(C) 討論分子內之鍵結，因三分子中皆爲不同原子產生之鍵結，因此皆有極性（偶極矩）。
(D) CS_2 爲非極性分子，非極性分子間之作用力爲：分散力與偶極-誘導偶極力。

(E) COS爲極性分子，極性分子間之主要作用力即爲偶極-偶極力。

24. **CE**

【解析】(A) 乙醚之飽和蒸氣壓大於水，因此當汞柱表面出現乙醚液體時，其下降程度應比水大。

(B) 依據 PV = nRT，未出現液體時，兩者皆以氣體方式存在。因此當莫耳數相同，體積爲相同，下降程度亦相同。

(C) 飽和食鹽水之飽和蒸氣壓小於純水，因此汞柱下降程度較小。

(D) 乙醚之飽和蒸氣壓爲 545 torr，當出現乙醚液體時應下降 545 mm。高度爲 760 − 545 = 215 mm。

(E) 溫度下降導致蒸氣壓下降，因此汞柱下降幅度較小，汞柱較高。

第貳部分：非選擇題

一、【解析】

(1) 排水集氣法

因欲收集的氣體爲乙烯，不溶於水，因此利用此法收集最佳。

(2) $C_2H_5OH \xrightarrow[\text{催化劑}]{\Delta} C_2H_4 + H_2O$

(3) 3.9公克

NTP 的狀況下，0.6 公升的乙稀爲 $\frac{0.6}{24.5}$ mole

$C_2H_4 + Br_2 \rightarrow C_2H_4Br_2$，反應後可將 $\frac{0.6}{24.5}$ mole × 160

= 3.9 公克

(4) 1,2-二溴乙烷

此爲烯類之加成反應，雙鍵打開後，兩個碳各自接上一個溴。

二、【解析】

(1) $CaO + H_2O \rightarrow Ca(OH)_2$

(2) $CO_2 + 2NaOH \rightarrow Na_2CO_3 + H_2O$

(3) $Ca(OH)_2 + CO_2 \rightarrow CaCO_3 + H_2O$

熟石灰即氫氧化鈣，吸收空氣中的二氧化碳形成碳酸鈣硬化、防水。

三、【解析】

(1) 催化劑，提升反應速率。

(2) α-胺基酸，

```
    H   H   O
    |   |   ‖
H — N — C — C — OH
        |
        R
```

(3) 醯胺鍵（肽鍵），

```
  O   H
  ‖   |
— C — N —
```

108 年大學入學指定科目考試試題
生物考科

第壹部分：選擇題（占 76 分）

一、單選題（占 20 分）

說明：第 1 題至第 20 題，每題有 4 個選項，其中只有一個是正確或最適當的選項，請畫記在答案卡之「選擇題答案區」。各題答對者，得 1 分；答錯、未作答或畫記多於一個選項者，該題以零分計算。

1. 下列常見生物中，何者具開放式循環系統？
   (A) 章魚 (B) 蚯蚓
   (C) 蝸牛 (D) 蝌蚪

2. 植物面臨乾旱逆境時，主要是由哪一種激素來應對？
   (A) 生長素 (B) 吉貝素
   (C) 離層素（離層酸） (D) 細胞分裂素

3. 一個細胞具有發展成完整個體的潛能稱之為全潛能性細胞。下列哪一種哺乳類的細胞最可能具全潛能性？
   (A) 神經幹細胞 (B) 胚胎幹細胞
   (C) 臍帶血幹細胞 (D) 血球幹細胞

4. 下列微生物與疾病的配對何者正確？
   (A) 大腸桿菌—胃潰瘍 (B) 霍亂弧菌—下痢腹瀉
   (C) 輪狀病毒—登革熱 (D) 農桿菌—木瓜輪點病

5. 若人類胰島 β 細胞被破壞，會導致下列何種情況？
(A) 糖皮質素分泌增加 (B) 糖質新生作用活化
(C) 肝醣分解增加 (D) 尿液中的葡萄糖濃度增高

6. 圖 1 爲人類心臟示意圖。下列敘述何者正確？

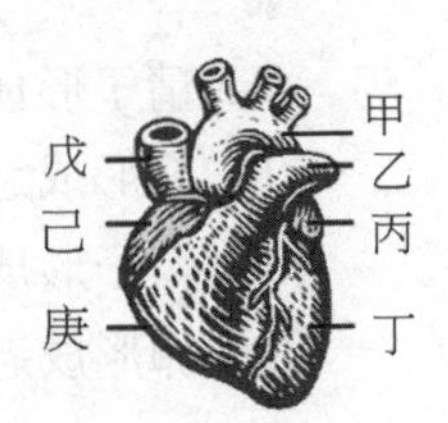

圖 1

(A) 甲處所測得的血壓比戊處低
(B) 腎上腺素可作用在丙處的節律點以增加心搏速率
(C) 副交感神經可作用在己處以降低心搏速率
(D) 血液從丙流向丁時，會經過半月瓣

7. 下列有關胞器的敘述，何者正確？
(A) 高基氏體的主要功能是參與植物細胞膜的形成
(B) 人類成熟的紅血球細胞沒有細胞核的存在
(C) 平滑內質網主要與膜蛋白質的合成有關
(D) 過氧化體是具雙層膜的胞器，其內含多種酵素

8. 圖 2 爲下視丘-腦垂腺-激素-目標器官之作用示意圖，甲、乙、丙、丁分別代表腦垂腺前葉激素。下列相關敘述何者正確？

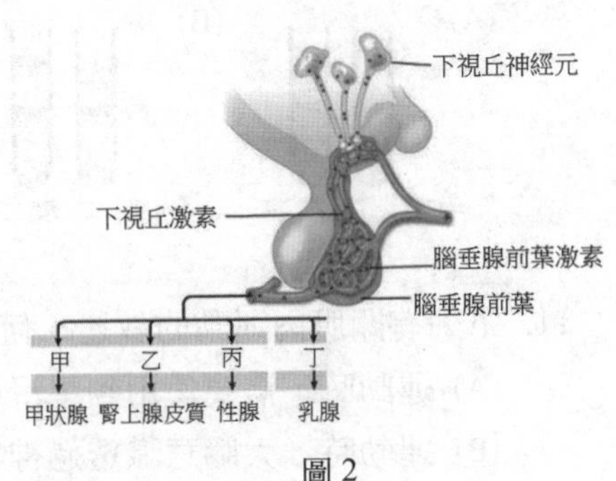

圖 2

(A) 甲分泌量不受下視丘激素所調控
(B) 乙與腎上腺素具拮抗作用，協助人體應付壓力
(C) 丙至少包含兩種激素，其分泌量僅受性腺激素的負回饋控制
(D) 丁的分泌可因授乳刺激而有正回饋反應

9. 人類第 21 對染色體上有一 A 基因，此基因有 A1、A2、A3 和 A4 四種等位基因。有一唐氏症患者的基因型爲 A1A3A3，而其母親的基因型是 A1A2；父親的基因型是 A2A3，則此唐氏症患者染色體異常的原因，是由於在下列哪一分裂期發生染色體無分離現象？

(A) 精子形成過程中的減數分裂 I
(B) 卵形成過程中的減數分裂 I
(C) 精子形成過程中的減數分裂 II
(D) 卵形成過程中的減數分裂 II

10. 細菌基因體 DNA 複製是以半保留方式進行，圖 3 爲此細菌長期在含 ^{14}N 或 ^{15}N 培養液生長後，純化 DNA 並離心分層的情況。若某生將長期在含 ^{15}N 培養液生長的細菌 X，移至含有 ^{14}N 培養液中培養，收取第一次及第二次細胞分裂後的細菌，分別進行 DNA 萃取及離心。下列何種 DNA 分層現象較符合細菌 X 的基因體 DNA 複製機制？

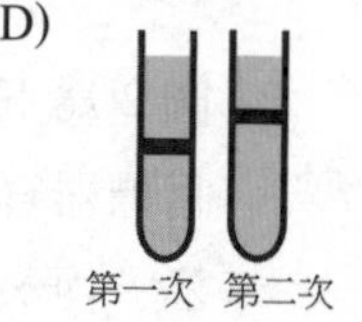

圖 3

(A) 第一次 第二次
(B) 第一次 第二次
(C) 第一次 第二次
(D) 第一次 第二次

11. 下列有關肌肉運動的敘述，何者正確？

(A) 運動時，需要使用到平滑肌，能隨大腦意識而運動
(B) 運動時，大腦意識透過神經傳導控制肌肉之收縮
(C) 適當運動時，肌肉細胞行有氧呼吸，先經克氏循環，再由糖解作用分解葡萄糖
(D) 過度運動時，肌肉細胞會行酒精發酵，將葡萄糖代謝成乳酸，藉此產生能量

12-13題爲題組

南島語系族群廣泛分布於太平洋島嶼，當南島民族遷徙時，將可當織布材料的「構樹」雌株樹種攜帶到新的島嶼，以扦插方式種植。母體遺傳是指遺傳特性由卵細胞決定，因爲其細胞質內含有大量mRNA及帶有遺傳物質的胞器，可決定子代的特徵。科學家發現臺灣構樹葉綠體DNA中含有特殊的CP-17基因型，而太平洋島嶼的構樹葉綠體也都帶有同樣的基因型，顯示太平洋島嶼構樹與臺灣構樹親緣關係十分接近，此研究提供了語言學所建立的「出臺灣說」一個論證的依據。

12. 科學家爲什麼以構樹葉綠體的CP-17基因型，探究臺灣與南島語系地區之族群關聯性？
(A) 葉綠體基因比構樹細胞染色體簡單
(B) 葉綠體含大量mRNA，易於探究CP-17基因型
(C) 葉綠體屬於母體遺傳的影響因子
(D) 葉綠體存在構樹細胞中，自己並沒有攜帶染色體

13. 下列有關母體遺傳相關敘述，何者正確？
(A) 葉綠體和粒線體都是具有母體遺傳物質的胞器
(B) 扦插之雌株與當地花粉授粉後，其子代即失去母體遺傳特性
(C) 母體遺傳與卵的細胞質狀態無關
(D) 血友病的發生是因X染色體基因缺陷，因此屬於母體遺傳的一種

14. 下列有關生質柴油的敘述，何者正確？
(A) 玉米粒中富含油脂，爲目前生質柴油主要的原料
(B) 可減少懸浮微粒及一氧化碳的排放，緩和溫室效應
(C) 燃燒所產生的碳排放率趨近零
(D) 目前臺灣上市的柴油都含10%的生質柴油

15. 下列有關環境賀爾蒙的敘述，何者正確？
(A) 爲環境中自然合成的化合物
(B) 會與人體內相似激素的受體結合，進而影響正常生理作用
(C) 可在短時間分解，但因生物吸收快而易造成生長異常
(D) 生物營養階級越高，生理代謝越快，因此較不易累積

16-17 題爲題組

圖 4 是某生在同學的上手臂中間以橡皮繩綁緊後，在其下手臂內側有明顯凸起的血管進行實驗之過程的示意圖。他使用甲、乙兩手的手指於此血管同一處加壓後，乙手手指在不鬆壓的情況下往右側移動，會推空甲乙雙手指間的血管血液。其後某生又發現，若將乙手手指鬆壓後，血液則停留在一側，此段血管仍不會充滿血液。依上述資訊及所習得的知識，回答下列問題。

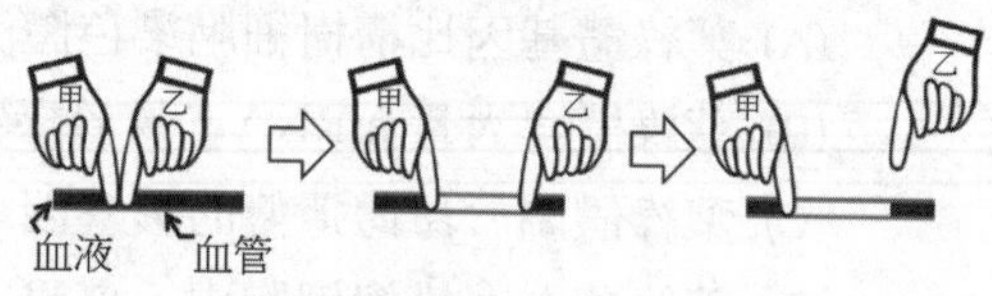

圖 4

16. 藉由此實驗可說明下列何種現象？
(A) 血管具有彈性纖維以承受血壓
(B) 在血管加壓可以促進血液凝集
(C) 血管中的血液可進行物質交換
(D) 血管中的瓣膜可防止血液逆流

17. 下列有關此處血液循環的敘述，何者正確？
(A) 此血管血液在正常情況下是雙向流動
(B) 此血管在正常情況下，由乙向甲的方向流動
(C) 若甲手指先鬆開，推空的部分會充血
(D) 此血管具彈性，適合測量血壓

18. 圖 5 為雙子葉植物花器柱頭雙重受精示意圖，下列何者正確？

(A) 乙與丁結合成受精卵

(B) 兩個甲細胞將與丙的兩個細胞受精

(C) 丙受精後發展成胚乳

(D) 胚乳細胞與受精卵的染色體套數皆為 2n

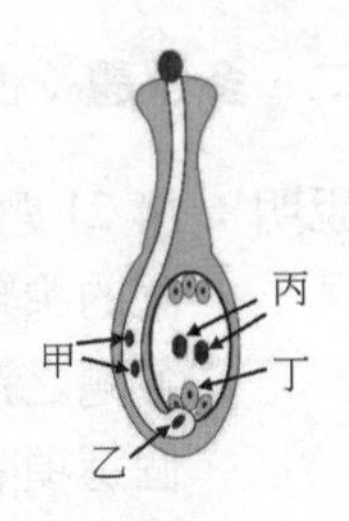

圖 5

19. 圖 6 為 X 神經元軸突；Y 為其突觸後細胞。甲是 X 軸突電位敏感型鈉離子通道，乙是 X 軸突電位敏感型鉀離子通道，丙是 X 突觸末端電位敏感型鈣離子通道，丁是 Y 神經元膜上神經傳遞物受體蛋白。現加入抑制劑抑制某一類型離子通道，導致 X 神經元神經傳遞物釋放減少。下列何者最可能是此抑制劑的作用？

(A) 作用於甲以阻斷鈉離子流出

(B) 作用於乙以阻斷鉀離子進入

(C) 作用於丙以阻斷鈣離子進入

(D) 作用於丁以阻斷氯離子進入

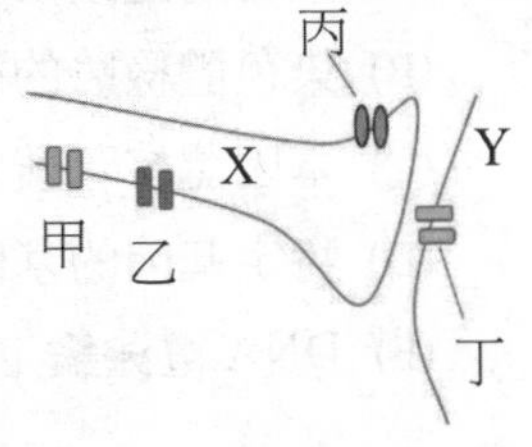

圖 6

20. 下列有關細胞呼吸的敘述，何者正確？

(A) 有氧的情況下，葡萄糖直接進入粒線體進行氧化反應

(B) 缺氧的情況下，細胞呼吸反應先在細胞質中進行，之後才在粒線體中進行

(C) 缺氧的情況下，葡萄糖可在細胞質發生若干反應，轉變為乳酸或酒精

(D) 無論有氧及缺氧，在細胞質進行的反應所得的能量都比在粒線體多

二、多選題（占30分）

說明：第21題至第35題，每題有5個選項，其中至少有一個是正確的選項，請將正確選項畫記在答案卡之「選擇題答案區」。各題之選項獨立判定，所有選項均答對者，得2分；答錯1個選項者，得1.2分；答錯2個選項者，得0.4分；答錯多於2個選項或所有選項均未作答者，該題以零分計算。

21. 如圖7所示，小鼠正常基因X的基因體DNA是由三個片段所組成，而在突變個體的基因型中，基因X則僅剩下兩個片段，片段2則在基因體中被剔除。若要檢測小鼠是否具有此突變後基因X的基因型，可能會用到下列哪些方法？
    (A) 聚合酶連鎖反應（PCR）
    (B) 染色體檢驗的核型分析
    (C) 基因體核苷酸定序
    (D) 特定基因的基因改造
    (E) DNA電泳鑑定

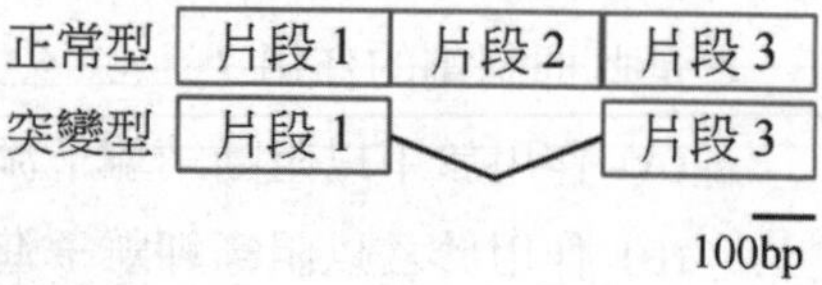

正常型 片段1 片段2 片段3
突變型 片段1 片段3
100bp

圖7

22. 下列有關免疫細胞的敘述，哪些正確？
    (A) T細胞生成自胸腺內的造血幹細胞
    (B) B細胞生成自骨髓中的造血幹細胞
    (C) 顆粒球中含量最高的是嗜中性白血球
    (D) 抗原呈現細胞主要由輔助T細胞擔任
    (E) 自然殺手細胞可以辨識癌細胞

23. 下列有關植物水分運輸之敘述，哪些正確？
    (A) 水分可沿細胞壁及細胞間隙通過根部內皮的細胞壁而進入木質部，稱為質外體途徑

(B) 細胞之間相連的原生質絲提供水分進入木質部的途徑，稱爲共質體途徑
(C) 根壓是由於根部維管束強烈的毛細作用而形成的作用力
(D) 共生性的眞菌菌根有助於植物根部吸收水分與礦物質
(E) 植物在莖部木質部維管束利用壓力流使水分自然上升

24. 下列有關植物對環境刺激所產生的反應，哪些正確？
(A) 牽牛花的莖與柱子接觸的細胞會累積較多的生長素減緩生長速度
(B) 花梗向光性的生長會即時追蹤太陽的位置，進而改變方向
(C) 昆蟲停留可使含羞草的葉枕細胞的滲透壓改變，導致葉片閉合
(D) 平放的根會因生長素累積在向地的細胞，而抑制細胞生長
(E) 葉片的睡眠運動會因日照方向而啓動

25. 下列有關激素與消化液分泌調控的敘述，哪些正確？
(A) 口腔受器受食物刺激後，會促使唾腺分泌激素以增加唾液分泌
(B) 多肽類量高的食物進入胃中，會促使胃幽門分泌胃泌素
(C) 十二指腸的酸性食糜會刺激胰臟分泌胰泌素
(D) 食糜中的脂質和多肽會刺激膽囊收縮素的分泌
(E) 膽囊收縮素可刺激肝臟分泌膽汁

26. 四種胺基酸：甲硫胺酸（Methionine）、脯胺酸（Proline）、離胺酸（Lysine）、精胺酸（Arginine），各有 1、4、2、6 組對應密碼子，假設一多肽鏈序列爲 [N 端]–甲硫胺酸–脯胺酸–離胺酸–精胺酸–[C 端]，其中 N 端爲甲硫胺酸的 $-NH_2$ 端，下列敘述哪些正確？
(A) 脯胺酸是由 tRNA 攜帶進入核糖體的 E 位
(B) 多肽鏈的 C 端爲精胺酸的羧基

(C) 離胺酸的羧基與精胺酸的胺基之間形成肽鍵

(D) 轉譯過程中四種胺基酸先後加入多肽鏈的順序是：甲硫胺酸、脯胺酸、離胺酸、精胺酸

(E) 理論上最多有 13 種不同的 mRNA 序列可以產生此一多肽鏈

27. 下列有關 C_3 和 C_4 植物的敘述，哪些正確？

(A) C_3 和 C_4 植物都能用胡蘿蔔素與葉綠素做爲光合色素以吸收光能

(B) 所有單子葉植物都是 C_4 植物

(C) C_4 植物的氣孔爲夜間開放，吸收二氧化碳固定爲四碳化合物

(D) C_3 植物的卡爾文循環在維管束鞘細胞中進行

(E) 在較熱的環境下，C_4 植物光合作用產率比 C_3 植物高

28. 埃及聖䴉是生長在非洲與中東地區的一種鳥類，因爲具觀賞價值因此被引進臺灣，後來順利在野外生存下來，大量繁殖，並取得生存優勢。下列有關生物多樣性的敘述哪些正確？

(A) 埃及聖䴉屬於入侵種

(B) 埃及聖䴉不會造成生物多樣性的降低

(C) 埃及聖䴉在臺灣可能沒有自然天敵

(D) 埃及聖䴉屬於保育類動物

(E) 埃及聖䴉的繁殖不會造成臺灣本土鳥類棲地的破壞

29. 下列有關感覺受器的敘述，哪些正確？

(A) 嗅覺受器是特化的神經元，可直接將嗅覺訊息傳到大腦

(B) 光受器接受光刺激後，可釋出化學物質將訊息繼續傳遞

(C) 味覺受器是味細胞，屬於特化後的神經元

(D) 熱覺受器接收到刺激後，會將訊息傳給相連的感覺神經元

(E) 平衡覺受器是毛細胞，受耳石之壓迫而牽動

30. 下列有關輔助 T 細胞與胞毒 T 細胞的功能，哪些正確？

(A) 胞毒 T 細胞也參與體液免疫作用

(B) 輔助 T 細胞可與受感染的細胞結合使其瓦解

(C) 輔助 T 細胞分泌的細胞激素可活化胞毒 T 細胞

(D) 輔助 T 細胞可具有免疫記憶性

(E) 胞毒 T 細胞主要依賴胞吞作用以清除受感染細胞

31-32 題爲題組

非洲豬瘟病毒屬於 DNA 病毒，嚴重危害全世界養豬產業，因此防疫人人有責。非洲豬瘟病毒寄主具專一性，壁蝨和罹病豬是本病毒主要傳播源。非洲豬瘟病毒的 DNA 進入寄主細胞內後，即利用寄主細胞內的 RNA 聚合酶、核糖體等進行轉錄、轉譯作用。由於非洲豬瘟病毒顆粒外鞘蛋白質的序列與構造特性，使其能耐低溫環境。

31. 下列有關非洲豬瘟病毒敘述哪些正確？

(A) 病毒顆粒內部含有粒線體，可提供病毒感染細胞時所需能量

(B) 非洲豬瘟病毒可感染人，所以必須做好防疫工作

(C) 病毒 DNA 會利用寄主細胞的 RNA 聚合酶進行病毒基因轉錄作用

(D) 病毒的外鞘蛋白質是在病毒顆粒中產生

(E) 罹病豬所製成的肉製品仍可能具有傳染的風險

32. 下列哪些敘述是非洲豬瘟病毒之所以容易散播並造成嚴重危害的原因？

(A) 非洲豬瘟病毒透過其高基氏體分泌毒素侵害豬細胞

(B) 非洲豬瘟病毒顆粒的外鞘蛋白質具有較好的保護病毒的能力

(C) 非洲豬瘟病毒和禽流感病毒一樣，突變率高

(D) 非洲豬瘟病毒顆粒可在低溫環境下保存很長的時間

(E) 除病豬外，所有昆蟲亦可傳播非洲豬瘟病毒

33-34 題爲題組

圖 8 爲某生物進行基因表現過程的示意圖。依此圖回答下列問題。

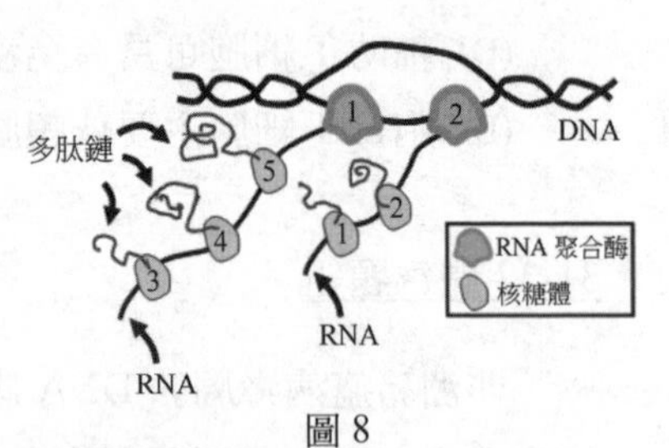

圖 8

33. 下列哪些生物的基因表現符合圖 8 所示？

(A) 被嗜菌體感染的大腸桿菌

(B) 感染流感病毒的人類細胞

(C) 產生青黴素的青黴菌

(D) 造成肺結核的結核桿菌

(E) 作爲模式動物的線蟲

34. 關於圖 8 所示之基因表現過程，下列敘述哪些正確？

(A) RNA 聚合酶的移動方向是往圖 8 的右側移動

(B) 核糖體是往圖 8 的上方方向移動

(C) 相較於 RNA 聚合酶 2，RNA 聚合酶 1 較早進行轉錄作用

(D) 相較於核糖體 5，核糖體 3 更靠近該 mRNA 的 3’ 端

(E) 相較於核糖體 2，核糖體 1 較早與 mRNA 結合並進行轉譯

35. 圖 9 爲 HIV 感染的病人血液中病毒濃度、病毒抗體量、輔助 T 細胞含量的時間序列圖。基於此圖，以下敘述或推論哪些正確？

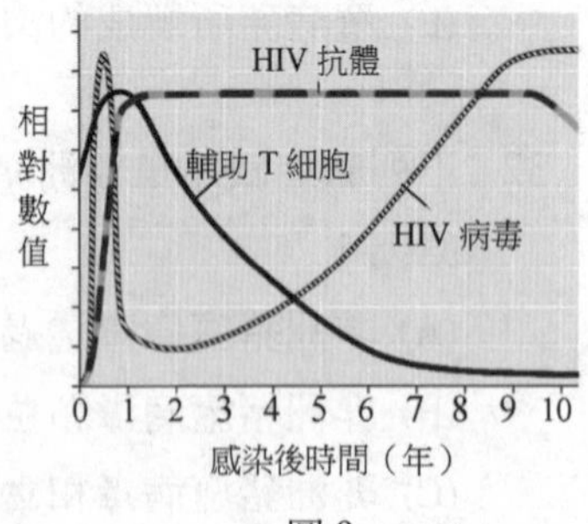

圖 9

(A) HIV 病毒感染後一年內導致輔助 T 細胞和 B 細胞活化，進而抑制 HIV 病毒增加

(B) HIV 病毒感染後即開始侵入輔助 T 細胞，在其細胞內進行增殖

(C) HIV 病毒感染後 4-5 年時，宿主開始發展對抗 HIV 的後天性免疫

(D) HIV 病毒感染後 6-7 年時，B 細胞已失去其功能性

(E) HIV 病毒感染後 10 年內發展出後天性免疫缺失症候群（AIDS）

三、**閱讀題**（占 16 分）

說明：第 36 題至第 43 題，包含單選題、多選題或二者皆有，每題 2 分。單選題有 4 個選項，多選題有 5 個選項，每題選出最適當的選項，標示在答案卡之「選擇題答案區」。單選題答錯、未作答或畫記多於 1 個選項者，該題以零分計算。多選題各題之選項獨立判定，答錯 1 個選項者，得 1.2 分；答錯 2 個選項者，得 0.4 分；答錯多於 2 個選項或所有選項均未作答者，該題以零分計算。

閱讀一

睡眠片段化如何促使心血管疾病的發生？爲解答此問題，科學家使用易罹患動脈粥狀硬化的 Apoe 基因剔除小鼠（$Apoe^{-/-}$ 小鼠），分成睡眠完整組（SC）及睡眠片段化組（SF）兩個做實驗。實驗結果顯示，與 SC 相比，SF 發生了動脈粥狀硬化病徵，並在動脈中發現大量的 $Ly\text{–}6C^{high}$ 單核球及嗜中性白血球；但是 B 細胞及其他淋巴球的數量並沒有明顯改變，也沒有體重增加的現象。另外，由下視丘產生的食慾素（hypocretin，縮寫爲 Hcrt）也在 SF 發現減少的現象，但輔助 Hcrt 的傳遞物 dynorphin 則在 SF 無差異性的表現。若給予 SF 小鼠完整睡眠後，這些小鼠又可以產生 Hcrt，並且具有正常數量的

$Ly–6C^{high}$ 單核球及嗜中性白血球。另一個實驗中，在高脂飼料餵食下，同時剔除雙基因的 $Apoe^{-/-}Hcrt^{-/-}$ 小鼠的動脈粥狀硬化病徵及 $Ly–6C^{high}$ 單核球與嗜中性白血球數量增加，會比剔除單基因的 $Apoe^{-/-}$ 小鼠更爲嚴重。研究顯示充分的睡眠是有助於維持心血管健康的作用機制。依照上文及所習得知識，回答下列問題。

36. 根據上文所描述之睡眠片段化所造成的影響，下列敘述哪些正確？
   (A) 會讓血中特定細胞數量上升
   (B) 輔助傳遞物 dynorphin 的表現無差異，導致 Hcrt 失去功能
   (C) 體重沒有增加是造成動脈粥狀硬化的主要原因
   (D) Hcrt 表現量與動脈中 $Ly–6C^{high}$ 單核球數量變化呈現負相關性
   (E) 睡眠片段化對 Hcrt 造成表現下降的現象，屬於不可逆反應

37. 若甲爲 $Apoe^{-/-}$ 小鼠而乙爲 $Apoe^{-/-}Hcrt^{-/-}$ 小鼠，下列哪些數據符合上文對於此兩類小鼠特性的推論？

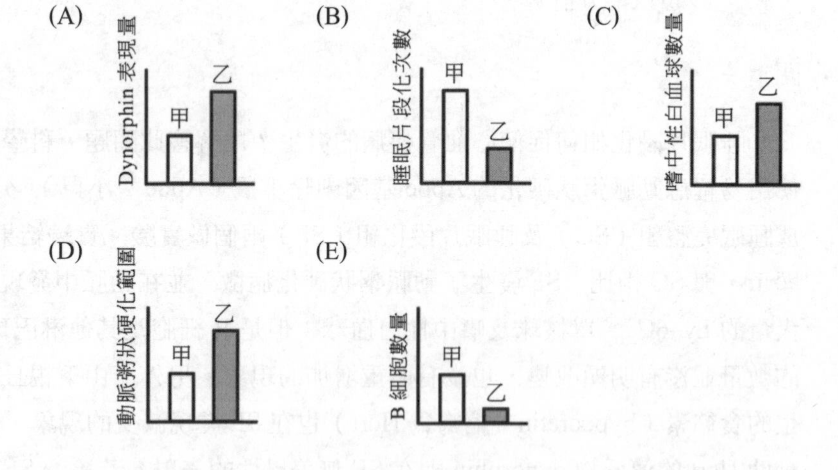

38. 實驗設計如圖 10 所示，科學家製備了具有功能性的 Hcrt，注射到睡眠片段化組（SF）的 $Apoe^{-/-}$ 小鼠中，相較於睡眠完整組（SC）的 $Apoe^{-/-}$ 小鼠，試問下列何者較符合 Ly–6C^{high} 單核球在這三個組別的變化？

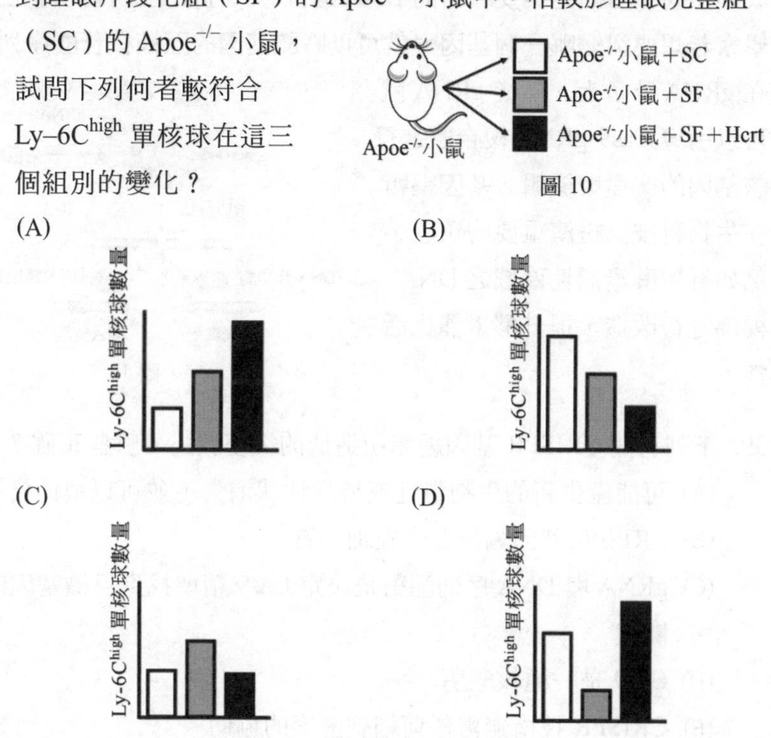

圖 10

閱讀二

CRISPR 基因編輯是近年來所發展出來的新技術，可以精準編輯或突變某基因的特定位置，有別於傳統上使用藥劑進行的隨機突變。CRISPR 技術將 Cas9 蛋白及嚮導 RNA（gRNA）之複合體（Cas9-gRNA）送入細胞質，然後此複合體會再進入細胞核，由 gRNA 引導該複合體，找到可以與 gRNA 序列相配對的 DNA 進行配對（如圖 11 所示）。Cas9 會在所配對的區域進行切割，造成該位置的 DNA 斷裂。細胞 DNA 修補機制會對斷裂的 DNA 進行修復，形成基因的核苷酸缺失或插入，因而導致 DNA 突變。

CRISPR 的核心技術製備 gRNA 分子，它是由 20 個核苷酸所組成的序列，目的是與要編輯的 DNA 進行專一性配對。據此特性，科學家若想要突變哪一個基因，就可以將該基因的互補核苷酸序列設計在 gRNA 分子上。然後 gRNA 就可以引導 Cas9-gRNA 複合體進行該基因的突變與編輯。基因編輯在生物科技上扮演重要的角色，例如針對酵素活性區域之 DNA 編碼進行改造，提升酵素催化活性。

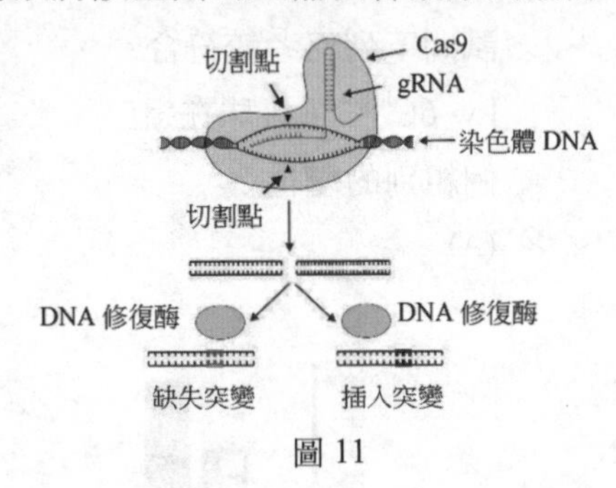

圖 11

39. 下列有關 CRISPR 基因編輯所造成的突變敘述，哪些正確？
 (A) 可能產生新的生物特性或導致性狀消失，並可以遺傳給後代
 (B) CRISPR 基因編輯發生在細胞質
 (C) gRNA 與 DNA 序列配對是決定 Cas9 精準找到目標基因的關鍵
 (D) Cas9 是一種核酸酶
 (E) CRISPR 技術無需任何細胞酵素的協助

40. 某植物的 R 基因利用 CRISPR 編輯過後，產生兩種基因型態（R-M1 與 R-M2）。序列分析結果顯示，R-M1 基因發生部分序列缺失；R-M2 則插入一些額外的序列。野生型植物（含有原始 R 基因；代號爲 R）與這兩種突變株（R-M1 及 R-M2）經感染病原菌甲與病原菌乙後，偵測這兩種病原菌在植物體內的相對含量（圖 12）。下列分析結果何者正確？

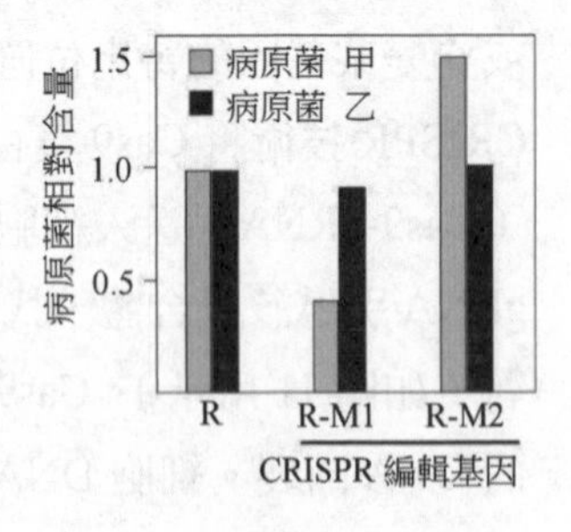

圖 12

(A) R 基因會影響兩種病原菌的感染
(B) R-M1 對病原菌甲有較高的抗性
(C) R-M2 對病原菌甲有較高的抗性
(D) CRISPR 編輯病原菌甲的基因造成感染上的差異

41. 依據上題數據，下列哪些結論正確？
(A) 病原菌甲較容易感染 R-M1 突變株
(B) CRISPR 編輯 R 的位置對於病原菌甲感染植物並無相關
(C) R-M2 基因可被生物科技運用於創造病原菌甲抗病植物
(D) CRISPR 編輯技術有機會對同樣的基因創造功能增強或減弱的突變株
(E) R 基因的突變對病原菌甲的含量有影響

閱讀三

野生水鳥是A型流感病毒的天然寄主。人禽共通的禽流感病毒（H1N1）透過病毒表面的血球凝集素醣蛋白（HA）與寄主細胞膜上的唾液酸受體（sialic acid receptor）結合而感染人或鳥類。人類呼吸道上皮細胞的唾液酸受體和鳥類的受體上有些許差異，而病毒表面的 HA 和人類上皮細胞的唾液酸受體之結合能力大小，是禽流感病毒是否感染人類的關鍵。

蝙蝠是甚佳的流感病毒寄主，科學家在中南美洲蝙蝠身上採到兩株新的 A 型流感病毒（H17N10 與 H18N11），有趣的是這兩株病毒表面的 HA 不會和寄主細胞膜上唾液酸受體結合，而是透過流感病毒表面的 HA 和寄主細胞膜的第二型主要組織相容性複體（MHC-II）結合進入細胞，進而感染宿主。科學家也發現蝙蝠流感病毒可與人類、小鼠、豬及雞的 MHC-II 結合，不僅可以直接感染人類，也可以透過家畜感染人類。這些研究成果有助於我們對蝙蝠流感病毒的人畜共通傳染性進行風險評估。根據上文所述及相關知識，回答下列問題。

42. 科學家取 H1 和 H18 病毒粒子，分別加入無法產生 MHC-II 複體（$MHC–II^{-/-}$）的人類細胞株，而後分析病毒感染的細胞數量，下列何者實驗結果較接近上文的敘述？

(A)

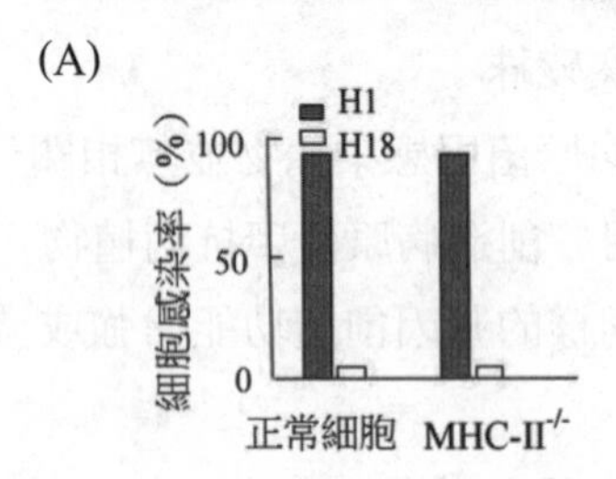

(B)

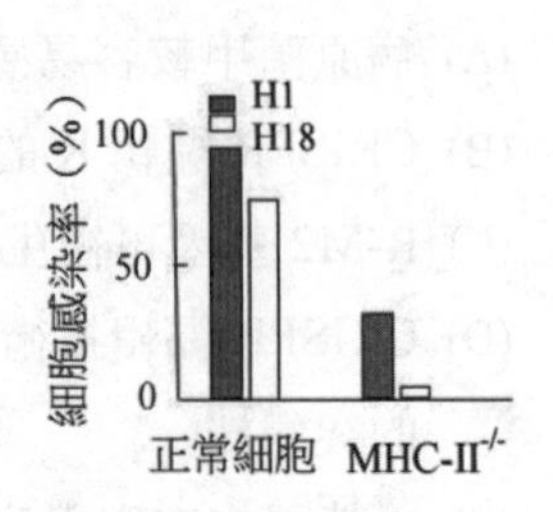

(C)

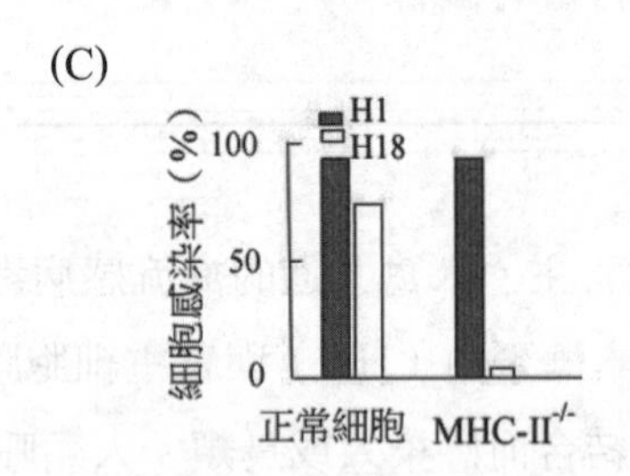

(D)

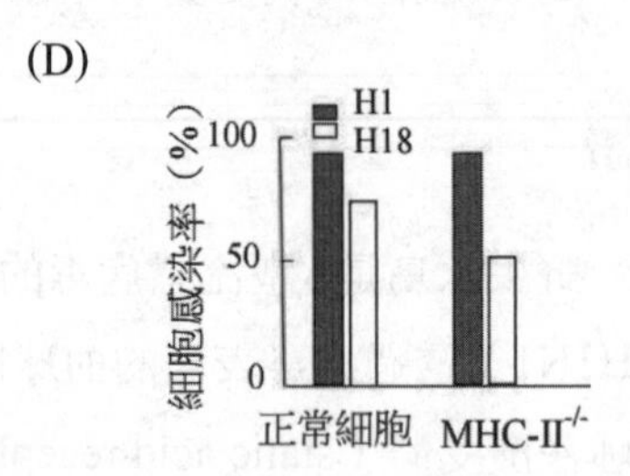

43. 科學家以 H1 與 H18 病毒粒子以鼻腔噴入方式同時感染小鼠，4 天之後分析上呼吸道、支氣管、肺臟組織內病毒粒子量，其結果如表一。之後再使用 $MHC–II^{-/-}$ 的小鼠進行同樣的實驗後，再測總病毒數（H1 + H18 總病毒粒子），下列實驗結果何者與預期較接近？

表一

	H1	H18
上呼吸道	+++	+++
支氣管	++	−
肺臟	++++	−

+代表病毒量。
+數越多代表病毒量越高

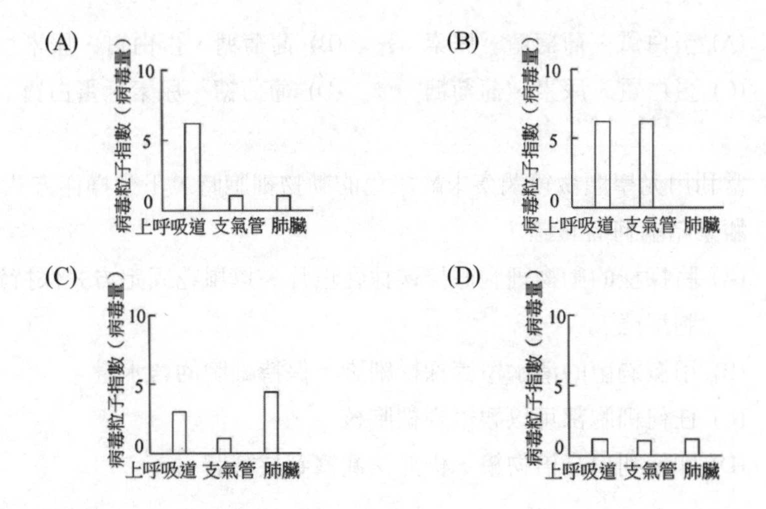

四、實驗題（占 10 分）

說明：第 44 題至第 48 題，包含單選題、多選題或二者均有，每題 2 分。單選題有 4 個選項，多選題有 5 個選項，每題選出最適當的選項，標示在答案卡之「選擇題答案區」。單選題答錯、未作答或畫記多於 1 個選項者，該題以零分計算。多選題各題之選項獨立判定，答錯 1 個選項者，得 1.2 分；答錯 2 個選項者，得 0.4 分；答錯多於 2 個選項或所有選項均未作答者，該題以零分計算。

44. 表二為一位健康成人檢測血漿、鮑氏囊濾液及集尿管尿液之結果，試問甲、乙、丙依序為何種物質？

表二

（公克/公升）	血漿	鮑氏囊濾液	集尿管
（甲）	72	0.3	0
（乙）	1.0	1.0	0
（丙）	0.3	0.3	20

(A) 蛋白質、葡萄糖、尿素 (B) 葡萄糖、蛋白質、尿素
(C) 蛋白質、尿素、葡萄糖 (D) 葡萄糖、尿素、蛋白質

45. 當利用光學顯微鏡觀察未經染色的動物細胞時，下列操作方式與觀察結論何者正確？
(A) 將採樣的動物細胞直接塗抹在玻片，以風乾固定方式保持細胞型態
(B) 用滅過菌的清水覆蓋採樣細胞，保持細胞的含水量
(C) 任何細胞都可以觀察到細胞核
(D) 即使利用高倍物鏡，仍無法觀察到核糖體

46. 圖 13 爲植物光合作用的示意圖，下列敘述何者正確？
(A) 甲的化學反應式爲 $NADP^+ + e^- \rightarrow NADPH$
(B) 乙的化學反應式爲 ADP + Pi → ATP
(C) 在水蘊草的裂解水作用中，光反應的指標爲氧氣
(D) 圖中所示包含光合作用的光反應和碳反應

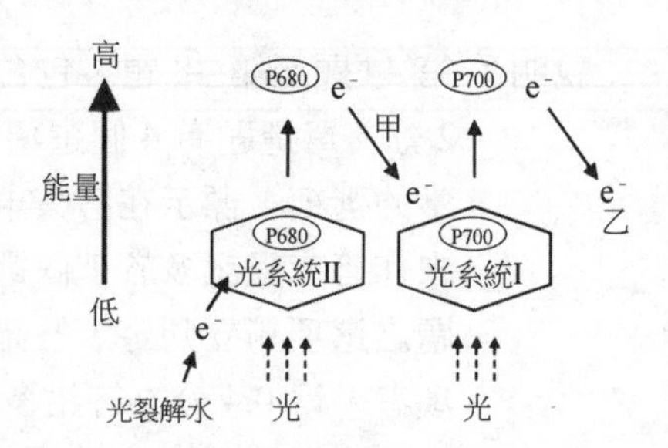

圖 13

47. 某生分別用抗 A 和抗 B 的血清分析 30 位同學血液，並觀察同學血液與抗 A 和抗 B 血清產生血液凝集反應的比例，實驗結果如表三。下列選項何者正確？

表三

血清	產生血液凝集占總人數比例（%）
抗 A 血清	41
抗 B 血清	17

(A) 17% 同學的血液可以輸給 A 型血液的人

(B) 可以自 41% 的同學血液分離出抗 A 蛋白

(C) 由此數據顯示 30 名同學中沒有 AB 血型的人

(D) 至少有 42% 的同學血液內帶有抗 A 和抗 B 抗體

48. 下列之實驗操作與想法，何者正確？

(A) 觀察細胞膜滲透作用時，必須先用固定液固定細胞

(B) 過氧化氫酶活性實驗中，不可將馬鈴薯濾液煮沸

(C) 為確保激素對色素細胞的影響，實驗須使用完全冰凍的魚鱗

(D) 確實測量溫度對水蚤心跳的影響，需計數位於水蚤腹部的心臟搏動

第貳部分：非選擇題（占 24 分）

說明：本部分共有四大題，答案必須寫在「答案卷」上，並於題號欄標明大題號（一、二、……）與子題號（1、2、……），作答時不必抄題，若因字跡潦草、未標示題號、標錯題號等原因，致評閱人員無法清楚辨識，其後果由考生自行承擔。作答務必使用筆尖較粗之黑色墨水的筆書寫，且不得使用鉛筆。每一子題配分標於題末。

一、圖 14 是某生在 A，B，C 三種情形下，換氣過程中的動脈 CO_2 分壓數值和換氣量的關係圖。請回答下列問題。

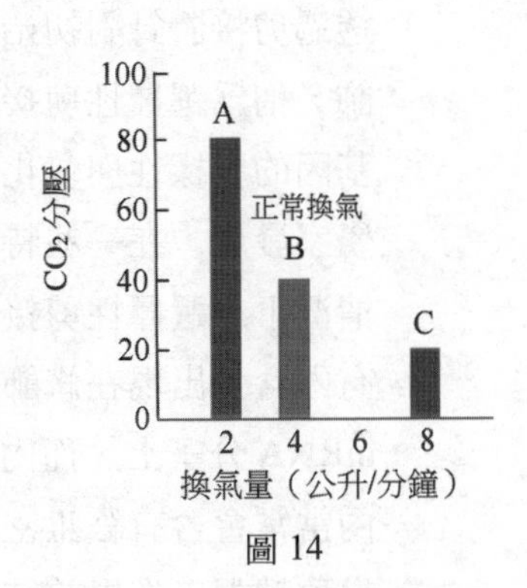

圖 14

1. 圖中 A 動脈 CO_2 分壓高於正常換氣 B 動脈 CO_2 分壓，此時體液 pH 的變化為何？（2 分）

2. 此生在 A 情形時，可藉由活化哪些腦區調節呼吸使體液 pH 回復正常範圍？（2 分）
3. 若發生動脈 CO_2 分壓低於正常換氣動脈 CO_2 分壓（如圖中 C）會引發致命危險的原因為何？（2 分）

二、 植物受到病毒或是病原菌感染後，會啓動防禦反應。圖 15 是植物莖橫切面圖，甲至戊分別為不同構造。請依據所習知識回答下列問題。

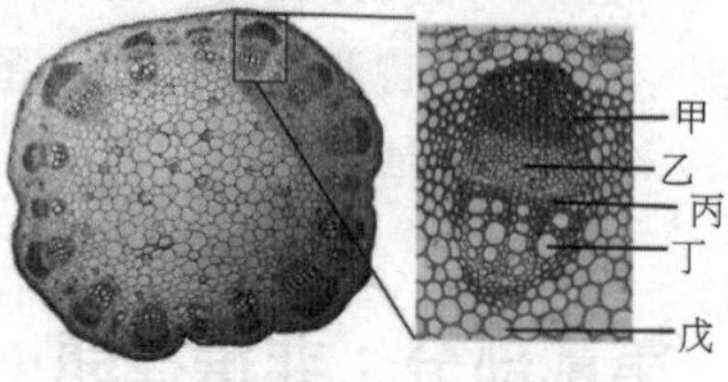

1. 水溶性肥料透過根吸收後，由圖中甲～戊何種構造運輸？此構造名稱為何？（2 分）

圖 15

2. 植物受病原菌感染時，會產生茉莉酸，請問茉莉酸是儲存在圖中甲～戊何種構造？此構造名稱為何？（2 分）
3. 植物病毒會透過圖中甲～戊何種構造進行長距離快速運輸？此構造名稱為何？（2 分）

三、 透過剪接體針對初始 mRNA（pre-mRNA）進行不同的剪接修飾，稱為選擇性剪接（Alternative splicing）如圖 16，用以增加基因的多樣性與變化。科學家發現，在一些特定的情況下，選擇性剪接也會有內含子出現在修飾過的 mRNA 分子上，而內含子內常常會含有終止密碼子，導致轉譯工作提前結束。

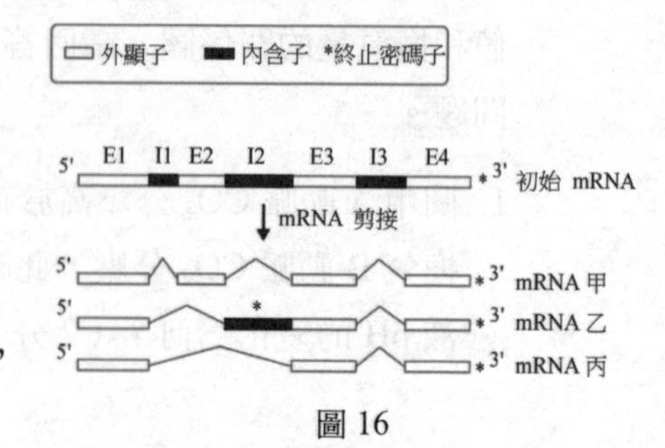

圖 16

1. 哪一種 mRNA 所轉譯出來的胺基酸序列長度最短？（2 分）
2. 科學家分析某植物在不同溫度下，甲乙丙三種 mRNA 的表現量如圖 17 所示。若該植物長年大多是表現 mRNA 甲的轉譯產物，則選擇性剪接修飾可能在哪些溫度下發生？（2 分）

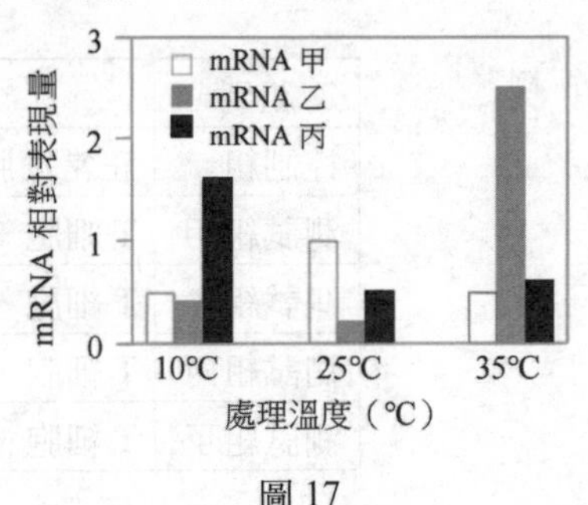

圖 17

3. 當夏季氣溫高於 32℃ 時，哪一種 mRNA 是該植物生長所必須？（2 分）

四、T 細胞的細胞膜有受體 A 可與癌細胞表面上的配體 A 結合，表現出抗癌性；而嗜中性白血球亦具有相同的配體 A 可與之結合，而改變 T 細胞的抗癌性。科學家將小鼠嗜中性白血球收集與處理，將與 [腫瘤組織培養後的上清液] 作用後的嗜中性白血球稱為 TCN，而與 [正常組織培養後的上清液] 作 用的則稱為 N，並將 TCN 及 N 進行表四所示的實驗處理。科學家讓小鼠產生腫瘤後，以每五隻一組來注射不同處理的細 胞，並在 24 天後觀測每隻小鼠腫瘤大小（圖 18）。依以上資訊所習得知識，回答下列問題。

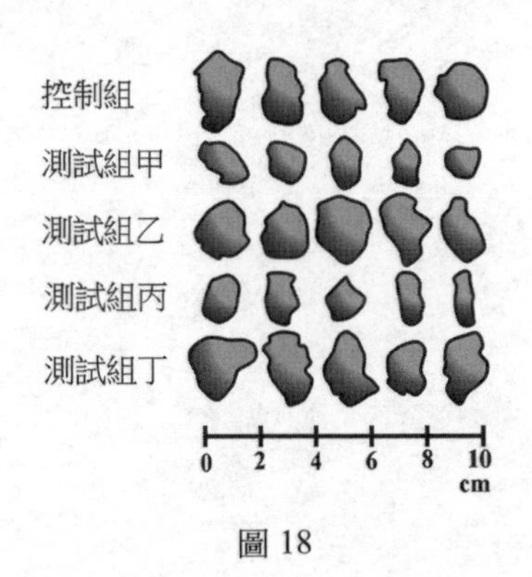

圖 18

表四

組別	實驗處理
控制組	正常細胞培養液
測試組甲	T 細胞 + N
測試組乙	T 細胞 + TCN
測試組丙	T 細胞 + TCN + 配體 A 抗體
測試組丁	T 細胞 + TCN + 不會識別配體 A 的抗體

1. 文中的 T 細胞是屬於哪一種T細胞？參與何種免疫作用？（2 分）
2. 依圖中實驗結果，推論 TCN 對於 T 細胞抗癌力的影響。（2 分）
3. 依圖中實驗結果，推論腫瘤組織培養上清液對嗜中性白血球配體 A 的影響。（2 分）

108年度指定科目考試生物科試題詳解

第壹部分：選擇題

一、單選題

1. **C**

【解析】 章魚、蚯蚓與蝌蚪皆爲閉鎖式循環系統。

2. **C**

【解析】 離層素，又稱休眠素，能促進芽和種子的休眠，可對抗不利的環境。

3. **B**

【解析】 胚胎才能發展成一個完整個體。

4. **B**

【解析】 胃潰瘍：幽門螺旋桿菌；登革熱：登革熱病毒；木瓜輪點病：輪點病毒。

5. **D**

【解析】 人類胰島 β 細胞被破壞導致無法產生胰島素，使血糖上升、尿糖增高。

6. **C**

【解析】 己處爲節律點，交感神經及副交感神經可作用在節律點影響心律。

7. **B**

【解析】高基氏體：收集並包裹各種物質；平滑內質網：合成磷脂、糖脂、糖蛋白；過氧化體：單層膜的胞器。

8. **D**

【解析】(A) 甲為促甲狀腺素，受到下視丘分泌的促甲狀腺素釋放激素調控。
(B) 乙為促腎上腺皮質素，與腎上腺素不具拮抗作用。
(C) 丙至少包含 LH 和 FSH，受到性腺激素的負回饋或正回饋作用，也受下視丘分泌的 GnRH 調節。
(D) 丁為泌乳激素，可因受乳刺激而有正回饋反應。

9. **C**

【解析】唐氏症為 21 號染色體的三體現象造成的遺傳疾病。此題唐氏症患者的染色體問題是 A3，因此推斷為精子形成過程中的第二次減數分裂無分離現象。

10. **B**

【解析】複製時 DNA 半保留，故第一次分裂所有 ^{15}N 分別與 1 條 ^{14}N 結合成雙股，故第一次分裂所有雙股 DNA 重量均相同，介於 ^{14}N-^{14}N 及 ^{15}N-^{15}N 中間。第二次分裂時同樣數量的 ^{15}N 與 ^{14}N 分離再個別與新的 ^{14}N 結合成雙股，產生同樣數量的 ^{15}N-^{14}N 及 ^{14}N-^{14}N 雙股，前者高度居中，後者同圖 3 右者。

11. **B**

【解析】(A) 平滑肌受自主神經支配。

(C) 有氧呼吸的順序為：糖解作用、克氏循環、電子傳遞鏈。

(D) 酒精發酵多見於低等微生物或高等植物細胞缺氧時。

12. **C**

【解析】由題幹第二、三、四行可推知 mRNA 與母體遺傳相關。

13. **A**

【解析】(B) 扦插後的子代交配後，仍會保留部分的母體遺傳特性。

(C) 母體遺傳與卵的細胞質狀態有關。

(D) 血友病的 X 染色體可能來自父親或母親。

14. **B**

【解析】(A) 生質柴油的原料為大豆、玉米、油菜籽、動物脂肪等等。

(C) 生質柴油使用上需與一般柴油混合，因此仍有碳的排放問題。

(D) 一般公認的比例為 20 趴的生質柴油。

15. **B**

【解析】(A) 為人工合成的化合物。

(C) 不易分解，容易累積在生物體內。

(D) 生物營養階級越高的生物，因為生物的放大作用，體內的環境賀爾蒙濃度就越高。

16. **D**

【解析】乙處手指放開後，血液沒有流回甲處，表示血管內的瓣膜發揮了防止血液逆流的作用。

17. **C**

【解析】皮膚可見的血管是靜脈，不適合量血壓。人體內血流方向都是單向。

18. **C**

【解析】甲：2個精細胞、乙：管細胞、丙：2個未融合的中央細胞、丁：卵細胞

(A) 甲跟丁結合爲受精卵。

(B) 其中一個甲細胞與融合後的丙細胞受精。

(D) 受精卵2N，胚乳細胞3N。

19. **C**

【解析】突觸囊內鈣離子濃度增加會導致神經傳遞物質的釋放，因此作用在丙阻斷鈣離子進入，可達到抑制作用。

20. **C**

【解析】(A) 有氧時，葡萄糖先在細胞質進行糖解作用，變成丙酮酸後才會進入粒線體。

(B) 缺氧時，呼吸作用只會在細胞質進行。

(D) 粒線體內的有氧呼吸可以產生大量能量，細胞質內的呼吸作用只能產生少量的能量。

二、多選題

21. **ACE**

【解析】(B) 核型分析是利用光學顯微鏡看染色體外觀是否正常，無法細讀到基因是否異常。

(D) 題目的要求是觀察判斷是否有突變的基因，跟基因改造無關。

22. **BCE**

【解析】(A) T 細胞來自胸腺內的淋巴幹細胞。

(D) 抗原呈現細胞主要由受病毒感染細胞、癌化的細胞、巨噬細胞、樹突細胞擔任。

23. **BD**

【解析】(A) 水份無法通過內皮細胞的細胞壁，因爲有卡氏帶阻擋。

(C) 根壓是根部細胞主動吸收礦物質，在細胞內累積礦物質濃度，進而被動吸收土壤中的水份，使根部內的水份變多產生向上的壓力。

(E) 韌皮部才是利用壓力流運輸物質。

24. **CD**

【解析】(A) 莖是生長素濃度高生長快速。

(B) 向性影響植物的生長是不可逆的，無法改變方向。向日葵的追日運動屬於膨壓的變化，與向性無關。

(E) 睡眠運動與光照有關，但與光照角度無關。

25. **BD**

【解析】(A) 口腔受食物刺激後直接促進唾液分泌。

(C) 分泌胰泌素的是12指腸。

(E) 膽囊收縮素是促進膽囊收縮，不是促進膽汁分泌。

26. **BCD**

【解析】(A) tRNA攜帶胺基酸進入A位。

(E) 不只13種。共 $1 \times 4 \times 2 \times 6 = 48$ 種可能。

27. **AE**

【解析】(B) 不是所有單子葉植物都是 C_4 植物。

(C) CAM植物的氣孔爲夜間開放，吸收二氧化碳。

(D) C_4 植物的卡爾文循環在維管束鞘細胞內進行。

28. **AC**

【解析】(B) 有可能造成生物的多樣性下降。

(D) 屬於外來種，不屬於保育類。

(E) 繁殖有可能會造成台灣本土鳥類棲息地的破壞。

29. **BE**

【解析】(A) 嗅覺受器是特化的神經元，但嗅覺訊息會先經過僧帽細胞才傳到大腦。

(C) 味細胞不是特化的神經元。

(D) 熱覺細胞爲游離神經末梢。

(B)(E) 正確。

30. **CD**

【解析】(A) 胞毒 T 細胞參與細胞免疫作用。

(B) 胞毒 T 細胞使受感染的細胞瓦解。

(E) 胞毒 T 細胞不會行胞吞作用。

31. **CE**

【解析】(A) 病毒沒有粒線體，能量來自宿主。

(B) 非洲豬瘟病毒寄主具專一性，不包括人類。

(D) 病毒蛋白質外鞘由寄主細胞合成。

32. **BD**

【解析】(A) 病毒沒有胞器，沒有高基氏體。

(C) 非洲豬瘟爲 DNA 病毒，突變率低於屬於 RNA 病毒之禽流感。

(E) 非洲豬瘟病毒寄主具專一性，主要傳播源爲豬及壁蝨，非所有昆蟲。

33. **AD**

【解析】(A) (D) 大腸桿菌及結核桿菌爲原核生物，一條 DNA 上可同時進行轉錄及轉譯。

(B) (C) (E) 人類、青黴菌、線蟲爲眞核生物，一條 DNA 上不能同時進行轉錄及轉譯。

34. **BC**

【解析】(A) 左側 RNA 較長、右側 RNA 較短，可判斷右側較新。故 RNA 聚合酶往左移動。

(D) 3 號靠近較早合成的 RNA，故更靠近 5’ 端。

(E) 核糖體 2 轉譯的蛋白質較長，應較早開始轉譯。

35. **ABE**

【解析】(C) 初感染後一年中，HIV 抗體已快速增加以對抗 HIV 病毒。

(D) 6-7 年時 B 細胞依然可以產生抗體。

三、閱讀題

36. **AD**

【解析】(B) Hcrt 減少但沒有失去功能。

(C) 主因是缺少充分睡眠。

(E) 給予完整睡眠後又表現正常。

37. **CD**

【解析】(A) Dynorphin 無差異性的表現。

(B) 只有甲參與睡眠片段化次數實驗。

(E) 是 B 細胞及其他淋巴球的數量並沒有明顯改變。

38. **C**

【解析】SF 缺少 Hcrt 且動脈中應有大量 Ly-6C^{high} 單核球，補充 Hcrt 後單核球數量不應更少。

39. **ACD**

【解析】(A) 用生殖細胞編輯即可能遺傳。

(B) 基因在細胞核內。

(E) 細胞 DNA 修補機制需要酶。

40. **B**

【解析】R-M1 的病原菌甲較少。

41. **DE**

【解析】(A) 病原菌甲較不容易感染 R-M1 突變株。

(B) 編輯 R-M1、R-M2 對病原菌抗性不同。

(C) 病原菌甲抗病植物較可能使用 R-M1 基因。

42. **C**

【解析】H1 的 HA 與唾液酸受體結合，H18 的 HA 與 MHC-II 結合，正常細胞可感染二者，去除 MHC-II 者可感染 H1 而無法感染 H18。

43. **D**

【解析】去除 MHC-II 者無法感染 H18，故病毒量支氣管 < 上呼吸道 < 肺臟。

四、實驗題

44. **A**

【解析】（甲）血漿中含有蛋白質，如酵素、抗體、激素……等。

（乙）血漿除了溶有血漿蛋白外，還包括葡萄糖；當血液流經腎小球，血液中的水分、鹽類、葡萄糖及尿素，在腎小球裡發生過濾作用，而進入鮑氏囊內。

（丙）集尿管中含有尿液，其成分主要爲：水、尿素、無機鹽……等物質。

45. **D**

【解析】(A) 應先泡在等張溶液當中，再將其塗抹在玻片上。

(B) 應用生理食鹽水覆蓋採樣細胞。

(C) 並非所有細胞都有細胞核，如：成熟的紅血球。

(D) 核醣體需用電子顯微鏡才可看見。

46. **C**

【解析】(A) 應是 ADP + Pi → ATP。

(B) 應是 $NADP^+ + e^- \rightarrow NADPH$。

(D) 圖中所示爲光合作用的光反應。

47. **D**

【解析】抗 A 血清如果產生凝集，即有 A 抗原，表示爲 A 型或 AB 型；抗 B 血清如果產生凝集，即有 B 抗原，表示爲 B 型或 AB 型。由此可知有 41% 同學爲 A 型或 AB 型，17% 爲 B 型或 AB 型。

(A) 應爲 41% 同學的血液可以輸給 A 型血液的人。

(B) 應爲可分離出抗 B 蛋白。

(C) 若爲 AB 血型，則抗 A 血清和抗 B 血清都會產生凝集，因此可能有 AB 血型的人，因此可知，圖表中的比例可能包含 AB 型的人。

(D) 若無 AB 血型的同學，則 A 型和 B 型佔全班 58%，可知至少有 42% 學生爲 O 型。若血液內帶有抗 A 和抗 B 抗體，則代表爲 O 型。

48. **B**

【解析】(A) 固定液用來保存標本或是製作切片標本，並非用來觀察細胞的滲透作用。

(B) 煮熟的馬鈴薯無法和雙氧水作用。

(C) 應用福馬林固定鱗片後，再加激素觀察。

(D) 心臟位於育兒室的前方、消化管的背側。

第貳部分：非選擇題

一、【解答】 1. pH 會下降。

因爲血液 CO_2 上升，H^+ 上升，pH 會下降。

2. 延腦、橋腦。

人體的呼吸調節區和長吸呼吸區都位於橋腦，而延腦吸氣神經中樞會接收到許多神經訊息。當血液中二氧化碳濃度產生變化，便會刺激這兩個部位，調節呼吸使體液 pH 回復正常範圍。

3. 當 CO_2 下降，H^+ 下降，pH 會上升。導致呼吸鹼中毒，增加肌肉和神經興奮性，發生肌肉痙攣，因而窒息。

二、【解答】 1. 丁，導管（木質部）

木質部運輸水分、礦物質，水性肥料因溶於水，因此由木質部運送。

2. 戊，髓

在植物遭受創傷或病害侵襲時，茉莉酸會大量生成，並儲存在髓中。

3. 乙，韌皮部

韌皮部運送養分，可由上往下，或由下往上運輸，因此病毒會透過此來進行長距離快速運輸。

三、【解答】 1. 乙

內含子不會被轉譯出來，因此乙的胺基酸序列長度最短。

2. 10℃、35℃

在 25℃ 時，mRNA 甲的含量高，因此選擇性剪接修飾較不會發生。

3. 乙

由圖可知，在 35℃ 時，mRNA 乙的含量高於 mRNA 甲和 mRNA 丙許多，因此可推論在夏季氣溫高於 32℃ 時，mRNA 乙是必須的。

四、【解答】 1. 胞毒 T 細胞，細胞免疫

胞毒 T 細胞表面具有受體可辨認特定抗原，表現專一性。

與文中第一行描述：T 細胞的細胞膜可與配體 A 結合。

2. 甲乙對照；甲 T 細胞在沒有 TCN 時使腫瘤縮小，乙 T 細胞受 TCN 影響沒有使腫瘤縮小，故推論 TCN 對 T 細胞抗癌力有抑制作用。

3. 甲乙丙對照：甲 N 有配體 A 但不會抑制 T 細胞抗癌力。乙 TCN 原本有配體 A，受「腫瘤組織培養後的上清液」影響後會抑制 T 細胞抗癌力。丙比乙多了配體 A 抗體，而使腫瘤縮小，與無 TCN 的甲組類似，且抗體的功能爲與抗原結合，故推測配體 A 抗體與 TCN 之配體 A 結合後，可阻止 TCN 對 T 細胞抗癌力的抑制。即具有配體 A 之 N 受「腫瘤組織培養後的上清液」影響成爲 TCN 後，仍具有配體 A 但其對 T 細胞產生抑制抗癌力之效果。

108 年大學入學指定科目考試試題
國文考科

一、單選題（占 68 分）

說明：第 1 題至第 34 題，每題有 4 個選項，其中只有一個是正確或最適當的選項，請畫記在答案卡之「選擇題答案區」。各題答對者，得 2 分；答錯、未作答或畫記多於一個選項者，該題以零分計算。

1. 下列文句，完全沒有錯別字的是：
   (A) 小魚莧菜重在食材新鮮，湯頭甘醇，不需以勾欠增加濃綢度
   (B) 衣著服飾首重剪裁合宜，適當得體，切莫奇裝異服譁衆取寵
   (C) 外出之前務必仔細檢查，小心門戶，儘量避免霄小趁虛而入
   (D) 連日豪雨導致土石鬆動，道路攤方，造成雙向交通嚴重堵塞

2. 下列文句畫底線處的詞語，運用最適當的是：
   (A) 大自然巧奪天工，將太魯閣峽谷雕刻得渾然天成
   (B) 他生性樂觀且豁然開朗，所到之處無不笑聲洋溢
   (C) 都市更新期間，車站附近街道肩摩轂擊，十分蕭條
   (D) 曾幾何時，民衆排隊搶購的熱門商品已成明日黃花

3. 閱讀下文，選出依序最適合填入□內的選項：
   甲、我母親和我姑姑一同出洋去，上船的那天她伏在竹床上痛哭，綠衣綠裙上面釘有□□發光的小片子。（張愛玲〈私語〉）
   乙、蝴蝶的本能是吮吸花蜜，女人的愛亦是一種本能：採集所有美好事物引誘自己進入想像，從自身記憶□□□□並且偷摘他人經驗之片段，想像繁殖成更豐饒的想像，織成一張華麗的密網。（簡媜〈母者〉）

丙、母親是天可汗，當家的天可汗，一家之王，絕對的威權，分配空間與食物的主人。她要我報告的事，或她突如其來要我□□的事，我最好都要知道，所以我在覲見可汗時，不論她問不問我話，我的心中就是會先有腹稿。（鍾文音〈我的天可汗〉）

(A) 抽搐／綢繆未雨／進貢　(B) 抽搐／煮繭抽絲／奏疏

(C) 張揚／煮繭抽絲／進貢　(D) 張揚／綢繆未雨／奏疏

4. 下列是一段現代散文，依據文意，甲、乙、丙、丁、戊排列順序最適當的是：

愈是靈心善感的詩人，愈是技巧高妙的詩人，

甲、<u>悉聽自然</u>　乙、<u>不必勉強押韻</u>　丙、<u>形式上有韻與否</u>

丁、<u>也愈能引發讀者的共鳴</u>　戊、<u>他的作品節奏愈自然</u>

但也不必故意避免用韻。（琦君〈不薄今人愛古人——我讀新詩〉）

(A) 甲丙乙戊丁　(B) 乙戊丙甲丁

(C) 丁乙丙甲戊　(D) 戊丁丙甲乙

5. 下列各組文句，前後意義最相近的是：

(A) 聖人欲上民，必以言下之；欲先民，必以身後之／先之，勞之

(B) 不以一己之利為利，而使天下受其利；不以一己之害為害，而使天下釋其害／民之所好好之，民之所惡惡之

(C) 無冥冥之志者，無昭昭之明；無惛惛之事者，無赫赫之功／多聞闕疑，慎言其餘，則寡尤；多見闕殆，慎行其餘，則寡悔

(D) 拔人之城而非攻也，毀人之國而非久也，必以全爭於天下，故兵不頓，而利可全／殺十人十重不義，必有十死罪矣；殺百人百重不義，必有百死罪矣

6. 依據下文，最能概括文章內容的標題是：

法蘭克福是大多數外國旅客到德國的第一站，除了巨大繁忙的法蘭克福國際機場外，這裡也是德國的鐵、公路交通樞紐，以及歐陸的金融中心，更因是歐洲中央銀行的所在地，在世界經濟上的地位可謂舉足輕重。

因爲是銀行城，市區內現代的摩天大樓林立，使法蘭克福的天際線十分絢麗。除了工商業充斥，她也是一座文化古都。從1562年起，法蘭克福一直是神聖羅馬帝國皇帝加冕的地方，崇高的地位延續到該帝國1806年瓦解爲止。旅行者可從市中心古色古香的羅馬山廣場，感受歐洲中古風情。

法蘭克福位於美茵河畔，有廣大美麗的河濱綠園，可在此觀賞高聳壯觀的天際線。而美茵河往西匯入萊茵河，河流孕育出本區自然環境的旺盛生命力，造就無數美景。(改寫自林呈謙《德國旅行家》)

(A) 與時俱進的文化古都　(B) 廣大絢麗的美茵河畔
(C) 古色古香的德國城市　(D) 大樓林立的金融中心

7. 依據下文，關於犯罪小說與偵探小說，敘述最適當的是：

近十年來專注於犯罪小説的評論研究大幅增加，僅有少數提及犯罪小説的源起。有人認爲閱讀犯罪小説的基本動機是宗教性的，透過儀式與象徵性的犧牲來除去個人或群體的罪惡。這種企盼並不會永遠奏效，眞正的犯罪小説迷就像摩尼教徒，認爲光明與黑暗會永無止境地相互抗衡，猶如偵探與罪犯的對峙。部落獻祭的人或許被視爲是神聖的，因此通常在死亡前都必須經過僞裝，將人類外觀打扮成需驅趕的惡魔模樣。偵探小説的操作方式則相反，罪犯剛登場時是受認可的人物，而且往往受人敬重。這個面具要到故事最後才會被扯下來，露出違法者的眞面目。偵探就像巫醫一樣神聖，能嗅出破壞社會的惡魔氣味，展開追捕，看破各式僞裝，直探事件根源。在故事中將偵探安排爲凶手，通常會成爲敗筆，除了這種作法顚覆法律外，信仰也是重要因素，因爲這樣的安排混淆了光明與黑暗的力量。(改寫自朱利安・西蒙斯《血腥謀殺》)

(A) 偵探小說尾聲，罪犯往往顚覆讀者心中既有的形象
(B) 偵探與罪犯在小說中就如同光明與黑暗，無法同時存在
(C) 犯罪小說起源於原始部落的獻祭活動，罪犯是神聖的犧牲者
(D) 爲維持懸疑與符合邏輯，偵探小說結局不可安排偵探爲兇手

8. 依據下文，有關蜜蜂的舞動，敘述最適當的是：

根據馮・弗里希的早期研究，蜜蜂有兩種「舞步」：一種他稱爲環繞舞，一種則爲 8 字搖擺舞。當時他的結論是：跳環繞舞，表示蜜蜂發現花蜜的來源；跳搖擺舞，則表示蜜蜂找到花粉。後來，波伊特勒持續進行研究，開始懷疑當初的論點。他和馮・弗里希在 1944 年繼續做實驗，發現如果餵食盤距離蜂巢超過一百公尺，不管蜜蜂帶什麼東西回去，都會跳搖擺舞。所以他們認爲：蜜蜂不同的舞蹈方式，並非用來描述發現什麼物質，而是一種用來傳達更複雜資訊的方法，也就是要說明地點。馮・弗里希寫道：這種精確描述距離與方向的能力「似乎太過奇妙，根本不像是眞的。」(改寫自修・萊佛士《昆蟲誌：人類學家觀看蟲蟲的 26 種方式》)

(A) 蜜蜂跳環繞舞的頻率高於 8 字搖擺舞
(B) 蜜蜂可藉不同舞步溝通的說法不正確
(C) 蜜蜂舞蹈方式與蜜源方位、距離較爲相關
(D) 蜜蜂藉舞步形式表達採收花粉與花蜜後的儲存地點

9. 依據下文，湯普生醫師「把總醫師痛罵一頓」的原因，敘述最適當的是：

記得我當第一年住院醫師時，有一晚恰好遇到一個車禍外傷病人由救護車送來急診。經過詳細檢查，確認只有些皮肉裂傷，

總住院醫師便決定把病人帶到開刀房，洗淨傷口加以縫合並住院觀察。當晚是我們的副主任湯普生醫師值班。由於總住院醫師認爲這是很平常的外傷，而且他已處理得很好，因此決定讓湯普生醫師休息。誰知湯普生第二天巡房後走出病房就大發雷霆，把總醫師痛罵一頓，說他沒有依照科內規定，維護病人權益，未和主治醫師討論出最好的治療方法，也不尊重醫學倫理，因爲病人在法律上屬於湯普生醫師，他有義務照護病人。事實上病人狀況相當穩定，總醫師卻因一個善意的疏忽，幾乎被記過甚至開除。（改寫自王國照《重披白袍》）

(A) 未讓湯普生醫師充分休息　(B) 未把車禍外傷病人照顧好

(C) 未和主治醫師討論治療方式

(D) 未和病患家屬說明開刀細節

10. 閱讀下列詩句，最符合詩中所示的人生態度是：

有耳莫洗潁川水，有口莫食首陽蕨。含光混世貴無名，何用孤高比雲月？吾觀自古賢達人，功成不退皆殞身。子胥既棄吳江上，屈原終投湘水濱。陸機雄才豈自保？李斯稅駕苦不早。華亭鶴唳詎可聞？上蔡蒼鷹何足道。君不見吳中張翰稱達生，秋風忽憶江東行。且樂生前一杯酒，何須身後千載名？（李白〈行路難〉）

(A) 顯貴無常，急流勇退　(B) 養身隱逸，志在清高

(C) 放浪形骸，任俠行義　(D) 順處逆境，不求顯達

11. 《淮南子・人間訓》曰：「知備遠難而忘近患」，意指僅知道防備遠處的禍害，卻忽略近處的危機，有失明智。下列選項，最切合上述旨意的是：

(A) 夫鵲先識歲之多風也，去高木而巢扶枝。大人過之則探鷇，嬰兒過之則挑其卵

鷇：雛鳥。

(B) 鄭縣人卜子使其妻爲褲，其妻問曰：「今褲何如？」夫曰：「像吾故褲。」妻子因毀新，令如故褲

(C) 周人有愛裘而好珍饈，欲爲千金之裘而與狐謀其皮，欲具少牢之珍而與羊謀其饈。言未卒，狐相率逃於重丘之下，羊相呼藏於深林之中
(D) 昔齊人有欲金者，清旦衣冠而之市，適鬻金者之所，因攫其金而去。吏捕得之，問曰：「人皆在焉，子攫人之金何？」對曰：「取金之時，不見人，徒見金」

12. 下列關於先秦典籍的敘述，最適當的是：
(A)《荀子》文字風格簡淨，宛如格言
(B)《老子》多長篇大論，善用譬喻說理
(C)《墨子》文章華美，深具辭采，獨樹一格
(D)《莊子》想像力豐富，善以寓言傳達哲思

13-14 爲題組
閱讀下文，回答13-14題。

甲

我喜歡躺在早春微涼的胸膛／——最好是18度C的冷感／張開熱切的想望／大地的心跳令我羞赧／於是，緋紅著臉低著頭／在枝椏上相互簇擁／磨蹭出足夠的勇氣／聆聽如波浪洶湧而來／綻放的聲音。(路寒袖〈臺灣的春天——詩詠山櫻花〉)

乙

你單層的花瓣展現單純的美／不像玫瑰層層裏藏著秘密／五片心形的花瓣束在一起／你集中意志抵擋日落後的嚴寒／平地的薔薇依靠著牆叢生／高山薔薇啊／你在嶺上蔓爬／以你的純白與夜黑對峙／以你縷縷的細香襲入大氣。(鍾玲〈高山薔薇〉)

13. 關於上列詩作的解讀，最適當的是：
(A) 甲詩「躺在早春微涼的胸膛」可看出山櫻花多半開在山腰以上的位置

(B) 甲詩「緋紅著臉低著頭」描述櫻花樹間隔過於擁擠，花團錦簇的盛況
(C) 乙詩「平地的薔薇依靠著牆叢生」藉平地薔薇反襯高山薔薇獨立自主
(D) 乙詩「以你的純白與夜黑對峙」指高山薔薇在黑夜綻放，白天就凋謝

14. 感官描寫時，有時可以將某一感官的感受以其他感官的感受表達。下列對於詩中的感官描寫，解說最適當的是：
(A) 「張開熱切的想望／大地的心跳令我羞赧」：以觸覺感受形容聽覺感受
(B) 「磨蹭出足夠的勇氣／聆聽如波浪洶湧而來／綻放的聲音」：以聽覺感受形容視覺感受
(C) 「五片心形的花瓣束在一起／你集中意志抵擋日落後的嚴寒」：以觸覺感受形容視覺感受
(D) 「高山薔薇啊／你在嶺上蔓爬／以你的純白與夜黑對峙」：以視覺感受形容嗅覺感受

15-16 爲題組
閱讀下文，回答 15-16 題。

司馬遷《史記》所發展出來的「紀傳」體，不但奠定往後正史的寫作形式，在敘事形態上，亦將敘述重點由記錄對話、敘述情節的因果，轉移到捕捉一個個特殊人物的性格與命運。終於，個人，一個具有特殊個性完整人格的個人成爲注視的焦點。人不再附屬於事，而是人創造了種種的事。因此，具體的人，一個個獨特的個人才是最終的主體。……由於篇章、文章的觀念戰國末年已出現，在《史記》刻意區分的篇章中更是顧慮到全文情調的統一。同一歷史事件，記述在不同篇章，由於傳述的是以不同的

人物為主體，配合人物特別的生命情調，以及他們與歷史事件的關連，往往呈現不同的風味、不同的意義。司馬遷隱藏了單一作者的聲音，綻放出來的卻是眾多人物的多元宇宙，是多重音色的自呈與交織。因此，《史記》展現的不僅是繽紛多姿的人物性格之美，更是從悲壯到滑稽，由崇仰到諷刺各種類型的敘事筆調之美。(改寫自柯慶明〈中國文學之美的價值性〉)

15. 依據上文，下列敘述<u>不適當</u>的是：
(A) 《史記》所發展出來的「紀傳」體，奠定之後正史的寫作形式
(B) 在《史記》中，具有特殊性情完整人格的個人成為注視的焦點
(C) 在《史記》不同篇章中，同一歷史事件往往呈現不同的風味與意義
(D) 《史記》展現的不是人物性格之美，而是各種類型的敘事筆調之美

16. 依據上文，下列推論最適當的是：
(A) 司馬遷作〈項羽本紀〉時，篇章、文章觀念尚未產生
(B) 為求篇章完整，楚漢相爭一事只記錄在〈項羽本紀〉
(C) 〈項羽本紀〉敘述重點是項羽的特殊性格與特殊命運
(D) 〈項羽本紀〉欠缺記錄對話、敘述情節的因果等內容

<u>17-19 為題組</u>
閱讀下文，回答 17-19 題。

漢代出現的原始瓷，以草木灰為釉水，燒出來灰灰綠綠，並不好看。彼時銅器昂貴，因此燒出類似銅器的東西作為陪葬的明器。魏晉茶道興起，杯盞以越窯為上，越窯是翠綠色，還帶點灰色調，要到南宋龍泉才燒出漂亮的綠色。追求瓷器色澤之美的過程，艱困而漫長，至少花了五六百年。宋代以玄素為美，瓷器的

靜定與素淨頗爲相應。所謂道，就講「相應」，人與茶相應，可以行氣，以利打坐；道與器相應，可以參悟；人與茶碗相應，可以引發美感。文人喝茶成爲風氣，但有一只素玄之名物，便可在茶會中領得風騷。那是文人茶的時代，也是瓷的第一高峰。

明代以前，點茶是用茶碗將茶末泡爲茶湯打出泡泡，過程繁瑣，加以團茶昂貴，非一般人喝得起。朱元璋改團茶、點茶爲茶湯，改茶湯後，小壺小杯喝茶，這是功夫茶的起始，所以瓷器小杯變多了。明初宮中還是以素白爲美，甜白瓷是此時的代表，如糖霜的白，不像定瓷白中帶黃，影青瓷白中泛藍，這時眞正的白瓷才產生。它並不單調，通常刻有暗花爲飾，其他素色瓷如祭紅、霽藍、豆青都燒得很好。至於明青花大器爲多，受中東影響，貿易瓷愈花愈好，也有可能元蒙古人愛大器，明代猶有前朝風，這是瓷的第二高峰。(改寫自周芬伶〈説瓷〉)

17. 依據上文，下列關於瓷器的敘述，最適當的是：
(A) 瓷器輕巧，故取代銅器成爲日常用品
(B) 漢代因釉水不佳，瓷器無法製成茶具
(C) 宋代瓷茶具崇尚質樸淡雅，道器合一
(D) 明代流行青花瓷，素色瓷質精而稀有

18. 依據上文，下列文字的鑑賞觀點，最可能屬於：
茶盞惟宣窯壇盞爲最，質厚白瑩，樣式古雅，有等宣窯印花白甌，式樣得中，而瑩然如玉。次則嘉窯心内茶字小盞爲美，欲試茶色貴白，豈容青花亂之？
(A) 漢代　(B) 魏晉　(C) 宋代　(D) 明代

19. 依據上文，對於下列甲、乙兩項推論，最適當的判斷是：
甲、茶葉沖泡方式影響杯盞瓷器的形製。
乙、宋代人常依茶湯顏色選用合適茶碗。

(A) 甲、乙皆正確　　(B) 甲錯誤，乙正確
(C) 甲、乙皆無法判斷　　(D) 甲正確，乙無法判斷

20-22 爲題組

閱讀下文，回答 20-22 題。

宋江看了，心中暗喜。自誇道：「這般整齊肴饌，濟楚器皿，端的是好個江州。我雖是犯罪遠流到此，卻也看了些眞山眞水。我那裡雖有幾座名山古跡，卻無此等景致。」獨自一個，一盃兩盞，倚闌暢飲，不覺沉醉。猛然驀上心來，思想道：「我生在山東，長在鄆城，學吏出身，結識了多少江湖上人，雖留得一個虛名，目今三旬之上，名又不成，功又不就，倒被文了雙頰，配來在這裡。我家鄉中老父和兄弟，如何得相見！」不覺酒湧上來，潸然淚下。臨風觸目，感恨傷懷。忽然做了一首〈西江月〉詞調，便喚酒保，索借筆硯。起身觀翫，見白粉壁上，多有先人題詠。宋江尋思道：「何不就書於此？倘若他日身榮，再來經過，重覩一番，以記歲月，想今日之苦。」乘其酒興，磨得墨濃，蘸得筆飽，去那白粉壁上，揮毫便寫道：

「自幼曾攻經史，長成亦有權謀。恰如猛虎臥荒丘，潛伏爪牙忍受。

不幸刺文雙頰，那堪配在江州。他年若得報冤讎，血染潯陽江口。」宋江寫罷，自看了，大喜大笑。一面又飲了數盃酒，不覺歡喜，自狂蕩起來，手舞足蹈，又拿起筆來，去那〈西江月〉後，再寫下四句詩，道是：

「心在山東身在吳，飄蓬江海謾嗟吁。他時若遂淩雲志，敢笑黃巢不丈夫。」宋江寫罷詩，又去後面大書五字道：「鄆城宋江作」。寫罷，擲筆在桌上，又自歌了一回。再飲過數盃酒，不覺沉醉，力不勝酒。便喚酒保計算了，取些銀子算還，多的都賞了酒保。(《水滸傳》第 39 回)

20. 上文藉描寫「宋江飲酒賦詩」，凸顯宋江的性格是：
(A) 風雅而富詩興　(B) 落拓而有豪情
(C) 慷慨而交遊廣　(D) 權謀而城府深

21. 關於宋江題於壁上的詩詞，解釋最適當的是：
(A) 「恰如猛虎臥荒丘」意謂才高卻無處施展抱負
(B) 「敢笑黃巢不丈夫」意謂不齒黃巢舉兵動搖朝廷
(C) 「報冤讎」、「遂凌雲志」指掃除匪寇以安定江州
(D) 「潛伏爪牙」、「飄蓬江海」指暗中在四處招兵買馬

22. 下列六句是今日九江潯陽樓上的一副對聯，請依文意與對聯格式，選出排列順序正確的選項：
甲、如無水滸傳者　乙、果有潯陽樓乎
丙、就會無影無蹤　丁、寫得有聲有色
戊、則梁山聚義替天行道　己、將宋江醉酒壁上題詩

	上聯	下聯
(A)	甲－戊－丙	乙－己－丁
(B)	甲－己－丁	乙－戊－丙
(C)	乙－戊－丙	甲－己－丁
(D)	乙－己－丁	甲－戊－丙

<u>23-24 爲題組</u>
閱讀下文，回答23-24題。

因爲有輪迴的觀念，《封神演義》看待爭鬥的時間超越一個人在世間的壽命。從地面上王國的時間——商朝將亡，周朝將興；到諸神的時間——不知那是在宇宙的何時，諸神共議了「封神榜」，榜上注定了有多少靈魂要歷劫重生，得到封號與任務，成爲守定一方的星宿或神衹；再由諸神的時間回到人類的時間，無道紂王

引發的殺戮和討伐，正在展開。雖然，最後的結果早已在冥冥中被決定，整場戰爭是應著封神協議的大方向而生的微細現象。在商周兩方的旗號之間，有些人是無知被捲入，有些是明明知道、要避卻還是避不開。腥風血雨之後，周朝的開國基業底定。人世或許還是有成王敗寇的邏輯，神界卻不是。封神臺上，戰爭中死去的魂靈們再度聚集，不論生前是助周的、還是助商的，榜上有名者都被封神。封神的觀點□□□□。戰爭不是殲滅對手，而是吸納與融合的過程。(改寫自張惠菁〈封神〉)

23. 關於上文對《封神演義》的詮釋，最適當的敘述是：
(A) 天命有歸，豈是人力
(B) 可憐夜半虛前席，不問蒼生問鬼神
(C) 名不正，則言不順；言不順，則事不成
(D) 從前種種，譬如昨日死；以後種種，譬如今日生

24. 上文□□□□內最適合填入的是：
(A) 超越勝負　(B) 坐觀成敗　(C) 旋生幻滅　(D) 曠然太平

25-26 爲題組
閱讀下文，回答 25-26 題。

就中國古典詩學傳統而言，詩歌的意義往往以詩人個人內在的情感意念爲重心，此等情意又是間接借助語言文字所呈示的對象加以烘襯，由是而形成一種獨特的審美意趣。至於間接烘襯的表現手法能成爲主要的創作模式，就是根源於古典文化的論述中，對語言表意功能的質疑。一方面固然由於情感或意念本身不可捉摸的特性，另一方面也認定了語言作爲一種表意的工具其實有所不足，甚或不完備，因而如何以有限的語言媒介傳寫極爲流動精微的情感或意念，便成爲一項備受關注的課題。(改寫自蔡英俊《語言與意義》)

25. 依據上文，中國古典詩歌以間接烘襯方式表達情感的原因是：
(A) 詩以言志 (B) 言不盡意
(C) 得意忘言 (D) 意在筆先

26. 下列詩句，最符合上文畫底線處所述表意方式的是：
(A) 飄飄何所似？天地一沙鷗
(B) 妾髮初覆額，折花門前劇
(C) 持家但有四立壁，治病不蘄三折肱
(D) 出師一表眞名世，千載誰堪伯仲間

27-29 爲題組
閱讀下文，回答27-29題。

甲

烏於人最黠，伺人音色有異，輒去不留，雖捷矢巧彈，不能得其便也。閩中民狃烏性，以謂物無不可以性取者，則之野，挈罌飯、楮錢，陽哭冢間，若祭者然。哭竟，裂錢棄飯而去。烏則爭下啄，啄盡；哭者復立他家，裂錢棄飯如初。烏不疑其紿也，益鳴爭，乃至三四，皆飛從之。稍狎，迫於羅，因舉獲其烏焉。今夫世之人，自謂智足以周身，而不知禍藏於所伏者，幾何不見賣於哭者哉！（蘇軾〈烏說〉）

狃：了解。

乙

臺灣平地甚少看到烏鴉，較難想像「烏合」的場面，但在日本東京、印度孟買等城市，常可見到一群群烏鴉，乍看牠們的確是毫無紀律地聚集、啄食、行動，但仔細觀察會發現，牠們飛到啄食處，離開啄食處，甚至歸巢的行動，都是相當有紀律的。

許多研究顯示，烏鴉在鳥類中屬於智慧高、學習能力強的一群。觀察烏鴉的行爲，會發現牠比其他鳥類及猴子、海豚之外的哺乳類動物高明不少。例如棲息於海邊的烏鴉要取食蛤蜊等貝類時，會先叼起蛤蜊起飛，再從高處將牠丟下，把硬殼撞破。若飛得太高，體力消耗太多；飛得太低，又打不開殼，因此必須掌握適當的高度。此外，還必須丟在質地較硬處才有效率。當一隻烏鴉發現適當的地點和合宜的擲落高度時，其他烏鴉馬上起而模仿。所以《伊索寓言》裡聰明的小烏鴉，叼石頭填滿裝著些許水的瓶子而喝到水的故事，是極有可能發生的。不只學習能力，在多烏地區，有時我們還可以看見數隻烏鴉攻擊一隻流浪貓或小狗的場面。(改寫自朱耀沂《成語動物學》)

27. 下列關於甲文的解說，最<u>不適當</u>的是：
(A) 「音色有異」指人們聲音和表情不同於往常
(B) 「裂錢棄飯」指人們怕遭攻擊而丟下錢和飯
(C) 「不疑其紿」指烏鴉不懷疑人們的欺騙手法
(D) 「舉獲其烏」指烏鴉全部都被人們網羅捕捉

28. 下列關於乙文的解說，最適當的是：
(A) 認爲烏鴉無組織、無紀律，是人們經過長期觀察的定見
(B) 日本東京、印度孟買等城市的烏鴉比臺灣的烏鴉有紀律
(C) 烏鴉的智慧與學習能力，比其他鳥類和哺乳類動物高明
(D) 烏鴉爲取食蛤蜊，會探索適當的地點和合宜的擲落高度

29. 下列關於甲、乙二文文意的說明，最適當的是：
(A) 甲文提醒人們勿如烏鴉爭奪楮錢而陷入羅網
(B) 甲文警惕人們不要只看到眼前近利而忽略隱藏的災禍
(C) 乙文從動物行爲學觀點證成「烏合之衆」一詞是指有紀律的群衆
(D) 乙文藉烏鴉毫無紀律地聚集、啄食、行動，證明「烏合」之說法其來有自

30-31 爲題組

閱讀下文，回答30-31題。

故車之堅可以任重也，而人斯載之；故弓之良可以射遠也，而人斯彀之。苟汝治車而堅矣，爲弓而良矣，焉往而不爲人所求。不此之務，而急急焉以求人知爲事，則非予之所望于汝也。(陳高〈送族弟祥遊金陵序〉)

30. 陳高在上文中提及「車之堅」、「弓之良」，用意是：
(A) 自許爲堅車良弓的能工巧匠
(B) 勉勵族弟以製作堅車良弓爲務
(C) 勸告族弟充實自身，如治堅車爲良弓
(D) 強調自身如堅車可任重，如良弓可射遠

31. 依據上文，陳高所要闡釋的論點是：
(A) 士不可以不弘毅，任重而道遠
(B) 君子病無能焉，不病人之不己知
(C) 知之者不如好之者，好之者不如樂之者
(D) 君子無所爭，必也射乎！揖讓而升，下而飲，其爭也君子

32-34 爲題組

閱讀下文，回答32-34題。

趙成陽堪，其宮火，欲滅之，無階可升，使其子朒假於奔水氏。朒盛冠服，委蛇而往。既見奔水氏，三揖而後升堂，默坐西楹間。奔水氏命儐者設筵，薦脯醢觴朒。朒起，執爵啐酒，且酢主人。觴已，奔水氏曰：「夫子辱臨敝廬，必有命我者，敢問？」朒方白曰：「天降禍於我家，鬱攸是崇，虐焰方熾，欲緣高沃之，肘弗加翼，徒望宮而號。聞子有階可登，盍乞我？」奔水氏頓足曰：「子何其迂也！子何其迂也！飯山逢彪，必吐哺而逃；濯谿

見鱷，必棄履而走。宮火已焰，乃子揖讓時耶！」急舁階從之，至，則宮已燼矣。(宋濂《宋文憲公全集》)

儐者：接待賓客的侍者。
脯醢：肉乾和肉醬。
鬱攸是祟：火氣積聚，指發生火災。
舁：抬。

32. 依據上文，下列文意解說最適當的是：
(A) 「委蛇而往」是因爲心虛以至於膽怯地前往
(B) 「必有命我者」是相信對方一定能救我的命
(C) 「盍乞我」是埋怨對方怎麼不把梯子借給我
(D) 「飯山逢彪」是在山上吃飯的時候遇到老虎

33. 下列各組文句「 」內的字，前後意義相同的是：
(A) 濯谿「見」鱷／若有招待不周之處，請您「見」諒
(B) 必棄履而「走」／快「走」運動有益全民身心健康
(C) 「假」於奔水氏／歲末音樂會將「假」文化中心舉行
(D) 「乃」子揖讓時耶／竊盜屬公訴罪，非告訴「乃」論

34. 上文藉由故事人物的言行寄寓主旨，下列說明最適當的是：
(A) 藉奔水氏批判虛榮浮誇、惺惺作態的人
(B) 藉奔水氏表彰指揮若定、功成不居的人
(C) 藉成陽朒諷刺食古不化、不知變通的人
(D) 藉成陽朒讚美處變不驚、溫文有禮的人

二、多選題（占32分）

說明：第35題至第42題，每題有5個選項，其中至少有一個是正確的選項，請將正確選項畫記在答案卡之「選擇題答案區」。各題之選項獨立判定，所有選項均答對者，得4分；答錯1個選項者，得2.4分；答錯2個選項者，得0.8分；答錯多於2個選項或所有選項均未作答者，該題以零分計算。

35. 關於下列文句的意涵，敘述適當的是：

(A) 「阡陌交通，雞犬相聞。其中往來種作，男女衣著，悉如外人」：桃花源中交通發達，人來人往，聲音嘈雜

(B) 「蓋周廣百畝間，實一大沸鑊，余身乃行鑊蓋上，所賴以不陷者，熱氣鼓之耳」：硫穴地勢低窪，宛如置身鍋底般炎熱

(C) 「蒼然暮色，自遠而至，至無所見，而猶不欲歸。心凝形釋，與萬化冥合」：天色漸暗，卻流連忘返，進入忘我境界，與大自然合爲一體

(D) 「草澤群雄，後先崛起，朱、林以下，輒起兵戎，喋血山河，藉言恢復，而舊志亦不備載也」：朱、林以「反清復明」爲藉口，清廷視爲叛逆，舊志記載不詳

(E) 「近日士大夫家，酒非內法，果、肴非遠方珍異，食非多品，器皿非滿案，不敢會賓友；常數月營聚，然後敢發書」：士大夫家宴客，竭盡心力張羅，顯示待客之眞誠

36. 下列各組「 」內的字，前後意義相同的是：

(A) 「微」斯人，吾誰與歸／三代以下，世衰道「微」

(B) 傅毅之於班固，伯仲之間「耳」／從此道至吾軍，不過二十里「耳」

(C) 先帝知臣謹愼，故「臨」崩寄臣以大事也／「臨」谿而漁，谿深而魚肥

(D) 以其無禮於晉，「且」貳於楚也／於案上取壺酒，分賚諸徒，「且」囑盡醉

(E) 靖之友劉文靜者與之狎，「因」文靜見之可也／批大郤，導大窾，「因」其固然

37. 〈馮諼客孟嘗君〉：「孟嘗君客我」，「客」是名詞當動詞使用。下列文句「 」內的詞，也將名詞當動詞使用的是：

(A) 衆人皆醉，何不「餔」其糟而歠其醨
(B) 載舟覆舟，所宜深愼，奔車朽「索」，其可忽乎
(C) 又謀諸篆工，作古窾焉；「匣」而埋諸土，朞年出之
(D) 使史公更敝衣草屨，背筐，「手」長鑱，爲除不潔者
(E) 雖無絲竹管絃之盛，一「觴」一詠，亦足以暢敘幽情

38. 下列畫底線的文句，是進一步解釋前句「 」內所述之內涵的是：
(A) 前闢四窗，垣牆周庭，「以當南日」，日影反照，室始洞然
(B) 「友從兩手，朋從兩肉」，是朋友如一身左右手，即吾身之肉
(C) 吾日「三省吾身」，爲人謀而不忠乎，與朋友交而不信乎，傳不習乎
(D) 主上「屈法申恩，呑舟是漏」，將軍松柏不翦，親戚安居，高臺未傾，愛妾尙在
(E) 今「大道旣隱，天下爲家」，各親其親，各子其子，貨力爲己，大人世及以爲禮，城郭溝池以爲固

39. 鄭愁予〈三年〉：「啊！已三代了的生命，而我們何其大方地吝嗇著呀。」以「大方」來形容「吝嗇」，詞義相反，意象強烈而特殊。下列文句也有此種用法的是：
(A) 整條街上往往只有我一個人，只有我傾聽一街震耳欲聾的寂靜
(B) 先生，這是而今詩社裡的故套。小弟看來，覺得雅得這樣俗，還是清談爲妙
(C) 歌聲如行雲如流水，讓人了卻憂慮，悠遊其中。又如澎濤又如駭浪，拍打著你心底沉澱的情緒
(D) 花在與我視線平行的小丘上，英英雪雪，迅速來去，或者在遠處山坡，如成群無數的綿羊，車聲不斷起落，羊群和平低頭
(E) 如果作者缺乏自覺，很可能產生評者自評，寫者自寫的現象，至於讀者們也就看者自看了，這樣的現象，簡直可以說是文明的野蠻

40. 關於下列辛棄疾詞作，敘述適當的是：

千峰雲起，驟雨一霎兒價。更遠樹斜陽，風景怎生圖畫？青旗賣酒，山那畔別有人家，只消山水光中，無事過這一夏。

午醉醒時，松窗竹户，萬千瀟灑。野鳥飛來，又是一般閑暇。卻怪白鷗，覷著人欲下未下。舊盟都在，新來莫是，別有說話？（辛棄疾〈醜奴兒近〉）

(A) 詞作的上下片均是即景抒情，情景相生
(B) 上片寫夏日陣雨後景致，藉沐雨洗淨心中哀愁
(C) 下片藉由「野鳥」的動態反襯「白鷗」的靜態
(D) 全詞語言不假雕飾，明白如話，結尾清新幽默
(E) 上下片的時間藉「午醉」過渡，寫出浪跡江湖青旗賣酒者的心情

<u>41-42 爲題組</u>

閱讀下文，回答 41-42 題。

剛出世的小馬駒很快就能站起來，並尋找食物；小鴨只要一出世，就會根據本能去找水、游水。而剛剛出世的孩子，如果沒有大人的幫助，則會在幾個小時內死亡。人類的基本生存能力是從哪裡來的呢？社會學給了這個問題一個非常簡潔的答案——社會化。由於人類不具備其他動物的生物本能，就只能通過學習來獲得能力、獲得人格，使自己成爲社會中的正常一員。

某些人類的行爲常被誤認爲是「本能」，譬如有人衝你的臉打上一拳，當然會閃躲。但在社會學和生物學中，作爲一個科學概念，「本能」有非常具體的含義，主要是指受基因決定的複雜行爲模式，譬如小鴨找水、小馬駒站立，都是本能行爲。而這裡的閃躲，則是反射行爲，不是本能；是單一的反應，不是複雜的行爲模式。

人類有一些與生俱來的反射行爲，而且大多與生存有關，前面提到的閃躲是爲了避免傷害，嬰幼兒的吃奶是爲了進食。還有許多類似的動作，都與人類的基本生存有關，譬如對溫暖、水的需求。但是，人類滿足這些基本需求的方式並不完全一致。舉例來說，飲食是人類的共同行爲，但是獲得飲食滿足的方式卻千差萬別。另外，人會在行爲發出之前有所思考，會選擇自己的行爲方式，考慮行爲後果以及對自己的利或弊，而不是像動物那樣完全憑藉生物特性，以本能發出行爲。(改寫自邱澤奇《社會學是甚麼》)

41. 依據上文，符合文中對人類「本能」與「反射」說明的是：
(A) 人一出生即具有自給自足的本能
(B) 人具有複雜的本能，其他動物沒有
(C) 因環境發展出各地不同的飲食，是人的本能
(D) 人會避開迎面而來的衝撞，屬於反射而非本能
(E) 從社會學的觀點，人的基本生存能力是藉後天學習而來

42. 下列文句，符合上文畫底線處所述情形的是：
(A) 萬物皆備於我矣。反身而誠，樂莫大焉
(B) 方今之時，臣以神遇而不以目視，官知止而神遇行
(C) 惟江上之清風，與山間之明月，耳得之而爲聲，目遇之而成色
(D) 生，亦我所欲也；義，亦我所欲也；二者不可得兼，舍生而取義者也
(E) 今棄擊甕叩缶而就鄭、衛，退彈箏而取韶虞，若是者何也？快意當前，適觀而已矣

108年度指定科目考試國文科試題詳解

一、單選題

1. **B**

【解析】(A) 欠 → 芡/綢 → 稠。 (C) 霄 → 宵。
(D) 攤 → 坍。

2. **D**

【解析】(A) 形容人工技術的高明巧妙，此處指大自然，故不宜。
(B) 形容開闊明亮或領悟了解。兩者皆與題幹樂觀無關，故不宜。
(C) 形容人車絡繹不絕、非常熱鬧。題幹後面有十分蕭條字眼，前後意思相反，故不宜。
(D) 指過時的事物。

3. **B**

【解析】(甲) 由「痛哭」的動作可以聯想到哭泣時顫抖的身軀，而「張揚」與痛哭的情緒也不相符，故選「抽搐」較貼切。
(乙)「偷摘他人經驗」與「煮繭抽絲」動作都有抽取感覺較相近，「未雨綢繆」指防範未然，與句意不符。
(丙) 由文中可知作者將母親比喻為地位崇高的天可汗，母親會向作者問話，故選古時臣子向皇帝報告時的「奏疏」較恰當。「進貢」指向上位者進獻貢品，為實際物品而非話語，與句意不合。

4. **D**

【解析】 由首句「愈是⋯⋯」的句式可知，後面應接「愈」、「也愈」較通順，故先接（戊）（丁）。末句「但也不必故意避免用韻」，有「但」代表是轉折語氣，代表前後文意思相反，可知（乙）應置於末句之前。依句意思考，（乙）句之前，作者應是強調詩不必勉強用韻，形式上應該跟隨自然，（乙）前應爲（丙）（甲），故選 (D)。

5. **B**

【解析】 (A) 強調上位者須將自身利益與地位置於人民之後。出自《道德經》。語譯：所以想站在人民之上，就要先站在下面爲人民福利著想；想處在人民之前，就要把自身利益放在人民的利益之後才來考慮。／以自身爲模範帶動風氣，爲民事而勤勞。出自《論語・子路》。語譯：以身作則，爲民事而勤勞。

(B) 皆以人民爲優先考量。前者出自黃宗羲〈原君〉。語譯：不以對自己一個人有利爲利，而是使天下人均受其利；也不以對自己一個人有害爲害，而是使天下人均免受其害。後者出自《大學》。語譯：人民喜歡的事情，他也喜歡，人民所討厭的事情，他也討厭。

(C) 做事需專心致志。出自荀子〈勸學〉。語譯：精神不專注，心智就不開通；做事不專心，成效就不顯著。／謹言愼行。出自《論語・爲政》。語譯：多聽，不要說沒把握的話，即使有把握，說話也要謹愼，就能減少錯誤；多看，不要做沒把握的事，即使有把握，行動也要謹愼，則能減少後悔。

(D) 分析對敵人的戰略。出自《孫子兵法》。語譯：攻佔敵人的城池不是靠強攻，毀滅敵人的國家更不是靠久戰，一定要用全勝的戰略爭勝天下，才不會使自己的軍隊疲憊受挫，又能取得圓滿的勝利。／譴責殺害生命的不道德。出自《墨子・非攻》。語譯：殺掉十個人，有十倍不義，則必然有十重死罪了；殺掉百個人，有百倍不義，則必然有百重死罪了。

6. **A**

【解析】文章講述法蘭克福的特色，提及其文化歷史、工商業發達與地理位置等，強調其兼具歷史與現代。故選 (A) 概括全文內容較貼切。

(B) 文中描繪美茵河只占三行，非文章主體。

(C) 文章內有提到現代的摩天大樓，故非只有古色古香。

(D) 第五行有提到文化古都，不是只有金融中心。

7. **A**

【解析】(A) 由「罪犯剛登場時是受認可的人物，而且往往受人敬重。這個面具要到故事最後才會被扯下來，露出違法者的眞面目」可知，罪犯往往與他初登場的形象有反差，符合答案敘述。

(B) 偵探與罪犯在小說中如光明與黑暗互相抗衡，是故偵探跟罪犯可以同時並存。

(C) 犯罪小說並非起源於原始部落的獻祭活動，文中僅以部落獻祭模式說明。

(D) 由「在故事中將偵探安排爲凶手，通常會成爲敗筆」可知並非不能這麼安排，只是往往會成爲小說的缺陷。

8. **C**

【解析】(A) 文中並未提及兩種舞步的出現的頻率。

(B) 「蜜蜂不同的舞蹈方式，並非用來描述發現什麼物質，而是一種用來傳達更複雜資訊的方法，也就是要說明地點」。所以蜜蜂的確可以藉由舞步來溝通。

(C) 文章結尾：「馮・弗里希寫道：這種精確描述距離與方向的能力『似乎太過奇妙，根本不像是眞的』。」所以蜜蜂舞步的確與距離與方位較爲相關。

(D) 文章第七八行：「蜜蜂不同的舞蹈方式，並非用來描述發現什麼物質，而是一種用來傳達更複雜資訊的方法，也就是要說明地點」。所以蜜蜂是藉由舞步表達的不光只是採收花粉而已，有更複雜的資訊。

9. **C**

【解析】(A) 由「當晚是我們的副主任湯普生醫師值班……，因此決定讓湯普生醫師休息」可知，總醫師親自照料病人，爲讓湯普生醫師不必値夜班。

(B) 由「經過詳細檢查……，洗淨傷口加以縫合並住院觀察」、「總住院醫師認爲這是很平常的外傷，而且他已處理得很好」及「事實上病人狀況相當穩定」可知，總醫師已妥善照料病人。

(C) 由「湯普生第二天巡房後走出病房就大發雷霆，把總醫師痛罵一頓，說他沒有依照科內規定，維護病人權益，未和主治醫師討論出最好的治療方法」可知。

(D) 文中並無此意。

10. **A**

【解析】(A) 由「吾觀自古賢達人，功成不退皆殞身」可知，作者列舉伍子胥、屈原、陸機、李斯的遭遇以佐證說詞，認為功成自應身退，以免落得不得善終的下場。

(B) 由「有耳莫洗潁川水，有口莫食首陽蕨」可知，作者否定受人崇敬的許由洗耳，和伯夷、叔齊不食周粟，餓死首陽山的行為，不須志在清高。

(C) 文中未提及「任俠行義」之意。

(D) 未有「順處逆境」之意。

【語譯】語譯：不要學高士許由到潁川水中去洗耳，不要學以不食周粟為高潔的伯夷、叔齊到首陽山採薇為食。真正的曠達之士會隱藏自身的光芒，與世俗同流，以無名為貴，何必孤傲地與雲月爭高？我看自古以來的賢達之人，功成名就後還不身退的，都遭了殺身之禍。伍子胥被投屍於吳江之中，屈原自投汨羅江而死。陸機的雄才又豈能保住自己的性命？李斯被腰斬之時，才悔恨沒有趁早辭官休息。陸機臨死時，嘆息著說：「華亭的鶴鳴聲，還能再聽見嗎？」李斯受刑前則感慨過去在上蔡東門臂蒼鷹、牽黃犬、逐狡兔的日子再也不可得了！您看那晉朝吳中的張翰可以稱得上是真正的曠達之人，秋風吹起時，憶起故鄉的蓴菜、鱸魚，便立即辭官回到江東家鄉。姑且貪樂生前即時的一杯酒吧！何須追求死後必定要千載留名呢？

11. **A**

【解析】 (A) 烏鵲為避風便將自己築在樹頂上的巢搬到樹下的枝椏上，顧此失彼，最後仍為人所害，與題幹「知備遠難而忘近患」之意相同。出自《淮南子・人間訓》。語譯：烏鴉、喜鵲能預先識別年內多風，就離開高高的樹枝而把巢築到樹的旁枝上，於是大人從巢下經過時，就伸手去掏幼鳥；兒童從巢下經過時，就用樹枝去撥巢中的蛋。

(B) 意指只知墨守成規，不知變通的思想和行為。出自《韓非子・外儲說左上》。語譯：鄭縣有個姓卜的先生，叫妻子替他做褲子，他的妻子問說：「新褲怎麼做？」卜先生說：「仿照舊褲就好了。」他的妻子便把新褲弄破，使它和舊褲一樣。

(C) 意指所謀之事有害於對方的切身利益，終難達到目的。出自《符子》。語譯：周國有個人喜好皮衣、講究美食，想做價值千金的皮衣，就跟狐狸商量要它的皮；想做像祭祀的羊肉一樣的美味佳餚，就跟羊商量要它的肉。話沒說完，狐狸就一個接一個地逃進了重丘的山腳下，羊前呼後擁地躲進了深林之中。

(D) 意指利慾熏心而不顧一切。出自《列子・說符》。語譯：從前齊國有人想要得到金子，清晨就穿衣戴冠的到市場，到了賣金子的地方，就奪取金子走了。官吏逮捕到他，問他：「有人在場，你為什麼奪取人家的金子呢？」對答：「奪取金子的時候，沒有看到人，只看到金子呀！」

12. **D**

【解析】(A)《荀子》論題鮮明、結構嚴謹，善於譬喻說理，具渾厚宏富的特色；文字風格簡淨，宛如格言應爲《老子》。

(B)《老子》爲韻散結合的格言體；多長篇大論，善用譬喻說理應爲《孟子》。

(C)《墨子》文字質樸而推論嚴密，體現出墨家重質輕文的特色；文章華美，深具辭采，獨樹一格應爲《莊子》。

13. **C**

【解析】(A)「躺在早春微涼的胸膛」只是指開花的時序在初春，跟山腰無關。

(B)「緋紅著臉低著頭」只是單純擬人描寫開花的情景，描述山櫻花朵外型呈下垂狀。

(D)「以你的純白與夜黑對峙」指白色的高山薔薇在黑夜綻放。

14. **B**

【解析】(A)以大地「心跳」脈動的觸覺感受形容山櫻花「綻放」的視覺感受。

(C)以「花瓣」集聚的視覺感受形容日落後「嚴寒」的觸覺感受。

(D)畫線處僅具視覺感受。

15. **D**

【解析】《史記》同時展現人物性格之美、及敘事筆調之美，由文中「因此，《史記》展現的不僅是繽紛多姿的人物性格之美，更是從悲壯到滑稽，由崇仰到諷刺各種類型的敘事筆調之美」可知，故答案選 (D)。

16. **C**

【解析】(A) 由文中「篇章、文章的觀念戰國末年已出現」可知，西漢司馬遷作〈項羽本紀〉時，已有篇章、文章的觀念。

(B) 由文中「同一歷史事件，記述在不同篇章，由於傳述的是以不同的人物爲主體」可知，楚漢相爭一事應不只有紀錄於〈項羽本紀〉。

(D) 〈項羽本紀〉亦有記錄對話、敘述情節的因果，只是將焦點由此轉向人物的性格與命運。

17. **C**

【解析】(A) 由於漢代銅器較爲昂貴，故以瓷燒出類銅器的陪葬品，並未說取代成爲日常用品。

(B) 漢代以草木釉爲釉水，已可燒製只是顏色不佳，並未說不能製成茶具。

(D) 明代素色瓷已燒製得很好，故不稀有。

18. **D**

【解析】由「改茶湯後，小壺小杯喝茶，這是功夫茶的起始，所以瓷器小杯變多了。明初宮中還是以素白爲美」可知，明初時流行素白的茶瓷，且由「豈容青花亂之」可再確定應爲青花瓷爲多的明代，故答案爲 (D)。

19. **D**

【解析】由「改茶湯後，小壺小杯喝茶，這是功夫茶的起始，所以瓷器小杯變多了。明初宮中還是以素白爲美」可知茶葉的沖泡方式會影響瓷器的形狀，故甲選項爲正確；乙選項文中並未提及，故無法判斷，答案選 (D)。

20. **B**

【解析】宋江雖然因罪流落江州，但就文中「大喜大笑。一面又飲了數盃酒，不覺歡喜，自狂蕩起來」與「倘若他日身榮，再來經過，重覩一番，以記歲月，想今日之苦」之語及詩作中，皆可見其壯志豪情，所以合乎答案 (B) 落拓而有豪情。

21. **A**

【解析】(B) 指若是當初黃巢民變成功，衆人就會覺得黃巢是個大丈夫了，藉此鼓勵自己帶領起義之事。

(C) 指宋江欲起義之事。

(D) 指不得志時潛伏等待時機。

22. **D**

【解析】對聯首先爲上下聯對偶，故甲乙、丙丁、戊己各爲一組。對聯上聯最後一個字必爲仄聲，故剩 (B) (D) 可選。六句聯的格律每句平仄應爲：平/平/仄；仄/仄/平，故答案只有 (D) 符合。

以文意來看，（戊）則梁山聚義替天行道前面應該接（甲）如無水滸傳者，說明如果沒有《水滸傳》將梁山好漢的事記錄下來，那麼他們替天行道的事蹟就會消失，故（戊）後接（丙），答案選 (D)。

23. **A**

【解析】(A) 指人類的改朝換代是由上天決定的，並非來自人類爭鬥的結果。由「雖然，最後的結果早已在冥冥中被決定，整場戰爭是應著封神協議的大方向而生的微細現象」可知，出自《封神演義》。語譯：天命自有歸屬，豈是人為的力量能造就。

(B) 指帝王不問民生大計，反而問鬼神迷信之事。出自李商隱〈賈生〉。語譯：最可惜的是漢文帝在半夜禮賢下士，不問百姓的事，反而問鬼神之事。

(C) 指為政須先正名分。出自《論語・子路》。語譯：要知道名分不正，說出來的話就不能合理；話不合理，做事便不能成功。

(D) 指人應放下過去的執著，把握當下的事物。出自袁了凡《了凡四訓》。語譯：從前的一切，就像已經消逝的昨日一樣，已經過去了；以後的一切，就像還存在的今日一般，是可以把握的。

24. **A**

【解析】由「人世或許還是有成王敗寇的邏輯，神界卻不是」、「不論生前是助周的、還是助商的，榜上有名者都被封神」可知，不管人類在世時為哪國爭戰，死後只要在「封神榜」上列名，一樣都會被封神，與勝負無關，故選 (A)。

(B) 指冷眼旁觀他人的成功與失敗而不參與。

(C) 指產生不久隨即如幻影般消失。

(D) 指天下臣服，沒有亂事。

25. **B**

【解析】由「間接烘襯的表現手法能成爲主要的創作模式，就是根源於古典文化的論述中，對語言表意功能的質疑」、「語言作爲一種表意的工具其實有所不足，甚或不完備」可知，人之所以使用間接烘襯，是因語言難以直接、精準地傳達抽象情感，故選(B)。言不盡意，指言語無法把所有的心意表達出來。

(A) 指用詩表達自己的心志意向。

(C) 人不可拘泥於語言文字之中，一旦通達道理，就應該捨棄這些外在的形式。

(D) 泛指在寫字、詩文、繪畫前，先構思成熟後才下筆。

26. **A**

【解析】畫線處「此等情意又是間接借助語言文字所呈示的對象加以烘襯」所述表意方式即間接烘襯，指透過某種意象襯托出個人內在情感的手法。

(A) 透過廣大天地間一隻小小沙鷗的意象，襯托出自己漂泊不定的悲涼情緒。出自杜甫〈旅夜書懷〉。語譯：我飄蕩不定的樣子像什麼呢？就像天地間一隻小小的沙鷗。

(B) 單純敘事，未以意象襯托情感。出自李白〈長干行〉。語譯：我的頭髮剛能覆蓋前額的時候，就和你在門前做折花的遊戲。

(C) 單純敘事，未以意象襯托情感。出自黃庭堅〈寄黃幾復〉。語譯：你雖家境貧困，家中只剩四堵牆壁，但你有爲政的才能，不需經過多次試驗，就能取得政績。

(D) 單純抒發己見，未以意象襯托情感。出自陸游〈書憤〉。語譯：《出師表》這篇文章眞是舉世聞名，千百年來又有誰能與諸葛亮相比。

27. **B**

【解析】「裂錢棄飯」指人們爲了欺騙烏鴉而刻意撒下紙錢、把飯留下，並非害怕遭烏鴉攻擊。語譯：烏鴉是十分狡猾的鳥類，一旦察覺人類的神情異於平常，就會飛走不作停留，即使用飛快的箭和靈活的彈弓，也沒有捕獲牠們的機會。閩中的百姓了解烏鴉的習性，認爲沒有動物不能反過來利用其習性去捕捉的，便前往野外，拿著盛著飯的瓦罐和紙錢，到墳間假裝哭泣，就好像來祭拜的人一樣。哭完以後，他們撒下紙錢、把飯留下就離開了。烏鴉見狀就爭相飛來啄食，沒多久就吃完了；哭泣的人又站在另一處墳前，像剛才一樣撒下紙錢、把飯留下就離開。烏鴉沒有懷疑這是人類的欺騙手法，更起勁鳴叫著搶食，於是這樣重複到三、四次後，所有的烏鴉都飛下來跟著人了。當烏鴉越來越親近他們，接近設好的捕網時，人們趁機捕獲了這些烏鴉。如今的世人，自認憑自己的智慧足以保全自身，卻不知道災禍隱藏在一旁，又有幾個人能夠不被這樣的哭號者出賣呢！

28. **D**

【解析】(A) 由「乍看牠們的確是毫無紀律地聚集、啄食、行動，但仔細觀察會發現，牠們飛到啄食處，離開啄食處，甚至歸巢的行動，都是相當有紀律的」可知，人們突然看見烏鴉，可能會認爲烏鴉無組織、無紀律，但經過長期觀察後，就會發現烏鴉的行動其實十分有紀律。

(B) 由「臺灣平地甚少看到烏鴉，較難想像「烏合」的場面，但在日本東京、印度孟買等城市，常可見到一群群烏鴉」可知，日本東京、印度孟買等城市只是比臺灣更常見到群聚的烏鴉，並未言當地烏鴉比臺灣烏鴉更有紀律。

(C) 由「觀察烏鴉的行爲，會發現牠比其他鳥類及猴子、海豚之外的哺乳類動物高明不少」可知，烏鴉並未比所有哺乳類動物都高明，猴子、海豚即是例外。

29. **B**

【解析】(A)(B) 由「自謂智足以周身，而不知禍藏於所伏者」可知，甲文警惕人不應如故事中的烏鴉般只看到眼前近利、失去戒心，導致沒有注意到隱藏的危機。

(C) 「烏合之衆」比喻暫時湊合，無組織、無紀律的一群人。

(D) 「烏合」形容倉促集合，似烏鴉的聚合，無嚴整紀律。乙文中「仔細觀察會發現，牠們飛到啄食處，離開啄食處，甚至歸巢的行動，都是相當有紀律的」指出烏鴉事實上是有紀律的，對「烏合」之說提出相反的觀點。

30. **C**

【解析】 陳高在文中提到「苟汝治車而堅矣，爲弓而良矣，焉往而不爲人所求。」以「車之堅」、「弓之良」爲喻，勸勉族弟充實自身，自然就能夠爲人所需要，故選(C)。語譯：堅固的車子可以承擔重量，而人就能用以載物；良好的弓箭可以射得遠，而人就能將之拉滿。假使你將車整治得堅固，將弓箭製作得精良，到哪裡不會被人所需要？不做這些必要之務，而急忙得想讓人知道自己做過的事，就不是我對你所寄望的。

31. **B**

【解析】(A) 此爲曾子勉勵士人要志向遠大、意志堅強，才能任重而道遠。出自《論語・泰伯》。語譯：讀書人的志向與意志不可不弘大剛毅，因爲他擔當的責任重大，且將行走的道路遙遠。

(B) 此爲孔子勉人進業修德，不用擔心不爲人所知，與題幹中陳高所要闡釋的論點相同。出自《論語・衛靈公》。語譯：君子只憂慮自己沒有才能，不憂慮別人不知道自己。

(C) 孔子言人爲學，用心深淺之異。出自《論語・雍也》。語譯：對於一種學問，了解它的人不如喜愛它的人，喜愛它的人不如以它爲樂，而陶醉在其中的人。

(D) 孔子言君子競爭也要展現風度。出自《論語・八佾》。語譯：君子不和人爭勝，若有的話，只是在行射禮的時候吧！相互作揖行禮，然後升堂射箭。射畢又相互作揖下堂，勝者請敗者飲酒，這樣的競爭才是君子之爭。

32. **D**

【解析】(A) 是指不慌不忙地前往。

(B) 意指「一定有什麼要吩咐我的」。

(C) 應是「何不借給我？」語譯：趙國成陽勘的家失火了，想要撲滅，家中卻沒有梯子，於是成陽勘就立刻派他的兒子朒去跟奔水氏借。朒換上出門作客的盛裝，不慌不忙地前往奔水氏家。見到了奔水氏，連作三揖而後登堂入室，安靜地坐在客堂上。奔水氏命令侍者擺設酒宴，並以肉乾、肉醬及酒款待成陽朒。成陽朒也像奔水氏敬酒還禮。喝完了酒，奔水氏說：「您今天光臨寒舍，想必是有什麼吩咐吧？」成陽朒才說：「我家飛來橫禍，發生了火災，熊熊烈火直衝屋頂，想要登高澆水，但兩肘沒有加上翅膀，只能望著房子哀號。聽說您家有梯子，何不借給我呢？」奔水氏聽了直跺腳說：「你也太迂腐了！你眞是迂腐！如果在山中吃飯遇到老虎，一定會急得吐掉食物逃命；如果在河中洗腳看見鱷魚，一定會急著扔掉鞋子逃跑。家中已遭烈火，哪還是你打躬作揖的時候！」奔水氏抬著梯子前往成陽朒家，到了之後，成陽朒的家早已燒成灰燼了。

33. **C**

【解析】(A) 看見。／代詞性助詞，指我。

(B) 逃跑。／步行。

(C) 借。

(D) 是。／才、始。

34. **C**

【解析】成陽胹因家中火災而向奔水氏借梯子，然而在這緊急的時刻，成陽胹仍死守禮儀，直到最後才說明來意，但已經來不及了，奔水氏也責備成陽胹「子何其迂也」，故選(C)。

二、多選題

35. **CD**

【解析】(A) 桃花源地方很小，田間道路交錯通達，人與人往來頻繁且熱絡。出自陶淵明〈桃花源記〉。語譯：田間道路交錯通達，互相聽得到雞犬等家畜的鳴叫聲。桃花源中的人來來往往種田勞作，男女衣著全像外地人。

(B) 作者將自己站立的地方比喻成沸騰的鍋蓋，凸顯硫穴的危險與可怕。出自郁永河〈北投硫穴記〉。語譯：大致在四周百畝範圍內，等於是一個沸騰的大鍋子，我則是走在鍋蓋上，地面之所以沒有陷下去，是因爲熱氣將它撐起。

(C) 出自柳宗元〈始得西山宴遊記〉。語譯：昏暗的暮色，從遠處漸漸來到眼前，直到暗得看不見東西，還是不想回去。只覺得自己的心神專注而形體束縛得到解脫，跟大自然融合爲一。

(D) 出自連橫〈臺灣通史序〉。語譯：民間起義的英雄人物，先後起事，從朱一貴、林爽文以來，時常引發戰事，殺人衆多血染山河，以反清復明爲藉口起事，這些事跡舊有方志也沒有完整記載。

(E) 描寫近日士大夫家的鋪張奢靡。出自司馬光〈訓儉示康〉。語譯：近來做官的人家，如果酒不是官製的酒，水果、菜肴不是遠方的奇珍異味，食品沒有很多種類，器皿不能擺滿桌子，就不敢招待客人；常常要籌備幾個月，才敢寄發請帖。

36. **BD**

【解析】(A) 無、沒有。出自范仲淹〈岳陽樓記〉／衰微、沒落。出自顧炎武〈廉恥〉。

(B) 句末助詞。前者出自曹丕〈典論論文〉。後者出自《史記・鴻門宴》。

(C) 將、當。出自諸葛亮〈出師表〉／靠近、依傍。出自歐陽脩〈醉翁亭記〉。

(D) 又、並。前者出自左丘明〈燭之武退秦師〉。後者出自蒲松齡〈勞山道士〉。

(E) 憑藉、經由。出自杜光庭〈虯髯客傳〉／按照。出自《莊子・庖丁解牛》。

37. **CDE**

【解析】(A) 吃，動詞。出自屈原《楚辭・漁父》。

(B) 繩索，名詞。出自魏徵〈諫太宗十思疏〉。

(C) 放入盒中，名詞當動詞用。出自劉基《郁離子・工之僑為琴》。

(D) 拿，名詞當動詞用。出自方苞〈左忠毅公逸事〉。

(E) 飲酒，名詞當動詞用。出自王羲之〈蘭亭集序〉。

38. **BCDE**

【解析】(A) 「以當南日」(用來迎受南面照來的日光)補充了前句「前闢四窗，垣牆周庭」。「日影反照，室始洞然」指「陽光從牆上反射照進屋裡，室內才明亮起來」，並無進一步解釋前句之意。出自歸有光〈項脊軒志〉。

(B) 畫底線處指「朋友就像一個身體的左右手，也同是我身上的肉啊」解釋了前句「友從兩手，朋從兩肉」(友字是由兩個手字組成，朋字是由兩個肉字組成)。出自鄭用錫〈勸和論〉。

(C) 畫底線處指「替人辦事、謀劃事情，有不竭盡心力的嗎？和朋友交往，有不誠實信用的嗎？老師傳授的學問，有還沒溫習的嗎？」解釋了前句「三省吾身」(以此三事省察自己)。出自《論語．學而》。

(D) 畫底線處指「將軍的祖墳完好如故，親戚安居樂業，住宅房舍未曾毀壞，愛妾仍然健在」解釋了前句「屈法申恩，吞舟是漏」(放寬刑度，申明恩惠，法網寬疏，連罪惡重大的人也能赦免)。出自丘遲〈與陳伯之書〉。

(E) 畫底線處指「每個人都只敬愛自己的父母，只慈愛自己的兒女，開發物資、勞心勞力，都是爲了自己的利益。在位者以父死子繼、兄死弟繼的制度傳位，以建城郭、挖護城河作爲固守領土的方式」，解釋了前句「大道既隱，天下爲家」(大道已經消失，天下是君主一家的私產)。出自《禮記．大同與小康》。

39. **ABE**

【解析】題幹要求須以一詞形容另一詞，且兩者的詞義相反。

(A) 以「震耳欲聾」形容「寂靜」。出自張菱舲〈聽聽那寂寞〉。

(B) 以「雅」形容「俗」。出自吳敬梓《儒林外史・第二十九回》。

(C) 「如行雲如流水」與「又如澎濤又如駭浪」皆是形容歌聲，雖然文意相對，但兩者間並非互相形容。出自簡媜〈夏之絕句〉。

(D) 「英英雪雪」、「成群無數的綿羊」皆是形容花，兩者文意並列，且非互相形容。出自楊牧〈十一月的白芒花〉。

(E) 以「文明」形容「野蠻」。

40. **AD**

【解析】(A) 上片藉山峰、雲雨、遠樹、斜陽等景致，抒發作者閒適自在的情致；下片以松窗、竹戶、野鳥、白鷗等景物，刻劃一片悠然，萬物和諧的心境。

(B) 驟雨之景為作者所見，詞中並無法判斷作者有「沐雨」的動作及「洗淨哀愁」的意圖。

(C) 從「欲下未下」可知，白鷗亦為動態描寫。

(D) 如「一霎兒價」、「怎生」、「只消」、「這一夏」、「又是一般」等皆為淺近尋常用語，而結尾將白鷗「欲下未下」的姿態擬人化聯想至心中有言欲發，顯現作者幽默靈慧的生活情致。

(E) 青旗賣酒為作者眼見之景，且從「松窗竹戶」可知作者並非浪跡江湖。語譯：群峰烏雲湧起，一陣驟雨瓢潑而下。雨後斜陽遠樹輝映，美妙風景怎能描畫！青色酒旗下出賣美酒，山那邊還住有人家。我只願在這山光水色之中，悠閒地度過今夏。

午後酒醒時分，窗外門前，松竹掩映搖曳，風度無限瀟灑。野鳥飛來，又是那般的閒暇。但奇怪的是那白鷗，偷偷看著我卻欲下未下。我們往日的盟約都在，莫非牠今天來有了別的想法。

41. **DE**

【解析】(A) 從「剛剛出世的孩子，如果沒有大人的幫助，則會在幾個小時內死亡」可知爲非。

(B) 從「小鴨找水、小馬駒站立，都是本能行爲」可知爲非。

(C) 從「『本能』有非常具體的含義，主要是指受基因決定的複雜行爲模式」判斷，因環境而發展不同飲食應與基因無關，故應不屬於本能。

(D) 從「有人衝你的臉打上一拳，當然會閃躲……這裡的閃躲，則是反射行爲，不是本能」可知正確。

(E) 從「由於人類不具備其他動物的生物本能，就只能通過學習來獲得能力、獲得人格，使自己成爲社會中的正常一員」可知正確。

42. **DE**

【解析】引文畫底線處闡述人類的行爲發出之前，會有所選擇權衡。

(A) 強調人本身已具備萬物事理，若省察自身而能眞實無欺則就是近於大道了。出自《孟子・盡心上》。

語譯：一切人倫事理都具備在自己的身上。反省自身，如果所作所為都能眞實無欺，就沒有比這更快樂的了。

(B) 形容庖丁支解牛隻的境界已由技術進階為智慧大道。出自〈莊子・養生主〉。語譯：現在，我用精神與牛體接觸而不必用眼睛觀察，感官知能停止運作而以精神活動。

(C) 形容融匯天地自然的心境。出自蘇軾〈赤壁賦〉。語譯：只有那江上的清風和山間的明月，耳朵聽到了便成了悅耳的音樂，眼睛看見了便成了優美的景色。

(D) 指若行為的正義與否和生命安全有所衝突，那麼寧願選擇正義而慷慨赴死。出自〈孟子・告子上〉。語譯：生命，也是我所喜歡的；大義，也是我所喜歡的；如果兩樣不能同時得到，我就捨棄生命而取大義。

(E) 意指基於欲望的因素故捨棄了本國音樂而選擇異國音樂。出自李斯〈諫逐客書〉。語譯：如今捨棄擊陶甕、敲瓦盆的音樂而改聽鄭、衛的歌謠，不彈秦箏而採用韶樂，這樣做是為什麼呢？不過是求眼前的快樂，適合觀賞罷了！

大考中心公佈108學年度指定科目考試
國文、英文及數學甲、乙選擇(塡)題答案

國文				英文				數學甲			數學乙		
題號	答案	題號	答案	題號	答案	題號	答案	選項組	題號	答案	選項組	題號	答案
1	B	27	B	1	D	27	E		1	2		1	3
2	D	28	D	2	B	28	H		2	5		2	1
3	B	29	B	3	B	29	A		3	3		3	3
4	D	30	C	4	A	30	B		4	2,5		4	2,3
5	B	31	B	5	D	31	F		5	1,5		5	2,4
6	A	32	D	6	D	32	B		6	3,4		6	2,5
7	A	33	C	7	D	33	D		7	2,3,5		7	3,4
8	C	34	C	8	C	34	E		8	1,5	A	8	1
9	C	35	CD	9	A	35	C	A	9	3		9	2
10	A	36	BD	10	C	36	B		10	–		10	0
11	A	37	CDE	11	B	37	C	B	11	1	B	11	1
12	D	38	BCDE	12	A	38	A		12	1		12	–
13	C	39	ABE	13	D	39	D		13	3		13	2
14	B	40	AD	14	A	40	B		14	4	C	14	1
15	D	41	DE	15	C	41	C		15	3		15	6
16	C	42	DE	16	B	42	B	C	16	–			
17	C			17	D	43	C		17	7			
18	D			18	A	44	D		18	2			
19	D			19	C	45	A						
20	B			20	B	46	D						
21	A			21	K	47	B						
22	D			22	L	48	B						
23	A			23	D	49	A						
24	A			24	G	50	C						
25	B			25	J	51	C						
26	A			26	C								

大考中心公佈108學年度指定科目考試
歷史、地理、公民與社會選擇（塡）題答案

歷史				地理				公民與社會			
題號	答案	題號	答案	題號	答案	題號	答案	題號	答案	題號	答案
1	C	27	A	1	C	27	B	1	D	27	C
2	D	28	D	2	C	28	B	2	A	28	A
3	C	29	B	3	B	29	A	3	B	29	D
4	A	30	D	4	B	30	B	4	D	30	C
5	D	31	無答案	5	D	31	D	5	D	31	D
6	B	32	C	6	B	32	C	6	B	32	A
7	D	33	D	7	C	33	C	7	A	33	C
8	C	34	A	8	D	34	D	8	B	34	C
9	A	35	ABC	9	A	35	A	9	C	35	A
10	C	36	BE	10	B	36	C	10	B	36	D
11	C	37	CDE	11	A	37	D	11	B	37	B
12	B	38	ACDE	12	A	38	A	12	A	38	D
13	D			13	D			13	B	39	C
14	C			14	C			14	C	40	B
15	A			15	B			15	D	41	BE
16	C			16	A			16	A	42	BC
17	B			17	B			17	D	43	BDE
18	C			18	C			18	A	44	BC
19	B			19	C			19	C	45	ADE
20	B			20	D			20	C	46	ABE
21	B			21	D			21	A	47	ABE
22	A			22	A			22	C	48	BDE
23	C			23	B			23	A	49	AE
24	A			24	B			24	D	50	AB
25	B			25	A			25	C		
26	B			26	D			26	C		

※歷史科第31題答案調整說明：本題設問爲「比較唐代與後世的驛傳情況」，所指的情況原是：驛傳在後世（明代）「遭破壞，因『行緩而馬已疲』，導致『馬倒而官員受責』」。惟部分考生將選項中「從……至」，視爲「從唐至後世（明）」。由於本題設問的主詞不夠精確，可能造成考生誤解，經答案討論會議諮詢多位大學教授與高中老師，並另開疑義試題討論會議商議後，決定本題所有到考生均給分。

大考中心公佈 108 學年度指定科目考試
物理、化學、生物選擇題答案

物理		化學		生物			
題號	答案	題號	答案	題號	答案	題號	答案
1	B	1	A	1	C	27	AE
2	E	2	A	2	C	28	AC
3	A	3	B	3	B	29	BE 或 ABE
4	E	4	C	4	B	30	CD
5	D	5	A	5	D	31	CE
6	A	6	B	6	C	32	BD
7	無答案[註一]	7	C	7	B	33	AD
8	C	8	D	8	D	34	BC
9	B	9	D	9	C	35	ABE
10	E	10	E	10	B	36	AD
11	A	11	A	11	B	37	CD
12	C	12	C	12	C	38	C
13	A	13	E	13	A	39	ACD
14	B	14	E	14	B	40	B
15	B	15	B	15	B	41	DE
16	D	16	D	16	D	42	C
17	D	17	CE	17	C	43	D
18	E	18	CDE	18	C	44	A
19	C	19	CD	19	C	45	D
20	D	20	DE	20	C	46	C
21	ABD	21	ADE	21	ACE	47	D
22	BCE	22	BCE	22	BCE	48	B
23	AB	23	CE	23	BD		
24	BD	24	CE	24	CD		
				25	BD		
				26	BCD		

註一：本題為力學基本題，唯題目未明示兩質點質量是否相同，造成條件不足。本題所有到考生均給分。

※生物科第 29 題答案調整說明：根據高中生物課程，本題選項 (B)(E) 為正確答案並無疑義。選項 (A) 嗅球的確為大腦的一部分，考量嗅球在高中課程中並未清楚說明，所以決定本題答案開放選項 (A)。故本題答案為 (B)(E) 或 (A)(B)(E)。

大考中心公佈108學年度指考成績相關統計資料

一、104～108年指考報名人數與各科選考人數

學年度	報名人數	選考人數									
		國文	英文	數學甲	數學乙	化學	物理	生物	歷史	地理	公民與社會
108	49,119	48,175	48,992	25,298	35,582	23,326	22,047	16,335	25,803	24,641	22,908
107	50,742	50,115	50,606	24,548	38,205	22,616	21,097	15,431	28,334	27,062	23,763
106	47,334	46,658	47,224	23,099	35,794	21,391	20,008	15,067	26,666	25,769	22,540
105	50,871	50,235	50,726	23,922	39,500	22,060	20,625	15,892	29,973	29,253	26,399
104	57,237	56,818	57,114	25,331	45,991	23,354	21,994	16,475	35,474	34,874	31,773

※104年後，指考報名人數由57,237人逐漸下滑，每年約減少1,600至6,300人。僅107年指考報名人數因龍年考生緣故，較106年增加3,408人，為50,742人；108年回復遞減趨勢，較107年減少約1,600人。

二、108年指考各科成績標準

科目	頂標	前標	均標	後標	底標
國文	85	80	72	62	53
英文	80	72	53	31	22
數學甲	67	57	43	27	18
數學乙	85	75	55	31	19
化學	81	72	55	37	27
物理	75	65	49	35	28
生物	82	76	61	44	33
歷史	73	67	58	48	40
地理	77	70	58	44	36
公民與社會	81	75	66	55	47

※以上五項標準均取為整數（小數只捨不入），且其計算均不含缺考生之成績，計算方式如下：

頂標：成績位於第88百分位數之考生成績

前標：成績位於第75百分位數之考生成績

均標：成績位於第50百分位數之考生成績

後標：成績位於第25百分位數之考生成績

底標：成績位於第12百分位數之考生成績

108 年指定科目考試各科試題詳解

售價：280 元

主　　編 / 劉　毅

發 行 所 / 學習出版有限公司　☎ (02) 2704-5525

郵撥帳號 / 05127272 學習出版社帳戶

登 記 證 / 局版台業 *2179* 號

印 刷 所 / 裕強彩色印刷有限公司

台北門市 / 台北市許昌街 10 號 2 F　☎ (02) 2331-4060

台灣總經銷 / 紅螞蟻圖書有限公司　☎ (02) 2795-3656

本公司網址 / www.learnbook.com.tw

電子郵件 / learnbook@learnbook.com.tw

2019 年 8 月 1 日初版

4713269383321